Susanne Kalender

Petra Klimaszyk

Deutsch als Fremdsprache

Schritte

4

Lehrerhandbuch

Max Hueber Verlag

Symbole / Piktogramme

 Binnendifferenzierung

! Achtung/Hinweis

TIPP Methodisch-didaktischer Tipp

Quellenverzeichnis
Seite 78: MEV/MHV

3.   2.   1.   Die letzten Ziffern
2009 08 07 06 05   bezeichnen Zahl und Jahr des Druckes.
Alle Drucke dieser Auflage können, da unverändert, nebeneinander benutzt werden.
1. Auflage
© 2005 Max Hueber Verlag, 85737 Ismaning, Deutschland
Zeichnungen: Jörg Saupe, Düsseldorf
Layout und Satz: Schack, Ismaning
Verlagsredaktion: Daniela Wagner, Erding
Druck: Ludwig Auer GmbH, Donauwörth
Printed in Germany
ISBN 3-19-021807-2

Inhalt

Schritte ist ein Grundstufenlehrwerk für Lernende, die in einem deutschsprachigen Land leben oder leben möchten. Ziel ist es, den TN im Kurs die Integration in den deutschsprachigen Alltag zu erleichtern. Die Themen sind handlungsorientiert und sollen die TN befähigen, alltägliche Situationen zu bewältigen.

Dieses Lehrerhandbuch enthält Hinweise und zusätzliches Material für den Unterricht mit *Schritte 4*. *Schritte 4* führt zusammen mit *Schritte 3* zur Niveaustufe A2 nach dem Gemeinsamen Europäischen Referenzrahmen. Eine ausführliche Konzept-beschreibung zu *Schritte* finden Sie im Lehrerhandbuch zu *Schritte 3*.

Praktische Tipps für den Unterricht mit *Schritte*
Hier werden einleitend praktische Tipps zum Umgang mit wiederkehrenden Rubriken des Lehrwerks gegeben.

Methodisch-didaktische Hinweise
Die Hinweise zu den einzelnen Lektionen sind klar strukturiert: Zu jeder Episode der Foto-Hörgeschichte und jeder Modulseite A bis E finden Sie ab Seite 10 konkrete Hinweise zum Vorgehen im Unterricht sowie methodische Tipps, Vorschläge zur Binnendifferenzierung und Verweise auf die Übungen im Arbeitsbuch.

Kopiervorlagen
Kurse im Inland sind meist sehr heterogen. Dieses Lehrerhandbuch bietet deshalb durch ein differenziertes Übungsangebot die Möglichkeit, den Unterricht auf die jeweiligen Bedürfnisse eines Kurses und die jeweilige Kursdauer abzustimmen:

- Zahlreiche Zusatzübungen und Spiele zu jeder Lektion erweitern das Angebot des Arbeitsbuchs (siehe Seite 67 ff.).

- Wiederholungsübungen und -spiele: Regelmäßige Wiederholungssequenzen sind besonders im Anfängerunterricht und mit TN ohne Lernerfahrung wichtig (siehe Seite 96 ff.).

- Selbstevaluation: Damit können Ihre TN selbst ihren Kenntnisstand nach *Schritte 4* beurteilen (siehe Seite 102 ff.).

- Testvorlagen zu jeder Lektion: So können Sie oder Ihre TN die Kenntnisse überprüfen (siehe Seite 104 ff.).

Anhang
Hier finden Sie die Transkriptionen aller Hörtexte des Kursbuchs und des Arbeitsbuchs sowie die Lösungen zu den Übungen im Arbeitsbuch und den Tests. Diese können Sie bei Bedarf auch für Ihre TN kopieren und zur Selbstkontrolle bereitstellen.

1. Die Foto-Hörgeschichte

Beginnen Sie den Unterricht nicht direkt mit dem Hören der Geschichte. Die TN lösen zu jeder Episode Aufgaben vor dem Hören, während des Hörens und nach dem Hören. Generell sollten Sie die Geschichte so oft wie nötig vorspielen und ggf. an entscheidenden Passagen stoppen. Achten Sie darauf, jede Episode mindestens einmal durchgehend vorzuspielen. In *Schritte 3* und *Schritte 4* sollen sich die TN daran gewöhnen, sich auch auf längere Hörpassagen zu konzentrieren und diese zu verstehen.

1.1 Aufgaben vor dem Hören

Die Aufgaben vor dem Hören machen eine situative Einordnung der Geschichte möglich. Sie führen neue, für das Verständnis wichtige Wörter der Geschichte ein und lenken die Aufmerksamkeit auf die im Text wichtigen Passagen und Schlüsselwörter. Für die Vorentlastung bieten sich außerdem viele weitere Möglichkeiten:

Assoziogramm/Wortigel

Schreiben Sie ein Stichwort (z.B. „Reise") an die Tafel und bitten Sie die TN, alle Begriffe zu nennen, die ihnen dazu einfallen. Damit wird das Thema eingeführt, das schon vorhandene Wissen aktiviert und wiederholt und die TN werden zugleich auf den Hörtext vorbereitet. Diese Übungsform bietet sich besonders für Kurse im Inland an, da die TN ja in einer deutschsprachigen Umgebung leben und die Sprache deshalb auch ungesteuert außerhalb des Kurses erwerben. Das Wissen der einzelnen TN kann nun in den Kurs eingebracht werden, so dass alle voneinander lernen können.

Fotosalat und Satzsalat

Kopieren Sie die Fotos und schneiden Sie die einzelnen Fotos aus. Achten Sie darauf, die Nummerierung auf den Fotos wegzuschneiden. Die Bücher bleiben geschlossen. Verteilen Sie je ein Foto-Set an Kleingruppen von 3–4 Personen. Die TN legen die Fotos in eine mögliche Reihenfolge, hören die Geschichte mit geschlossenen Büchern und vergleichen die Foto-Hörgeschichte mit ihrer Reihenfolge. Sie korrigieren ggf. ihre Reihenfolge.

Diese Übung kann um Satzkarten erweitert werden: Schreiben Sie zu den Fotos einfache Sätze oder Zitate aus der Geschichte auf Kärtchen, die die TN dann den Fotos zuordnen. Sie können hier auch zwischen geübteren und ungeübteren TN differenzieren, indem Sie geübteren TN weniger Vorgaben und Hilfen an die Hand geben als den ungeübteren.

Die TN können sich auch zu ihrer Reihenfolge der Fotos eine kleine Geschichte ausdenken oder Minidialoge schreiben. Ihre Geschichte können sie dann beim Hören mit dem Hörtext vergleichen.

Hypothesen bilden

Verraten Sie den TN nur die Überschrift der Lektion und zeigen Sie ggf. noch eines der Fotos auf Folie. Die TN spekulieren, worum es in der Geschichte gehen könnte (Wo? Wer? Was? Wie viele? Wie? Warum?…). Oder sie sehen sich die Fotos im Buch an und stellen Vermutungen über den Verlauf der Handlung an. Das motiviert und macht auf die Geschichte neugierig. Fortgeschrittenere Lerner können sich im Vorfeld Minidialoge zu den Fotos überlegen und ein kleines Rollenspiel machen. Nach dem Hören vergleichen sie dann ihren Text mit dem Hörtext.

Situationsverwandte Bilder/Texte

Vielleicht finden Sie einen passenden Text oder ein Bild / einen Comic, den Sie verwenden können, um in das Thema einzuführen und unbekannten Wortschatz zu klären. Diese Übungsform eignet sich, wenn Sie erst ganz allgemein auf ein Thema hinführen wollen, ohne die Fotos aus der Foto-Hörgeschichte schon zu zeigen. So können Sie z.B. beim Thema „Reise" Fotos aus Reiseprospekten zeigen. Die TN nennen die ihnen bekannten Begriffe oder beschreiben die Fotos. Dadurch wird das Vorwissen der TN aktiviert.

1.2 Aufgaben während des Hörens

Die TN sollten die Geschichte mindestens einmal durchgehend hören, damit der vollständige Zusammenhang gegeben ist. Dabei ist es nicht wichtig, dass die TN sofort alles erfassen. Sie haben verschiedene Möglichkeiten, den TN das Verstehen zu erleichtern.

Höraufträge

Stellen Sie eine oder mehrere Fragen zur Foto-Hörgeschichte. Die TN versuchen, während des Hörens die Antwort auf die Frage(n) zu finden. Durch dieses Vorgehen sind die TN angehalten, sich auf das Wesentliche zu konzentrieren, und das Hören wird erleichtert.

Wort-/Bildkärtchen

Stellen Sie im Vorfeld Kärtchen mit Informationen aus der Foto-Hörgeschichte her (z.B. Lektion 8: Kopiervorlage L8/1). Die TN hören die Geschichte mit geschlossenen Büchern und legen die Kärtchen während des Hörens in die Reihenfolge, in der die Informationen in der Geschichte vorkommen.

Antizipation

Wenn die TN allgemein wenig Verständnisschwierigkeiten beim Hören haben, können Sie die Foto-Hörgeschichte natürlich auch während des Hörens stoppen und die TN ermuntern, über den Fort- und Ausgang der Geschichte zu spekulieren. Allerdings sollten Sie die Geschichte im Anschluss auch einmal durchgehend vorspielen.

1.3   Aufgaben nach dem Hören

Die Aufgaben nach dem Hören dienen dem Heraushören von Kernaussagen; sie überprüfen, ob die Handlung global verstanden wurde. Lesen Sie die Aufgaben gemeinsam mit den TN, klären Sie ggf. unbekannten Wortschatz und spielen Sie die Geschichte noch ein- bis zweimal vor, um den TN das Lösen der Aufgaben zu erleichtern. Stoppen Sie die Geschichte ggf. an den entscheidenden Passagen, um den TN Zeit für die Eintragung ihrer Lösung zu geben. Darüber hinaus können Sie die Foto-Hörgeschichte für weitere spielerische Aktivitäten im Unterricht nutzen und so den Wortschatz festigen und erweitern:

Rollenspiele

Lassen Sie die TN in Gruppen mit 3–4 Personen kurze Dialoge zu einem oder mehreren Fotos schreiben. Diese Dialoge werden dann vor dem Plenum als kleine Rollenspiele nachgespielt. Regen Sie die TN auch dazu an, die Geschichte weiterzuentwickeln und eine Fortsetzung zu erfinden.

Pantomime

Stoppen Sie die CD/Kassette beim zweiten oder wiederholten Hören jeweils nach der Rede einer Person. Bitten Sie die TN, in die jeweilige Rolle zu schlüpfen. Lassen Sie die TN pantomimisch darstellen, was sie soeben gehört haben. Fahren Sie dann mit der Foto-Hörgeschichte fort.

Kursteilnehmerdiktat

Die TN betrachten die Fotos. Ermuntern Sie einen TN, einen beliebigen Satz zu einem der Fotos zu sagen, z.B. „Larissa will im Urlaub reiten." Alle TN schreiben diesen Satz auf. Ein anderer TN setzt die Aktivität fort, z.B. „Aber Simon möchte lieber surfen." usw. So entsteht eine kleine Geschichte oder ein Dialog. Die TN sollten auch eine Überschrift für ihren gemeinsam erarbeiteten Text finden. Schreiben Sie oder einer der TN auf der Rückseite der Tafel oder auf Folie mit, damit die TN abschließend eine Möglichkeit zur Korrektur ihrer Sätze haben. Diese Übung trainiert nicht nur eine korrekte Orthographie, sondern dient auch der Wiederholung und Festigung von Wortschatz und Redemitteln.

Situationsverwandte Bilder/Texte

Auch nach dem Hören können Sie situationsverwandte Bilder oder Texte zur Vertiefung des Themas der Foto-Hörgeschichte benutzen. Die TN können die Unterschiede zwischen der Foto-Hörgeschichte und dem Text oder der Situation herausarbeiten. So könnte z.B. mit Hilfe einer Statistik zu den beliebtesten Reisezielen in Deutschland (bzw. in Österreich oder in der Schweiz) ein Gespräch über Lieblingsreiseziele der TN entstehen.

Texte oder Bilder können auch in eine andere Situation überleiten und nach dem Hören der Foto-Hörgeschichte zur Erweiterung eingesetzt werden (z.B. Lektion 8: Wochenende; weiterführend: Hobbys und Möglichkeiten der Freizeitgestaltung). Damit werden Wörter und Redemittel in einen anderen Zusammenhang transferiert und erweitert. Sie können so individuell auf die Interessen Ihres Kurses eingehen.

Phonetik

Die Foto-Hörgeschichte bietet sich sehr gut für das Aussprachetraining an. Sie enthält viele für den Alltag wichtige Redemittel, die sich gut als Formeln merken lassen. Greifen Sie wesentliche Zitate aus der Geschichte heraus, spielen Sie diese isoliert vor und lassen Sie die TN diese Sätze nachsprechen. Der Hörspielcharakter und der situative Bezug innerhalb der Foto-Hörgeschichte erleichtern den TN das Memorieren solcher Redemittel. Außerdem lernen die TN, auch emotionale Aspekte (Erstaunen, Ärger, Empörung, Trauer, Freude, Wut, Mitgefühl ...) auszudrücken. Schließlich kommt es nicht nur darauf an, was man sagt, sondern vor allem darauf, wie man es sagt. In jeder Sprache werden ganz unterschiedliche Mittel benutzt, um solche emotionalen Aspekte auszudrücken.

Nicht zuletzt können auch Modalpartikeln wie *doch, aber, eben* etc. unbewusst eingeschleift werden. Die Bedeutung von Modalpartikeln zu erklären ist im Anfängerunterricht schwierig und daher wenig sinnvoll. Mit Hilfe der Zitate aus der Foto-Hörgeschichte können die TN diese aber internalisieren und automatisch anwenden, ohne dass Erklärungen erforderlich werden.

2. Variationsaufgaben

Sie finden wiederholt kurze, alltagsbezogene Modelldialoge, die die TN mit vorgegebenen, meist noch unbekannten grammatischen Strukturen variieren. Diese Modelldialoge sind durch eine orangefarbene, geringelte Linie links neben der Aufgabe für Sie und Ihre TN sofort erkennbar. Durch das Variieren der Modelldialoge bekommen die TN ein Gespür für die neuen Strukturen. Durch das aktive Verwenden und Memorieren werden diese – und mit ihnen auch schon die neuen Strukturen – zu beherrschbarem Sprachmaterial. Erklären Sie neue Strukturen also erst im Anschluss an die Variationsaufgabe. Die Modelldialoge in *Schritte 3* und *Schritte 4* sind anspruchsvoller als in *Schritte 1* und *Schritte 2* und die TN sollten zunehmend selbstständig agieren. Für die Variationsaufgaben bietet sich folgendes Vorgehen an:

- Die TN decken den Modelldialog zu und hören ihn zunächst nur. Falls vorhanden, sehen sie dabei zugehörige Bilder / Fotos an. Wenn Sie die Fotos / Bilder auf Folie kopieren, können die TN die Bücher geschlossen lassen und sich auf die Situation konzentrieren.
- Die TN hören den Dialog ein zweites Mal und lesen mit.
- Die TN lesen und sprechen den Dialog in Partnerarbeit mit verteilten Rollen.
- Die TN lesen die Varianten in Partnerarbeit und markieren im Modelldialog die Satzteile, die variiert werden sollen.
- Die TN sprechen den Dialog in Partnerarbeit mit Varianten. Wichtig ist, dass die Partner ihre Sprech(er)rollen abwechseln, damit jeder TN auch einmal Varianten bilden muss.
- Abschließend können einige TN ihre Dialoge im Plenum präsentieren. Achten Sie darauf, dass die TN den Modelldialog mit den Varianten nicht nur einfach reproduzieren, sondern lassen Sie sie die Situation richtig nachspielen und „erleben". Ein bis zwei Dialoge reichen aus. Es ist nicht nötig, alle Varianten präsentieren zu lassen.

Da in einer Gruppe nicht nur Lerntempo und Lernniveau differieren, sondern auch unterschiedliche Lernertypen vertreten sind, sollten Sie verschiedene Vorgehensweisen anbieten. a) **Ungeübte TN** können den Modelldialog auch schriftlich festhalten, um sich durch die motorische Betätigung Strukturen und wichtige Redemittel besser einzuprägen.
b) Bitten Sie schnelle TN, die Dialoge mit den Varianten auf einer Folie oder an der Tafel zu notieren. Die anderen TN können dann kontrollieren, ob sie die Varianten richtig gebildet haben. Außerdem können **geübte TN** zusätzliche Varianten erfinden.

3. Grammatikspot

Schreiben Sie die Beispiele aus dem Grammatikspot an die Tafel oder auf eine Folie und heben Sie die neue Struktur – wie im Grammatikspot – visuell hervor. Verweisen Sie auf die Einführungsaufgabe und zeigen Sie jetzt die dahinter stehende Struktur auf. Dabei sollten Sie die TN so weit wie möglich einbeziehen und sie selbst die grammatische Regelmäßigkeit zeigen und erklären lassen. Nach Möglichkeit sollten Sie dabei auf grammatische Terminologie verzichten, da die kommunikative Funktion einer Struktur immer im Vordergrund stehen sollte und metasprachliche Erklärungen häufig vom eigentlichen Lernziel ablenken. Dieses Vorgehen nimmt auch Rücksicht auf die TN, die keine lateinische Schulbildung haben und für die die grammatischen Termini eher eine Erschwernis als eine Erleichterung für das Verstehen einer Struktur bedeuten.

Verweisen Sie auch später immer wieder auf den Grammatikspot. Er soll den TN auch bei den anschließenden Anwendungsaufgaben als Gedächtnisstütze und Orientierungshilfe dienen.

4. Aktivität im Kurs

In den Abschlussaufgaben auf den Seiten A bis C wird der Lernstoff in den persönlichen Bereich der TN übertragen. Sie befragen sich gegenseitig nach ihren Wünschen für den Unterricht, ihrem Konsumverhalten und ihren Urlaubsreisen usw. oder üben den Lernstoff durch eine spielerische Aktivität in Kleingruppen. Bei dieser Art von Aufgaben geht es häufig darum, dass die TN selbst Kärtchen, Plakate oder Formulare herstellen, was nicht nur ein sehr gutes Schreibtraining, sondern auch sehr förderlich für das Kursklima ist (gemeinsam etwas tun!). Die selbst hergestellten Kärtchen dienen wie in der Prüfung *Start Deutsch z* als Impuls für kurze Frage-Antwort-Dialoge. Wenn Sie nicht genug Zeit im Unterricht für Bastelarbeiten haben, können Sie zu diesen Aufgaben Kopiervorlagen aus dem Internet unter http://www.hueber.de/schritte herunterladen.

In den Abschlussaufgaben sollten die TN frei sprechen und sich frei ausdrücken. Vermeiden Sie also in dieser Phase Korrekturen.

5. Binnendifferenzierung

5.1 Allgemeine Hinweise

Wichtig: Es ist nicht nötig, dass immer alle alles machen! Teilen Sie die Gruppen nach Lerntempo, Kenntnisstand und/oder Neigung ein. Die einzelnen Gruppen können ihre Ergebnisse dem Plenum präsentieren: So lernen die TN miteinander und voneinander.

- Stellen Sie Mindestaufgaben, die von allen TN gelöst werden sollten. Geübte und schnelle TN bekommen zusätzliche Aufgaben. Entziehen Sie geübteren TN Hilfen, indem Sie z.B. Schüttelkästen wegschneiden. Dadurch werden diese TN mehr gefordert.
- Binden Sie geübtere TN als Co-Lehrer mit ein: Wenn diese – meist rascher als die übrigen TN – eine Aufgabe beendet haben, können sie die Lösung schon an die Tafel oder auf eine Folie schreiben oder auch ungeübteren TN beim Lösen der Aufgabe helfen (bitte nur bei einem guten Klima im Kurs!).
- Hin und wieder können Sie die Partnerarbeit steuern und einen ungeübteren mit einem geübteren TN zusammenarbeiten lassen. Der geübtere Partner sollte dem ungeübteren Partner nur dann Hilfestellung geben, wenn die Aufgabe nicht oder falsch gelöst wird.
- Versuchen Sie, auch ungeübte TN ihren Stärken entsprechend einzubinden. Haben Sie z.B. TN, die gut malen oder zeichnen können? Dann können diese bei Aktivitäten im Kurs die Gestaltung von Plakaten übernehmen. Ungeübtere TN können auch bei der Projektarbeit die Zuständigkeit für die organisatorische und technische Seite übernehmen: Während ein schon geübterer TN bei Interviews auf der Straße die Fragen stellt, macht der schüchternere oder unsicherere TN Notizen oder eine Aufnahme mit dem Tongerät und stellt diese später im Kurs vor.
- Lassen Sie bei unterschiedlich schwierigen Aufgaben die TN selbst wählen, welche sie übernehmen möchten. Die TN entscheiden dadurch selbst, wie viel sie sich zumuten möchten. Damit vermeiden Sie eine feste Rollenzuweisung, denn ein TN kann sich einmal für die einfachere Aufgabe entscheiden, weil er sich selbst noch unsicher fühlt, ein anderes Mal aber für die schwierigere, weil er sich in diesem Fall schon sicher fühlt.

5.2 Binnendifferenzierung im Kursbuch

Lesen

Nicht alle TN müssen alle Texte lesen: Bei unterschiedlich langen/schwierigen Texten verteilen Sie gezielt die kürzeren/leichteren an ungeübtere TN und die längeren/schwierigeren an geübtere TN bzw. geben Sie den TN die Möglichkeit, selbst zu entscheiden, welchen Text sie bearbeiten möchten.

Hören

Sie können die TN auch hier in Gruppen aufteilen: Jede Gruppe achtet beim Hören auf einen bestimmten Sprecher und beantwortet anschließend Fragen, die sich auf diesen Sprecher beziehen. Geübtere TN konzentrieren sich gleichzeitig auf alle Sprecher. Bei Phonetikübungen zu einem bestimmten Laut machen nur die TN mit, denen dieser Laut Probleme bereitet. Die übrigen TN erhalten andere Aufgaben (z.B. Online-Übungen).

Sprechen

Ungeübtere TN können bei Sprechaufgaben auf die Redemittel auf den Kursbuchseiten und auf der Übersichtsseite als Orientierungs- und Nachschlagehilfe zurückgreifen. Geübtere TN sollten das Buch schließen.

Schreiben

Ungeübtere TN erhalten vor allem in der Vorbereitung des Schreibens mehr Hilfen. Sie üben das Schreiben, indem sie sich an Modelltexten orientieren und diese abwandeln. Geübtere TN können auch Aufgaben zum „freien" Schreiben bekommen.

5.3 Binnendifferenzierung im Arbeitsbuch

Die binnendifferenzierenden Übungen im Arbeitsbuch können im Kurs oder als Hausaufgabe bearbeitet werden. Es empfiehlt sich folgendes Vorgehen:

- Die Basisübungen mit der schwarzen Arbeitsanweisung sollten von allen TN gelöst werden.
- Zusätzlich können die Vertiefungsübungen (blaugraue Arbeitsanweisungen) und die Erweiterungsübungen (tiefblaue Arbeitsanweisungen) gelöst werden. Lassen Sie nach Möglichkeit die TN selbst entscheiden, wie viele Aufgaben sie lösen möchten, oder geben Sie bei der Stillarbeit im Kurs einen bestimmten Zeitrahmen vor, in dem die TN die Übungen lösen sollten. So vermeiden Sie, dass ungeübte TN sich unter Druck gesetzt fühlen oder immer nur die einfacheren Übungen machen müssen/dürfen.

Die schwarzen und blaugrauen Übungen sollten Sie durch Vorlesen im Kurs kontrollieren oder durch Selbstkontrolle der TN, indem Sie die Lösung einer Übung auf Papier kopieren, diese Seite im Kursraum aushängen und die TN auffordern, ihre Arbeit mit der Lösung zu vergleichen. Auf diese Weise übernehmen die TN mehr Verantwortung für ihren Lernprozess und Sie sparen Zeit. Erweiterungsübungen führen über den Basiskenntnisstand hinaus. Hier gibt es auch freiere Übungsformen, z.B. das Schreiben von Dialogen anhand von Vorgaben usw. Die TN können sich bei diesen Übungen selbstständig zu zweit kontrollieren oder Sie verteilen eine Kopie mit den Lösungen. Bei freien Schreibaufgaben sollten Sie die Texte einsammeln und in der folgenden Unterrichtsstunde korrigiert zurückgeben.

Auch die Phonetikübungen können Sie binnendifferenzierend aufbereiten: Üben Sie mit einem Teil der TN (z.B. nationale Gruppen) gezielt einen phonetischen Aspekt, der dieser Gruppe besondere Probleme bereitet. Die übrigen TN können andere Übungen im Arbeitsbuch oder auf Zusatzblättern (siehe Kopiervorlagen ab Seite 67) lösen oder sich Gedanken zu einer Lerntagebuch-Übung machen. Wenn Sie einen Computerraum zur Verfügung haben, nutzen Sie das kostenlose Online-Angebot von *Schritte* (http://www.hueber.de/schritte): TN, die z.B. eine Phonetikübung nicht mitzumachen brauchen, können Online-Übungen lösen.

6. Die Übersichtsseite

Grammatikübersicht
Wenn TN das Bedürfnis äußern, bieten Sie ihnen an, die Übersichtsseite beim Lösen von Grammatikübungen aufzuschlagen und die Tabellen als Orientierungshilfe zu nutzen. Wenn Sie auf grammatische Termini in Ihrem Unterricht Wert legen oder viele kognitiv ausgerichtete TN haben, können Sie diese Seite zur Einführung der grammatischen Terminologie heranziehen.

Wichtige Wörter und Wendungen
Diese Rubrik dient Ihnen und den TN als Anhaltspunkt, welche Wörter und Wendungen der Lektion aktiv beherrscht werden sollten. Wenn Sie Wortschatz- und/oder Grammatiktests erstellen möchten, können Sie sich hier orientieren.

Die TN können mit Hilfe dieser Rubrik die Wörter und Wendungen in die jeweilige Muttersprache übersetzen. Bilden Sie dazu Gruppen nach Nationalität. Oft zeigt es sich, dass so manche Wortbedeutung noch gar nicht genau verstanden wurde. Die TN werden feststellen, dass es nicht für jedes Wort eine 1:1-Entsprechung gibt: So hat das Türkische z.B. zwei Wörter für „Tante" (*teyze* und *hala*), je nachdem, ob es sich um die Schwester der Mutter oder die Schwester des Vaters handelt. Das Deutsche hat dagegen nur ein Wort. Ähnliche Erscheinungen finden Sie auch in anderen Sprachen.

7. Das Lerntagebuch
Am Anfang sollten Sie die Arbeitstechnik mit den TN besprechen und exemplarisch vorführen. Dann aber sollten die TN das Lerntagebuch zu Hause weiterführen und selbstständig erweitern. Aufgaben, die eine eindeutige Lösung haben, z.B. Sätze umformen, um die Verbendstellung zu üben, werden im Kurs kontrolliert, indem z.B. die Lösung auf einer Folie oder einer Kopie präsentiert wird, nach der die TN vergleichen und korrigieren. Ziel ist, dass sich die TN mit der Zeit regelmäßig selbstständig Notizen machen zu dem, was sie im Unterricht gelernt haben. Dabei wählen sie optimalerweise selbstständig die Form, die ihrem Lerntyp am besten entspricht. Auf etwas fortgeschrittenerem Niveau kann im Unterricht auch über die verschiedenen Lerntechniken gesprochen werden und die TN können ihre Tipps austauschen. Weisen Sie die TN immer wieder darauf hin, Dinge zu notieren, die sie außerhalb des Unterrichts gelernt und entdeckt haben und die sie in den Unterricht einbringen möchten.

Im Lerntagebuch können die TN auch Ergebnisse von Gruppenarbeiten und Projekten abheften und sich so ein individuelles Tagebuch zusammenstellen, in dem sie auch später zur Erinnerung gerne blättern.

8. Die Projekte
Gehen Sie bei der Projektarbeit folgendermaßen vor:

Vorbereitung
Bereiten Sie das Projekt immer sprachlich so weit wie nötig vor: Wiederholen bzw. erarbeiten Sie mit den TN die notwendigen Redemittel und noch unbekannten Wortschatz. Das gibt den TN Sicherheit und hilft ihnen, die reale Kommunikationssituation zu bewältigen.

Durchführung
Sie können das Projekt als Hausaufgabe aufgeben, die einzeln oder im Team gelöst werden soll. Wenn Sie mehr Zeit zur Verfügung haben, bieten sich die Projekte auch für die selbstständige Gruppenarbeit während der Unterrichtszeit an.

Präsentation
Die TN präsentieren ihre Ergebnisse im Kurs. Damit die Präsentation anschaulich wird, sollten die TN alle Materialien, die sie bei der Projektarbeit benutzt haben, mit in den Unterricht bringen oder eine Collage erstellen, die dann im Kursraum aufgehängt wird. Bei geeigneten Projekten können die TN auch Tonband- oder Videoaufnahmen machen und diese mit in den Unterricht bringen. Solche Präsentationen bereichern den Unterricht und erhöhen die Motivation der TN.

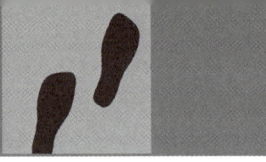

Bevor Sie mit Lektion 8 beginnen, sollten Sie je nach Ausgangssituation Ihres Kurses die Seite „Die erste Stunde im Kurs" im Unterricht durchnehmen.

Situation 1: Ihr Kurs läuft weiter und alle TN kennen *Schritte 3*.

In diesem Fall können Sie mit den TN eine kleine Rückschau halten: Die TN lesen die Texte zu Maria, Susanne, Kurt, Larissa und Simon und ergänzen in Kleingruppen, was sie sonst noch alles über die Protagonisten der Foto-Hörgeschichte wissen. Stellen Sie, wenn nötig, gezielt Fragen zu den Protagonisten, z.B.: „Wie findet Maria das deutsche Frühstück?", und zu den Ereignissen in den Foto-Hörgeschichten.

Variante: Wenn Sie wenig Zeit im Kurs haben, können Sie auch direkt mit Lektion 8 beginnen.

Situation 2: Ein neuer Kurs hat begonnen, einige TN haben schon mit *Schritte 3* gelernt.

1. Wenn mit *Schritte 4* ein neuer Kurs beginnt, der sich sowohl aus neuen TN als auch aus TN zusammensetzt, die schon mit *Schritte 3* Deutsch gelernt haben, sollten die TN zuerst Gelegenheit haben sich kennen zu lernen. Bitten Sie die TN, sich kurz vorzustellen und ein Namensschild aufzustellen.

2. *fakultativ:* In Kursen mit überwiegend noch ungeübten TN sollten Sie mit den TN sammeln, was man über sich erzählen kann (Beruf, Hobbys, Familie ...).

3. Die TN finden sich in Kleingruppen von 4–6 Personen zusammen und erzählen sich gegenseitig über sich. Achten Sie darauf, dass die Gruppen aus neuen und „alten" TN bestehen. Abschließend stellen die TN nacheinander die Personen aus der Gruppe den anderen Gruppen vor.

4. Teilen Sie den Kurs in neue und „alte" TN. a) Die neu hinzugekommenen TN lesen die Texte im Buch und bekommen so einen ersten Eindruck von den Protagonisten der Foto-Hörgeschichte. Sie ergänzen die passenden Namen in der Aufgabe zu den Texten. b) Die TN, die die Foto-Hörgeschichte aus *Schritte 3* bereits kennen, versuchen gemeinsam, die wichtigsten Informationen aus den Foto-Hörgeschichten von *Schritte 3* zu sammeln, und machen Notizen dazu.

5. Die TN finden sich in Kleingruppen aus neuen und „alten" TN zusammen. Die TN, die die Foto-Hörgeschichten schon kennen, erzählen, was sie über Maria und Familie Braun-Weniger wissen, und zeigen dabei die Geschichten im Kursbuch zu *Schritte 3* oder auf Kopien.

Situation 3: Ein neuer Kurs beginnt und die TN kennen *Schritte 3* alle noch nicht.

1. Wenn die TN sich alle noch nicht kennen und zuvor mit einem anderen Lehrwerk Deutsch gelernt haben, sollten Sie ebenfalls zunächst Gelegenheit zu einer Vorstellungsrunde und einem Gespräch in Kleingruppen geben (vgl. Situation 2).

2. Die TN lesen die Texte zu den Protagonisten im Buch und lösen die Aufgabe dazu.
   Lösung: Kurt ist Taxifahrer; Susanne arbeitet in einer Apotheke; Kurt und Susanne bekommen bald ein Baby; Simon ist 14 Jahre alt. Er geht in die 9. Klasse. Er ist der Sohn von Kurt. Maria ist 20 Jahre alt. Sie kommt aus Südamerika. Sie möchte in Deutschland leben. Sie wohnt bei Familie Braun-Weniger. Larissa ist 15 Jahre alt. Sie geht in die 10. Klasse. Sie ist die Tochter von Susanne,

3. *fakultativ:* Nutzen Sie die erste Unterrichtsstunde für eine Einstimmung auf das gemeinsame Lernen und spielen Sie den TN einige oder alle Foto-Hörgeschichten aus *Schritte 3* vor. Zeigen Sie dazu auch die Fotos. Dies ist nicht nur ein „gemütlicher" Einstieg in den Kurs, sondern die TN aktivieren beim Hören auch ihre Kenntnisse und können nachfragen, wenn sie etwas nicht verstanden haben. Es ist auch eine gute Möglichkeit, den Wortschatz und die Strukturen aufzugreifen, die in *Schritte 4* vorausgesetzt werden. Sie können rasch feststellen, wo Wiederholungsbedarf besteht.

TIPP

Um Sympathie unter den TN herzustellen, geben Sie ihnen die Möglichkeit, sich gleich zu Beginn etwas besser kennen zu lernen: Die TN gehen im Kursraum umher und unterhalten sich mit jedem. Dabei versuchen sie, mindestens eine, besser zwei Gemeinsamkeiten zwischen sich und ihren Gesprächspartnern zu finden (z.B. gemeinsames Geburtsjahr, gemeinsame Lieblingsfarbe ...). Geben Sie eine Zeit – ca. zehn Minuten – für die Gespräche vor. Anschließend berichten die TN im Kurs, welche Gemeinsamkeiten mit anderen TN sie entdeckt haben.

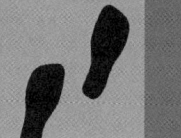
1

Vor dem Hören: Vermutungen äußern

1. Die Bücher sind geschlossen. Bilden Sie Kleingruppen von vier TN. Jede Gruppe erhält Farbkopien der Fotos und eine Kopie der Kopiervorlage L8/1.
   Hinweis: Wenn Sie viele neue TN in Ihrem Kurs haben, denen die Protagonisten der Foto-Hörgeschichte noch fremd sind, dann besprechen Sie mit den TN zuerst, wer jeweils auf den Fotos zu sehen ist. Sicher erinnern sich die TN an „Die erste Stunde im Kurs", wo sie die Protagonisten schon kennen gelernt haben. Die TN stellen auch über die noch unbekannte Person auf Foto 7 Vermutungen an.
   Die TN ordnen die sieben Zitate der Kopiervorlage den Fotos zu und einigen sich in der Gruppe auf eine Geschichte zu allen Fotos. Es gibt hier kein Richtig oder Falsch, denn es geht darum, dass die TN in der Gruppe zu einer eigenen schlüssigen Geschichte kommen. Anschließend schreibt jede Gruppe zu einem Foto einen Dialog.
2. Die Gruppen lesen ihre Dialoge vor, die anderen Gruppen überlegen, zu welchem Foto der Dialog passt. Alternativen zum Umgang mit der Foto-Hörgeschichte finden Sie auf Seite 5.
3. Die TN lösen die Aufgabe im Buch. *Lösung*: a) Zwei Tage wegfahren. b) Er darf nicht Skateboard fahren. c) Sie lernen zusammen.

2

Beim ersten Hören

1. Bitten Sie die TN, sich beim Hören auf die Frage zu konzentrieren, warum Simon schließlich doch Skateboard fahren kann.
2. Die TN hören die Foto-Hörgeschichte und formulieren in Partnerarbeit eine Antwort auf die Frage.
3. Abschlussdiskussion im Plenum.
   Lösungsvorschlag: Simon darf doch noch zum Skateboardfahren gehen, weil er Maria Informationen über den neuen Nachbarn gibt. Maria möchte den Nachbarn kennen lernen und nicht mehr mit Simon lernen.

3

Nach dem ersten Hören: Fragen zur Geschichte stellen

1. Machen Sie an der Tafel einen Wortigel zum Thema „Fragewörter". Bitten Sie die TN, Ihnen Fragewörter zuzurufen. Notieren Sie diese an der Tafel.
2. Die TN lesen die Aufgabenstellung und die Beispiele im Buch.
3. Die TN stellen sich im Plenum gegenseitig Fragen zur Foto-Hörgeschichte. Weisen Sie auf die Fragewörter an der Tafel hin und regen Sie die TN dazu an, möglichst viele verschiedene Fragewörter zu benutzen.

4

Nach dem Hören: die Geschichte zusammenfassen

1. Die TN ergänzen die Namen. Wenn nötig, hören sie die CD/Kassette noch einmal.
2. Die TN vergleichen ihre Lösungen in Partnerarbeit.
3. Abschlusskontrolle im Plenum.
   Lösung (in der Reihenfolge ihres Vorkommens): Susanne; Maria; Larissa; Simon; Maria; Maria; Mozart; Simon; Sebastian; Simon

5

Nach dem Hören: Informationen über eine Person notieren

1. Die TN ergänzen die Informationen zu Sebastian, an die sie sich erinnern können. Sie hören ggf. den Ausschnitt zu Foto 5 noch einmal und notieren die fehlenden Informationen.
2. Abschlusskontrolle im Plenum. *Lösung*: Sebastian Klein, 22 Jahre alt, Student
3. *fakultativ*: Spekulieren Sie mit den TN darüber, wie die Geschichte zwischen Maria und Sebastian weitergeht, oder lassen Sie die TN die Geschichte als Hausaufgabe schreiben. Sammeln Sie vorher im Plenum Vorschläge für einen Titel der Geschichte und stimmen Sie ab, wie die Geschichte heißen soll, die die TN dann schreiben.

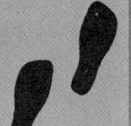

8 | **A** | ... **Trotzdem** wollen wir mal für zwei Tage raus hier.

Konjunktion *trotzdem*
Lernziel: Die TN können Gegensätze ausdrücken.

Materialien
A2 Folie
A4 Kopiervorlage L8/A4; Kopiervorlage zu A4 (im Internet)

A1   **Präsentation der Konjunktion** *trotzdem*
1. Die TN ordnen die Sätze zu.
2. Abschlusskontrolle im Plenum. *Lösung:* a) Trotzdem hilft sie ...; b) Trotzdem wollen Kurt und Susanne ...
3. Schreiben Sie den ersten Satz aus Beispiel a) an die Tafel. Fragen Sie die TN, was man normalerweise tut, wenn das Wetter nicht schön ist. Was erwartet man? Notieren Sie dann den zweiten Satz zu Beispiel a) und markieren Sie die Konjunktion *trotzdem*. Erklären Sie den TN, dass man mit *trotzdem* einen Satz beginnt, der gegen die Erwartung steht. Markieren Sie wie im Tafelbild unten die Positionen 1 (= *trotzdem*) und drei (= Subjekt). Machen Sie den TN deutlich, dass diese beiden Positionen getauscht werden können.

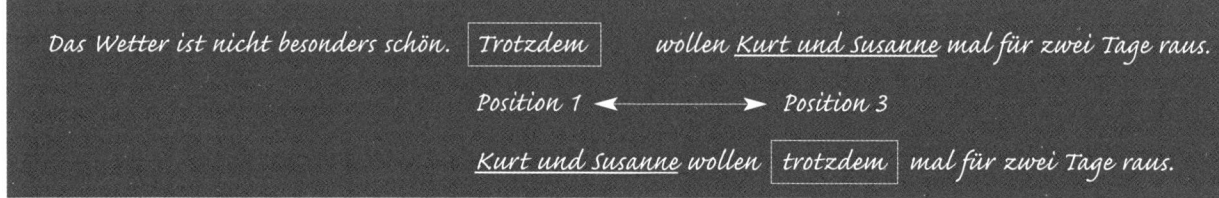

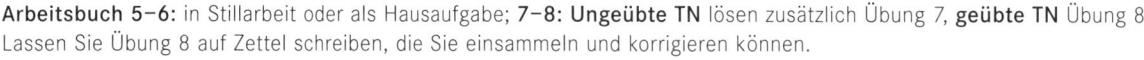

Arbeitsbuch 1–4: im Kurs: In Übung 3 werden Nebensätze mit *weil* wiederholt. Machen Sie die TN noch einmal auf die Endstellung des Verbs aufmerksam.

A2   **Variation: Anwendungsaufgabe zu** *trotzdem*
1. Die TN hören den ersten Dialog.
2. Zeigen Sie auf das Tafelbild aus A1. Bitten Sie zwei TN, den Dialog noch einmal zu lesen und dabei die Position von *trotzdem* zu tauschen.
3. Verfahren Sie mit dem zweiten Dialog ebenso.
4. In Partnerarbeit variieren die TN die anderen Beispiele.

5. *fakultativ:* Erstellen Sie mit den TN auf einer Folie weitere Varianten in Stichwörtern so wie im Buch. Die TN gehen herum und befragen sich gegenseitig, was sie am Abend oder am Wochenende machen. a) **Ungeübte TN** können Beispiele von der Folie nehmen. b) **Geübte TN** machen freie Dialoge.

A3   **Anwendungsaufgabe zu** *trotzdem*
1. Die TN lesen den Notizzettel und sehen sich die Bilder an.

2. In Partnerarbeit formulieren sie Sätze mit *trotzdem* wie im Beispiel. **Ungeübte TN** markieren zuerst mit Pfeilen, welches Bild zu welchem Ratschlag der Mutter gehört, bevor sie die Sätze sprechen.

Arbeitsbuch 5–6: in Stillarbeit oder als Hausaufgabe; **7–8: Ungeübte TN** lösen zusätzlich Übung 7, **geübte TN** Übung 8. Lassen Sie Übung 8 auf Zettel schreiben, die Sie einsammeln und korrigieren können.

A4   **Aktivität im Kurs: über eigene Fehler sprechen**
1. Die TN lesen das Beispiel. Geben Sie den TN fünf Minuten Zeit, um so viele Sätze über sich zu notieren wie möglich. Wenn Sie „Stopp!" rufen, legen alle TN ihre Stifte auf den Tisch und zählen ihre Sätze. Der TN mit den meisten Sätzen liest die eigenen Sätze vor, während die anderen TN auf Fehler achten. Lassen Sie noch andere TN vortragen.
   Variante: Wenn Sie die Aufgabe gelenkter gestalten möchten, finden Sie dazu eine Kopiervorlage im Internet.
2. *fakultativ:* Verteilen Sie die Kopiervorlage L8/A4 als Zusatzübung. Sie können diese Übung auch zu einem späteren Zeitpunkt als Wiederholungs- und Vertiefungsübung einsetzen.
   Lösungsvorschlag: b) ... trotzdem gehe ich morgen ins Apothekermuseum. c) Ich gehe trotzdem heute Abend ins Restaurant. d) ... trotzdem kann ich sehr gut schlafen. e) Trotzdem will er mir morgen die Stadt zeigen. f) ... ich gehe trotzdem mit ihm. g) Trotzdem habe ich ein Glas getrunken. h) Ich habe trotzdem noch fünf weitere Gläser bestellt. i) Holst du mich trotzdem vom Bahnhof ab?
3. *fakultativ:* In Anschluss an diese Übung können die TN auch einen Brief schreiben über ihr Leben in Deutschland (bzw. in Österreich oder in der Schweiz). Wer schafft es, fünf Sätze mit *trotzdem* einzubauen? Lassen Sie die TN die Briefe auf Zettel schreiben, die Sie einsammeln und korrigieren können.
   Einen Tipp, wie Sie Fehler besprechen können, finden Sie im Lehrerhandbuch zu *Schritte 3* auf Seite 56 und hier in Lektion 12 auf Seite 48.

Materialien
Tipp: ein weicher Ball oder ein Tuch
(weitere Materialien siehe S. 14)

Ich **hätte** gerne mal ein bisschen Ruhe.

Konjunktiv II
Lernziel: Die TN können über Wünsche sprechen.

B  **8**

B1

Präsentation des Konjunktiv II: *wäre, hätte, würde fahren*

1. Die TN sehen sich die Fotos und die Beispielsätze an und ordnen sie zu.
2. Die TN kontrollieren ihre Lösungen in Partnerarbeit.
3. Abschlusskontrolle im Plenum.
   Lösung: A Wir fahren eigentlich nie ohne die Kinder weg. Wir würden gerne mal wieder allein wegfahren. B Jetzt bin ich immer noch hier und muss lernen. Dabei wäre ich so gerne auf dem Skateboardplatz.
4. Erklären Sie den TN, dass die Zitate rechts in den Gedankenblasen Wünsche ausdrücken. Wünsche sagen, was nicht wirklich ist. Dafür haben die Verben im Deutschen eine besondere Form: *sein* wird zu *wäre*, *haben* zu *hätte*, alle anderen Verben brauchen *würde*. Die Formen *könnte* und *würde* sind den TN als Höflichkeitsform schon in *Schritte 2,* Lektion 12 begegnet. Notieren Sie alle Formen an der Tafel:

Wirklichkeit	Wunsch	Wirklichkeit	Wunsch	Wirklichkeit	Wunsch
ich bin	ich wäre	ich habe	ich hätte	ich fahre	ich würde fahren
du bist	du wär(e)st	du hast	du hättest	du fährst	du würdest fahren
er/es/sie ist	er/es/sie wäre	er/es/sie hat	er/es/sie hätte	er/es/sie fährt	er/es/sie würde fahren
wir sind	wir wären	wir haben	wir hätten	wir fahren	wir würden fahren
ihr seid	ihr wär(e)t	ihr habt	ihr hättet	ihr fahrt	ihr würdet fahren
sie/Sie sind	sie/Sie wären	sie/Sie haben	sie/Sie hätten	sie/Sie fahren	sie/Sie würden fahren

Machen Sie die TN auf die Ähnlichkeit von *wäre* und *hätte* mit den Vergangenheitsformen dieser Verben aufmerksam. Aus *a* wird *ä*, die Endungen sind gleich. Weisen Sie auch auf die Formen von „du wär(e)st" und „ihr wär(e)t" hin. Hier kann man das „e" hinzufügen oder weglassen.

Arbeitsbuch 9: im Kurs

B2

Anwendungsaufgabe zum Konjunktiv II

1. Die TN sehen sich Bild A an. Fragen Sie: „Was ist wirklich?" Wenn nötig, stellen Sie Zusatzfragen: „Wo sind die Personen? Was machen sie? Was trägt die Frau?" Fragen Sie dann nach dem Wunsch der Frau: „Was wünscht sie sich?"
2. Die übrigen Beispiele besprechen die TN in Partnerarbeit. **Geübte TN** können sich auch darüber unterhalten, warum die Person auf dem Bild diesen Wunsch hat. Wenn Sie genug Zeit haben, können die TN auch kleine Geschichten zu den Bildern schreiben. Was ist vorher passiert, was passiert nachher?

TIPP

Kleine Geschichten können die TN auch gemeinsam schreiben, z.B. zu Bild A. Geben Sie einen Anfang vor, den Sie an die Tafel schreiben. „Eines Tages gehen Herr und Frau Müller in die Stadt, weil ..." Werfen Sie einem TN einen Ball oder ein Tuch zu. Sie/Er muss die Geschichte fortsetzen. Schreiben Sie den neuen Satz erst an die Tafel, wenn er korrekt ist. Fragen Sie ggf. auch andere TN nach Fehlern. Der Ball / Das Tuch wird einem anderen TN zugeworfen. Hier können Sie noch einmal an die Wörter erinnern, mit denen man Sätze in Erzählungen verbinden kann: *zuerst, dann, später, schließlich* usw.

Arbeitsbuch 10–12: als Hausaufgabe

8

 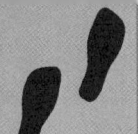

B

Ich **hätte** gerne mal ein bisschen Ruhe.

Konjunktiv II
Lernziel: Die TN können über Wünsche sprechen.

Materialien
B3 Zettel, Pappbox oder Mütze; Kopiervorlage
L8/B3
Tipp: Fotos aus Zeitschriften
B4 Plakate, dicke Stifte
Lerntagebuch: auf Folie

B3

Aktivität im Kurs: eigene Wünsche formulieren

1. Schreiben Sie die drei Fragen aus B3 an die Tafel. Besprechen Sie das Beispiel aus dem Buch. Verteilen Sie kleine Zettel an die TN. Jeder TN notiert individuell vier Antworten auf dem eigenen Zettel. Sammeln Sie die Zettel ein, vielleicht in einer Pappbox oder in einer Mütze. Gehen Sie herum, ein TN zieht einen Zettel und liest ihn vor. Die anderen TN raten, wer diese Wünsche hat.

2. Verteilen Sie die Kopiervorlage L8/B3. Die TN gehen herum und befragen sich gegenseitig, notieren die Antworten und die Namen derjenigen, die sie befragt haben. Das Spiel wird abwechslungsreicher, wenn die TN die Fragen nicht der Reihe nach stellen, sondern auf der Kopie hin- und herspringen. Wenn der erste TN auf alle Fragen eine Antwort hat, ruft sie/er „Stopp". Die TN bilden einen Kreis. Ein TN steht in der Mitte, die anderen sehen auf ihren Kopien nach, was sie über diesen TN erfahren haben, und berichten darüber. Dann geht ein anderer TN in die Mitte. Auf diese Weise sind alle TN beteiligt und es kommt keine Langeweile auf.

TIPP

Sammeln Sie Fotos von Menschen mit fröhlichen, traurigen, empörten, erschreckten Gesichtern aus Zeitschriften. Fordern Sie die TN auf, zu viert über die Fotos zu sprechen: Was wünschen sich die Leute? Diese Übung können Sie auch schriftlich machen. Die TN suchen sich ein oder mehrere Fotos aus und schreiben die Wünsche der Personen auf. Diese Übung können Sie auch zu einem späteren Zeitpunkt als Wiederholung machen.

B4

Aktivität im Kurs: eine Wunschliste für den Unterricht erstellen

1. Teilen Sie die TN in Gruppen zu sechst ein. Jede Gruppe erhält ein Plakat und einen dicken Filzstift. Die Gruppen notieren ihre Wünsche für den Unterricht. Anschließend werden die Plakate aufgehängt.

2. *fakultativ*: Wenn Sie genug Zeit haben, können Sie an diese Übung anschließend mit den TN darüber diskutieren, was für jeden einzelnen am wichtigsten ist und warum.

3. *fakultativ:* Bereiten Sie aufgrund der geäußerten Wünsche auf den Plakaten für eine der folgenden Unterrichtsstunden entsprechende Übungen vor. Die TN finden sich in Gruppen zusammen, die die gleichen Wünsche an den Unterricht hatten. So kann es eine Gruppe geben, die das Lesen trainieren möchte, eine, die schreiben möchte, eine Gruppe, die Grammatikübungen machen möchte usw. Sie können eine feste Zeit, z.B. eine Unterrichtsstunde, dafür vorsehen oder öfter zwischendurch solche Übungseinheiten anbieten. Dabei sollten die TN die Gelegenheit haben, die Gruppen zu wechseln und andere Schwerpunkte zu setzen. Vielleicht haben die TN auch Lust, selbst Übungen zu erstellen?

LERN TAGEBUCH

Arbeitsbuch 13: Legen Sie eine Folie auf. Decken Sie die rechte Seite zunächst ab. Ergänzen Sie mit den TN noch einige Sätze zum Alltag. Gehen Sie dann zu den Wünschen über. Notieren Sie einige Beispiele, die die TN nennen. Fordern Sie dann die TN auf, nach diesem Beispiel zwei eigene kleine Zeichnungen anzufertigen und darunter ihren Alltag bzw. ihre Wünsche zu beschreiben. Gehen Sie herum und helfen Sie bei Unklarheiten.

Arbeitsbuch 14–17: im Kurs

Ich **könnte** rübergehen.

Konjunktiv II: *könnte*
Lernziel: Die TN können Vorschläge machen.

C   **8**

C1   Präsentation des Konjunktivs II: *könnte*

1. Die TN lösen die Aufgabe wie im Buch vorgegeben.
   Lösung: a) … doch etwas mit anderen jungen Leuten unternehmen. b) … ins Nachbarhaus gehen.
2. Erklären Sie den TN, dass es hier nicht um Wünsche geht, sondern um Vorschläge. Vorschläge formuliert man häufig mit *könnte*. Notieren Sie die Formen einmal komplett an der Tafel.

Wirklichkeit	Vorschlag
ich kann	ich könnte
du kannst	du könntest
er/es/sie kann	er/es/sie könnte
wir können	wir könnten
ihr könnt	ihr könntet
sie/Sie können	sie/Sie könnten

Machen Sie die TN auf die Ähnlichkeit der neuen Form mit der Vergangenheitsform „konnte" aufmerksam. Die Endungen sind gleich, nur o wird zu ö. Die TN haben schon andere Möglichkeiten, Vorschläge zu machen, kennen gelernt, z.B. den Imperativ mit *doch (mal)* (Schritte 2, Lektion 9). Fragen Sie die TN, wie man Vorschläge machen kann, und sammeln Sie Beispiele an der Tafel.

Arbeitsbuch 18: in Stillarbeit

C2   Hörverstehen 1: private Telefongespräche

1. Erklären Sie den TN, dass Wochenende ist und viele Leute sich dann verabreden, um etwas zusammen zu unternehmen. Teilen Sie den Kurs in zwei Gruppen. Jede Gruppe erhält ein Stück Kreide bzw. einen Tafelstift und steht vor einer Tafelhälfte. Die TN sollen aufschreiben, was man am Wochenende mit Freunden machen kann. Geben Sie ein Beispiel vor, z.B. „in die Disko gehen", damit die TN wissen, dass sie keine ganzen Sätze notieren sollen. Die TN einer Gruppe stellen sich hintereinander auf. Der erste TN jeder Gruppe läuft zur Tafel und notiert eine Aktivität, läuft zurück, gibt die Kreide an den zweiten und stellt sich hinten wieder an usw. Wenn Sie wollen, legen Sie während dieser Übung ein schnelles Musikstück auf, das erhöht das Tempo der Übung. Wenn Sie merken, dass den TN die Ideen ausgehen, drehen Sie die Musik ab und brechen die Übung ab. Welche Gruppe hat am meisten gefunden?
2. Sagen Sie den TN, dass sie jetzt drei Telefongespräche hören. Betti verabredet sich. Die TN lesen die Fragen im Buch. Spielen Sie erst alle Telefongespräche komplett vor, machen Sie dann beim zweiten Hören Pausen, damit die TN sich Notizen machen können. Spielen Sie die Gespräche so oft wie nötig vor.
3. Abschlusskontrolle im Plenum.
   Lösung: a) Martin, Stefan und Luis. b) Sie möchte tanzen gehen. c) Luis. d) Martin muss für eine Prüfung lernen. Stefan geht in ein Musical.

C3   Hörverstehen 2: wichtige Details verstehen

1. Die TN lesen die Beispiele und ordnen die Namen aus dem Gedächtnis zu. Wenn nötig, spielen Sie die Gespräche noch einmal vor.
2. Abschlusskontrolle im Plenum.
   Lösung: <u>Betti:</u> Du könntest mal wieder deine Tango-Schuhe anziehen. Wir könnten mal wieder zusammen etwas unternehmen. <u>Martin:</u> Nächsten Samstag könnten wir was zusammen machen. <u>Stefan:</u> Du könntest mitgehen, wenn du willst.

C4   Aktivität im Kurs: sich verabreden

1. Die TN lesen die Beispieldialoge. Fragen Sie die TN, was man noch sagen kann, wenn man sich verabredet. Sammeln Sie die Vorschläge an der Tafel.
2. In Partnerarbeit spielen die TN mit Hilfe der angegebenen Beispiele und der Vorschläge an der Tafel ähnliche Dialoge.
   Variante: Wenn die TN etwas Sicherheit in den Dialogen gewonnen haben, verteilen Sie kleine Zettel. Jeder TN notiert eine Aktivität, die man am Wochenende machen kann. Zu C2 haben die TN solche Aktivitäten gesammelt, verweisen Sie noch einmal auf die Plakate oder das Tafelbild. Zusätzlich notiert jeder TN noch einen Wochentag und eine Uhrzeit. Die TN gehen herum und versuchen, sich mit verschiedenen TN für diesen „Termin" zu verabreden.
3. *fakultativ:* Die TN sitzen in Gruppen zu viert zusammen. Verteilen Sie an jede Gruppe die Kopiervorlage L8/C4, Spielfiguren und einen Würfel. Die TN spielen das Spiel nach den Regeln auf dem Spielplan. Gehen Sie herum und helfen Sie bei Unklarheiten. Sie können das Spiel auch zu einem späteren Zeitpunkt als Wiederholung oder zur Festigung einsetzen.

Arbeitsbuch 19–22: in Stillarbeit oder als Hausaufgabe

8   D Wochenendaktivitäten, Veranstaltungen

Über Veranstaltungen am Wochenende sprechen 1
Lernziel: Die TN können Veranstaltungskalender lesen und Aktivitäten für das Wochenende planen.

D1 **Das Wortfeld „Freizeitaktivitäten"**

1. Die TN sehen sich den Wortigel im Buch an. Die verschiedenen Aktivitäten sind hier nach Oberbegriffen geordnet. Die TN ergänzen in Partnerarbeit weitere Aktivitäten und ordnen sie den Oberbegriffen zu.
2. Die TN sehen sich den Wortigel noch einmal an und notieren in drei Spalten, was sie gern, nicht so gern, gar nicht gern machen.

Arbeitsbuch 23: in Stillarbeit oder als Hausaufgabe

D2 **Partnerinterview: über eigene Interessen am Wochenende sprechen**

1. Die TN machen anhand der vorgegebenen Fragen Partnerinterviews und notieren die Antworten. a) **Ungeübte TN** beschränken sich auf die Fragen im Buch. b) **Geübte TN** erweitern ihre Fragenliste mit eigenen Fragen, z.B. „Was machst du nie am Freitagabend?"
2. Die TN setzen sich in Kleingruppen zusammen und berichten über ihre Partnerin / ihren Partner. Achten Sie darauf, dass die Partner in verschiedenen Gruppen sitzen.
3. Sprechen Sie mit den TN darüber, was Deutsche oft am Wochenende machen. Wie ist das in der Heimat der TN? Wenn Sie eine sehr heterogene Gruppe haben, können Sie Gruppen nach Nationalität bilden. Die TN sammeln die Informationen über ihr Land und machen sich Notizen. Anschließend tragen sie diese im Kurs vor.
4. *fakultativ:* Wenn Sie den Konjunktiv II noch weiter üben möchten, lassen Sie die TN einen Text schreiben mit dem Titel „Mein Traumwochenende". a) Für **ungeübte TN** können Sie eine Kopie mit Satzanfängen vorbereiten. b) **Geübte TN** schreiben einen freien Text. Sammeln Sie die Texte ein und korrigieren Sie sie.

D3 **Leseverstehen: einen Veranstaltungskalender lesen und verstehen**

1. Die TN bearbeiten die Aufgabe wie im Buch angegeben. Klären Sie unbekannten Wortschatz, besonders „Tag der offenen Tür" und „Rundfahrt".
   Lösung:

Mo	Di	Mi	Do	Fr	Sa
Theater	Tag der offenen Tür	Tanz	Ausstellung	Rundfahrt	Konzert

2. Fragen Sie die TN, was Geld kostet und was kostenlos ist. Sprechen Sie auch über Ermäßigungen für Senioren oder Studenten. Was braucht man, um diese Ermäßigungen zu bekommen? Wo kann man einfach hingehen? Wo sollte man vorher anrufen und Karten bestellen?

D4 **Aktivität im Kurs: Gespräch: eine Veranstaltung auswählen und die Wahl begründen**

Die TN berichten im Plenum, welche Veranstaltung sie gerne besuchen würden und begründen ihre Wahl. Fragen Sie, wer schon einmal an einer ähnlichen Veranstaltung in Deutschland (bzw. in Österreich oder in der Schweiz) teilgenommen hat. Wie war das?

PRÜFUNG **Arbeitsbuch 24:** Diese Aufgabe bereitet auf den mündlichen Teil der Prüfung *Start Deutsch 2z* vor. Hier müssen die TN zu zweit in ca. fünf Minuten etwas aushandeln, wobei sie auch Vor- und Nachteile benennen sollten. Wichtig ist, dass die TN zu einem Ergebnis kommen. Achtung: Die Teile a) und b) des Arbeitsbuches sind eine ausführliche Vorbereitung, die in der Prüfung nicht vorkommt. Lassen Sie die Gespräche im Kurs vorspielen, das entspricht am ehesten der Prüfungssituation.

Veranstaltungstipps

Über Veranstaltungen am Wochenende sprechen 2
Lernziel: Die TN können Veranstaltungshinweise auf Plakaten, Anzeigen, Flyern lesen und
Aktivitäten für das Wochenende planen.

 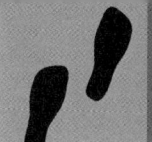

E **8**

E1 **Leseverstehen: Veranstaltungshinweise verstehen**
1. Die TN sehen sich die verschiedenen Texte an. Sprechen Sie mit den TN über die Veranstaltungen: Was kann man da sehen oder machen? Für wen ist diese Veranstaltung?
2. Die TN lesen die Texte noch einmal und notieren Tag und Zeit. Sagen Sie den TN, dass es nicht für alle Veranstaltungen Angaben gibt. Bevor Sie die Lösung besprechen, gehen Sie über zu Aufgabe E2. *Lösung:* siehe E2

E2 **Hörverstehen 1: Veranstaltungshinweise im Radio verstehen und notieren**
1. Termine, die nicht in den Anzeigen genannt wurden, werden in einer Radiosendung genannt. Spielen Sie die CD/Kassette mehrmals vor. Machen Sie Pausen, damit die TN Zeit zum Schreiben haben. Die TN notieren die fehlenden Termine.
2. Die TN vergleichen ihre Lösungen in Partnerarbeit.
3. Abschlusskontrolle im Plenum.
   Lösung (die kursiven Informationen werden nur im Hörtext genannt):

1	2	3	4	5
Sonntag 10–18 Uhr	*montags-donnerstags 8–18 Uhr*	Sonntag *18 Uhr*	Samstag 11 Uhr	Do, Fr, So 14 Uhr

4. Die TN führen in Partnerarbeit ein Gespräch darüber, welche Veranstaltungen sie interessieren und begründen ihre Wahl.
5. Fragen Sie die TN, wo man solche Hinweise hört und was das für ein Sender ist. Erläutern Sie den TN das Lokalradio, das nur in einer kleinen Region, manchmal nur in einer Stadt zu hören ist. Weisen Sie die TN auch auf das örtliche Lokalradio hin. Vielleicht haben einige TN den Sender schon gehört und können etwas darüber berichten.

E3 **Hörverstehen 2: eine einfache Radiosendung verstehen**
1. Die TN lesen die Beispiele und versuchen aus der Erinnerung heraus eine erste Zuordnung der Aussagen zu den Tipps, die sie soeben gehört haben.
2. Spielen Sie die CD/Kassette noch einmal vor. Die TN notieren ihre Lösungen.
3. Abschlusskontrolle im Plenum. *Lösung:* b) 3; c) 1; d) 5; e) 2

E4 **Hörverstehen 3: eine Radiosendung genau verstehen**
1. Die TN lesen die Sätze 1–5. a) **Ungeübte TN** kreuzen ihre Lösungen an, während sie die Sendung noch einmal hören.
   b) **Geübte TN** entscheiden sich schon beim ersten Lesen und überprüfen ihre Lösung beim Hören.
2. Die TN hören die Sendung erneut. Machen Sie ggf. Pausen, damit die (ungeübten) TN Zeit haben, sich zu entscheiden.
3. Abschlusskontrolle im Plenum. *Lösung:* richtig: 1a, 2a, 2b, 3a, 3b; falsch: 1b, 4a, 4b, 5a, 5b

Arbeitsbuch 25a–b: in Stillarbeit oder als Hausaufgabe; **25c:** im Kurs: Die TN erzählen in Kleingruppen.

PROJEKT **Arbeitsbuch 26:** Besprechen Sie im Unterricht, wo man Informationen über Veranstaltungen in der Region bekommt. Weisen Sie auch auf örtliche Veranstaltungskalender und evtl. alternative Zeitschriften hin, die oft kostenlos verteilt werden. Machen Sie eine Liste an der Tafel. Für die nächste Kursstunde bringen die TN diese Informationen mit. Sie können auch klare Aufträge an Kleingruppen verteilen. Die TN einer Gruppe gehen zusammen z.B. zur Stadtinformation, um einen Veranstaltungskalender oder einen Museumsführer zu besorgen. Besprechen Sie mit den TN im Unterricht, wie man fragt, wonach genau man fragt usw. Das gibt auch den schwächeren TN Sicherheit und Mut, Gespräche außerhalb des Deutschkurses zu führen. Eine andere Gruppe kann sich die Internetseite der Stadt ansehen und Veranstaltungshinweise notieren. Eine andere Gruppe kann sich um örtliche Museen kümmern und nach deren Öffnungszeiten fragen. Wenn die TN die Informationen mitbringen, gestalten sie in Kleingruppen eine Wandzeitung. Teilen Sie den Kleingruppen verschiedene Wochenenden zu, so entsteht ein Plan für längere Zeit. Vielleicht findet sich auch eine Veranstaltung, die Sie zusammen mit dem Kurs besuchen können, z.B. ein Stadtfest oder ein Konzert, manchmal ist so etwas auch kostenlos. Weisen Sie die TN auch auf die lokalen Radiosender hin. Vielleicht kann sich eine Gruppe im Internet über Frequenzen und Programme informieren und ein kleines Info-Plakat erstellen.

Einen Test zu Lektion 8 finden Sie auf Seite 104 f.

1 Vor dem Hören: Vorwissen aktivieren

1. Bevor Sie mit der Foto-Hörgeschichte beginnen, besprechen Sie mit den TN folgendes Szenario: „Sie wollen einen Bürostuhl kaufen, wohin könnten Sie gehen?" Die TN werden vermutlich die Namen von Geschäften am Kursort nennen. Notieren Sie diese Namen an der Tafel. Fragen Sie anschließend, um was für ein Geschäft es sich handelt. Beginnen Sie mit den leichten Begriffen, die die TN wahrscheinlich kennen: „Kaufhaus", „Supermarkt". Notieren Sie auch diese Begriffe. Evtl. fällt hier bereits der Begriff „Flohmarkt". Lenken Sie die Aufmerksamkeit der TN auf die Einzelhandelsgeschäfte und geben Sie ggf. die Begriffe „Fachgeschäft" und „Einzelhandelsgeschäft" vor.
2. Die TN setzen sich in Kleingruppen zu viert zusammen und diskutieren die Vorteile und die Nachteile der Geschäfte. Die Ergebnisse halten die TN in einer Tabelle fest. Gehen Sie herum und helfen Sie bei Unklarheiten und Vokabelfragen. Begriffe wie „Garantie", „Umtausch" usw. sind den TN aus ihrer Erfahrung als Kunde in ihrer deutschsprachigen Umgebung im Prinzip bekannt.
3. Die Gruppen stellen ihre Ergebnisse im Plenum vor. Damit es nicht zu lange dauert, stellt jede Gruppe nur eine Geschäftsform vor. Die anderen ergänzen, wenn nötig.
4. *fakultativ*: Nutzen Sie die Gelegenheit, mit den TN über die rechtliche Situation in Deutschland (bzw. in Österreich oder in der Schweiz) zu sprechen: Umtausch nur mit dem Kassenbon und innerhalb einer bestimmten Frist. Was ist eine Reklamation? Welche Rechte hat man als Kunde? Weisen Sie auf die Einrichtung der Verbraucherzentralen hin. Wenn Sie die Möglichkeit dazu haben, vereinbaren Sie dort einen Besuch mit ihrem Kurs.
5. Die TN lösen Aufgabe 1 wie im Buch angegeben.
6. Abschlusskontrolle im Plenum. *Lösung*: Auf dem Flohmarkt.

2 Vor dem Hören: Schlüsselwörter verstehen

1. Die TN lösen in Partnerarbeit die Aufgabe wie angegeben. Weil das in der vorbereitenden Besprechung schon behandelt wurde, kann diese Übung zügig behandelt werden.
2. Abschlusskontrolle im Plenum. *Lösung*: Flohmarkt: a, c; Fachgeschäft: b

3 Beim ersten Hören

1. Die TN sehen sich die Fotos an und überlegen zu zweit, was passiert. Sie schreiben eine kleine Geschichte. a) **Ungeübte TN** beschränken sich darauf zu beschreiben, was die Personen auf den Fotos tun, wo sie sind, welche Gegenstände zu sehen sind. Helfen Sie den TN bei unbekannten Wörtern (wie z.B. „Lampion"). b) **Geübte TN** sollten versuchen, eine kleine Geschichte zu erzählen. Erinnern Sie sie an die Verbindungswörter „da", „dann", „danach" usw. Auch „trotzdem", „denn", „weil" usw. sollten benutzt werden. Stellen Sie ggf. für die geübten TN eine kleine Liste mit Wörtern (weil, trotzdem …) zusammen, die benutzt werden müssen. Diese Übung eignet sich auch im Anschluss als Hausaufgabe.
2. Während des Hörens konzentrieren die TN sich auf folgende Fragen: Was will Maria kaufen? Warum? Was kauft sie schließlich? *Lösungsvorschlag*: Maria will eine Schreibtischlampe kaufen. Auf ihrem Schreibtisch gibt es zu wenig Licht / ist es zu dunkel. Sie kauft einen Lampion, einen Helm, einen Bierkrug und einen Anzug für das Baby.

4 Nach dem ersten Hören: die Geschichte korrigieren

1. Die TN lesen den Text und korrigieren die Fehler. Weisen Sie die TN ggf. darauf hin, dass es sich hier um falsche Informationen handelt und nicht um grammatische Fehler.
2. Die TN hören die Foto-Hörgeschichte noch einmal. a) **Ungeübte TN** hören noch einmal, um die Fehler zu finden. b) **Geübte TN** überprüfen ihre Lösung.
3. Abschlusskontrolle im Plenum.
    Lösung: <u>Kurt</u> meint, dass sie in ein Fachgeschäft für Lampen gehen soll. Aber Maria geht lieber mit <u>Sebastian</u> auf den Flohmarkt. Dort gibt es verschiedene <u>Lampen</u> aus Plastik und Metall … Wenn man gute Lampen kaufen will, muss man <u>in ein Fachgeschäft</u> gehen.
4. *fakultativ*: Wenn Sie noch einen Schreibanlass suchen, bitten Sie die TN, den Text aus Ausgabe 4 zu erweitern: Die TN können Sätze ergänzen, Nebensätze einfügen usw. Machen Sie den Anfang mit den TN zusammen an der Tafel. Sammeln Sie die Texte ein und korrigieren Sie sie.

5 Nach dem Hören: freies Kursgespräch über Erfahrungen mit Basaren und Flohmärkten

Regen Sie bei kleinen Gruppen ein Gespräch im Plenum an. Wenn Sie eine große Gruppe haben, bilden Sie Kleingruppen zu sechs TN, die sich über das Thema „Flohmarkt" unterhalten.
Variante: Spielen Sie Cocktailparty mit Ihrem Kurs. Die TN gehen frei durch den Raum, während Sie leise Musik von einer CD spielen. Vielleicht bauen Sie ein kleines „Büffet" aus zwei, drei Tafeln Schokolade auf. Wenn Sie die Musik ausschalten, sucht sich jeder TN eine Partnerin / einen Partner. Die Partner tauschen ihre Erfahrungen und Meinungen zum Thema „Flohmarkt" aus. Regen Sie die TN, die noch nie auf einem Flohmarkt waren, ganz besonders dazu an, den anderen Fragen zu stellen. Nach einer Minute schalten Sie die Musik wieder ein, die TN gehen wieder herum, bis Sie die Musik erneut abschalten usw. Begrenzen Sie das Spiel auf vier Durchgänge, damit es nicht langweilig wird.

Kennst du ein **gutes** Geschäft?

Adjektivdeklination mit dem unbestimmten Artikel im Nominativ und Akkusativ
Lernziel: Die TN können Gegenstände beschreiben.

A 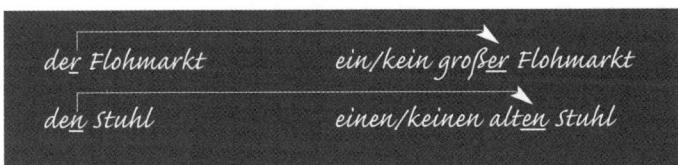 **9**

A1 **Präsentation der Adjektivdeklination mit dem unbestimmten Artikel im Nominativ und Akkusativ**

1. Bevor Sie mit der Einführung der Adjektivendungen beim attributiven Gebrauch beginnen, sollten Sie eine Wiederholung vorschalten. Die TN stellen sich im Kreis auf. Werfen Sie einem TN den Ball / das Tuch zu, dabei sagen Sie ein Adjektiv. Der TN nennt das Gegenteil, wirft dann seinerseits das Tuch / den Ball und sagt ein Adjektiv. Achten Sie darauf, dass nur möglichst gängige und allen bekannten Adjektive verwendet werden! Das Spiel sollte zügig gespielt werden.
   Variante: Der werfende TN sagt ein Nomen, der fangende TN antwortet mit einem dazu passenden Adjektiv, z.B. Kaffee – heiß, Fahrrad – langsam.
2. Die TN lösen Übung 1 und 2 im Arbeitsbuch.
3. Die TN schlagen die Bücher auf. Sie hören die Dialoge so oft wie nötig und ergänzen die Endungen.
4. Die TN lesen die Dialoge in Partnerarbeit und vergleichen dabei ihre Lösungen.
5. Abschlusskontrolle im Plenum. *Lösung*: a) gut<u>es</u>; c) schön<u>e</u> und billig<u>e</u>; d) rund<u>e</u>
6. Bitten Sie je zwei TN, die Dialoge vorzulesen, damit sich die neue Form einschleift. Wiederholen Sie das Lesen ruhig mehrmals, berücksichtigen Sie dabei besonders ungeübte TN. So können Sie gleichzeitig überprüfen, ob alle auch wirklich die richtige Lösung eingetragen haben.
7. Erstellen Sie anhand der Dialoge folgendes Tafelbild:

> der Flohmarkt → ein/kein groß<u>er</u> Flohmarkt
>
> das Geschäft → ein/kein gut<u>es</u> Geschäft
>
> die Lampe → eine/keine rund<u>e</u> Lampe
>
> die Lampen → billig<u>e</u> Lampen
>
> keine billig<u>en</u>(!) Lampen

   Zeigen Sie den TN mit Hilfe des Tafelbildes, dass sich die Endungen des bestimmten Artikels in den Endungen der Adjektive wiederfinden. Die Adjektivendungen beim negativen Artikel entsprechen denen des unbestimmten. Ergänzen Sie ihn im Tafelbild. Weisen Sie eindringlich auf die Ausnahme im Plural hin. Beschränken Sie sich bei Ihrer Erklärung und bei der Übungsphase im Anschluss zunächst auf die Formen im Nominativ. Die Formen im Akkusativ können bei A2 bewusst gemacht und geübt werden.
8. *fakultativ*: Eine schöne Einstiegsübung in das schwierige Thema der Adjektivdeklination ist folgende: Bereiten Sie zu Hause ca. zwölf Zettel vor, die Sie durchnummerieren und mit einem Adjektiv versehen. Im Unterricht kleben Sie diese Zettel an je einen Gegenstand, z.B. den Zettel „5 – modern" an den CD-Spieler. Wenn Sie alle Zettel verteilt haben, bitten Sie die TN, mit Stift und Heft herumzugehen und zu jeder Nummer einen kleinen Satz zu notieren. „Nummer 5 ist ein moderner CD-Spieler." Bei dieser Übung wenden die TN die Adjektivendungen zum ersten Mal selbstständig an, jedoch an Wörtern, die ihnen bekannt sind. Wenn Sie die Zettel gut im Raum verteilt haben, hat das Suchen und Herumlaufen auch eine auflockernde und motivierende Wirkung.

Arbeitsbuch 3–4: in Stillarbeit

A2 **Variation: Anwendungsaufgabe zur Adjektivdeklination; Erweiterung**

1. Die TN hören die Dialoge.
2. Weisen Sie auf die Akkusativendungen in Dialog b) hin und ergänzen Sie die Form im Tafelbild von A1.

> der Flohmarkt → ein/kein groß<u>er</u> Flohmarkt
>
> de<u>n</u> Stuhl → einen/keinen alt<u>en</u> Stuhl

   ! Die TN empfinden die Unterscheidung von Subjekt (= Nominativ) und Objekt (= Akkusativ) im Allgemeinen als recht schwierig. Um den TN das Lernen zu erleichtern, weisen Sie ausdrücklich darauf hin, dass die Endungen sich nur bei Wörtern mit der (= maskuline Nomen) ändern.
3. Die TN variieren die Dialoge in Partnerarbeit. Gehen Sie herum und helfen Sie bei Unklarheiten. a) Während die **ungeübten TN** sich auf die Beispiele im Buch beschränken, b) machen die **geübten TN** weitere eigene Beispiele.

Arbeitsbuch 5–7: in Stillarbeit oder als Hausaufgabe: a) **Ungeübte TN** lösen zusätzlich Übung 6, b) **geübte TN** Übung 7.

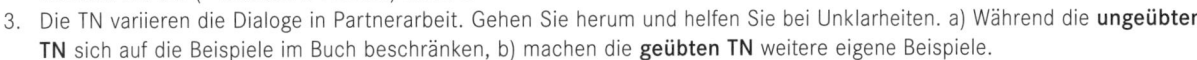

Kennst du ein **gutes** Geschäft?

Adjektivdeklination mit dem unbestimmten Artikel im Nominativ und Akkusativ
Lernziel: Die TN können Gegenstände beschreiben.

Materialien
A3 Werbeprospekte, Scheren
A4 Plakate und Filzstifte; Kopiervorlage L9/A4,
    Spielfiguren, Würfel

A3   **Vertiefung: Anwendungsaufgabe zur Adjektivdeklination**

1. Die TN lesen die Dialoge und ergänzen die Endungen.
2. Die TN vergleichen ihre Lösungen zunächst in Partnerarbeit, hören die Dialoge dann von der CD/Kassette und überprüfen ihre Lösungen selbstständig. *Lösung:* vgl. Hörtext
3. *fakultativ:* Die TN bringen Werbekataloge von Zuhause mit und schneiden Bilder von Haushaltsgegenständen, Möbeln usw. aus. Stellen Sie drei oder vier Tische als Flohmarktstände auf. Auf den Tischen verteilen Sie gleichmäßig die ausgeschnittenen Bilder. Einige TN spielen Verkäufer, sie stehen hinter den Tischen. Die anderen TN schlendern zu zweit an den Ständen vorbei und unterhalten sich über die Gegenstände, die angeboten werden, und stellen Fragen an den Verkäufer, ähnlich wie in den Musterdialogen aus A3. Allerdings sollten die TN frei sprechen. Gehen Sie herum und helfen Sie bei Unklarheiten.

Arbeitsbuch 8–10: in Stillarbeit oder als Hausaufgabe

A4   **Aktivität im Kurs: das Klassenzimmer verschönern**

1. Bilden Sie Kleingruppen von vier TN. Jede Gruppe erhält ein Plakat und einen Filzstift. Die TN sollen sich vorstellen, dass sie auf den Flohmarkt gehen, weil sie das Klassenzimmer verschönern wollen. Die Gruppen notieren in einer Tabelle wie im Buch, was sie kaufen würden.
2. Die Plakate werden aufgehängt, so dass jede Gruppe sehen kann, was die anderen kaufen würden. Ermuntern Sie die TN, Fragen zu den Plakaten zu stellen, z.B. „…, warum wollt ihr neue Tische kaufen?", oder „Was sollen wir mit einem Bild?", „Wo soll denn das Sofa stehen? Hier ist doch so wenig Platz."
3. *fakultativ:* Zur Vertiefung der Adjektivendungen kopieren Sie die Kopiervorlage L9/A4 in ausreichender Zahl. Die TN sitzen zu viert zusammen und spielen nach den Spielregeln auf dem Spielplan.
    Hinweis: Die Kopiervorlage L9/A4 können Sie zwischendurch immer wieder mal einsetzen, z.B. später, wenn die TN die Dativendungen oder die Verwendung der Adjektive mit dem bestimmten Artikel kennen gelernt haben. Weil die TN eigene Sätze bilden müssen, gibt es bei diesem Spiel eine große Variationsbreite. Damit sich die Adjektivendungen einschleifen, sind Wiederholungsübungen sehr wichtig. Als Variante können Sie die Kopiervorlage selbst abändern und neue Adjektive vorgeben oder die Nomen austauschen.

Materialien
B2 Streichhölzer, Papierschnipsel; große Zettel,
    Kopiervorlage L9/B2
B3 Kopiervorlage zu B3 (im Internet)
Lerntagebuch: vergrößerte Folie von Übung 20

Bei einer **neuen** Lampe hast du Garantie.

Adjektivdeklination mit dem unbestimmten Artikel im Dativ
Lernziel: Die TN können Gegenstände beschreiben.

B  **9**

B1   Variation: Präsentation der Adjektivdeklination mit dem unbestimmten Artikel im Dativ

1. Zur Wiederholung können Sie an der Tafel Präpositionen sammeln, die die TN Ihnen nennen. Geben Sie dazu eine oder zwei exemplarisch vor und fragen Sie, welche Wörter dieser Art die TN noch kennen.
2. Machen Sie an einer Seite der Tafel eine Tabelle mit Akkusativ und Dativ bzw. mit „einen Wecker, ein Radio, eine Lampe, Lampen" und „einem Wecker, einem Radio, einer Lampe, Lampen". Bitten Sie die TN, die Präpositionen zu sortieren. Die Wechselpräpositionen schreiben Sie in die Mitte.

> *einen Wecker / ein Radio / eine Lampe*
> *Lampen*
>   *durch*
>   *für*
>   *...*
>   *in*
>   *an*
>   *auf*
> *einem Wecker /einem Radio / einer Lampe*
> *Lampen*
>   *mit*
>   *von*
>   *zu*

3. Die TN hören den Dialog.
4. Lenken Sie die Aufmerksamkeit der TN auf die Adjektivendung im Dativ und ergänzen Sie die Form an der Tafel. Erklären Sie den TN, dass die Adjektivendung im Dativ immer *-en* ist, genauso für den negativen Artikel. Weisen Sie auch auf den Grammatikspot im Buch hin.
5. Die TN variieren den Dialog in Partnerarbeit.

B2   Anwendungsaufgabe zur Adjektivdeklination mit dem unbestimmten Artikel im Dativ

1. Bitten Sie die TN sich vorzustellen, sie gingen gemeinsam in ein Kaufhaus. Fragen Sie sie, welche Abteilungen es dort gibt. Bitten Sie einen TN, die Wörter, die genannt werden, an der Tafel zu notieren.
2. Sprechen Sie mit den TN darüber, was man in den verschiedenen Abteilungen kaufen kann.
3. *fakultativ:* Wenn Sie das Thema noch vertiefen möchten, bitten Sie die TN, sich zu viert zusammenzusetzen. Verteilen Sie an jede Gruppe zehn Streichhölzer oder Papierschnipsel. Eine/r aus der Gruppe stellt sich vor, sie/er stünde in einer bestimmten Kaufhausabteilung. Sie/Er beschreibt, was sie/er sieht. Die anderen raten, wo sie/er ist. Wer richtig rät, erhält ein Streichholz und darf seinerseits eine Abteilung beschreiben.

   a) **Ungeübte TN** bleiben bei einfachen Aufzählungen von Gegenständen. b) **Geübte TN** versuchen, ihre Beschreibungen möglichst so zu gestalten, dass das Raten schwierig wird. Geben Sie den TN dafür durch ein Beispiel Anregungen, indem Sie z.B. einen Kühlschrank als einen großen weißen Kasten mit einer Tür beschreiben. Wer die meisten Streichhölzer hat, hat gewonnen.
4. Klären Sie zunächst mit den TN die Begriffe „Sohle", „Milchtopf", „Bildschirm". Die TN ordnen die kurzen Gespräche den Abteilungen zu und ergänzen die Lücken.
5. Die TN hören die Dialoge und überprüfen ihre Lösungen.
   Lösung: Haushaltswaren: 2; Sport: 1; Elektronik: 4; Spielwaren: 3; 1. ... einer weichen Sohle; 2. ... einem kleinen Milchtopf; 3. ... langen Haaren; 4. ... einem flachen Bildschirm. – ... mit flachen Bildschirmen.
6. *fakultativ:* Spielen Sie Kaufhaus. Bereiten Sie vorab große Zettel vor, auf denen die Namen einzelner Abteilungen eines Kaufhauses stehen. Verteilen Sie diese Zettel im Kursraum, hängen Sie sie an Wände, Tische, Stühle. Kopieren Sie die Kopiervorlage L9/B2 und schneiden Sie die Kärtchen aus. Verteilen Sie die Kärtchen an die Hälfte der TN. Die TN, die ein Kärtchen haben, sind die Kunden, diejenigen ohne Kärtchen sind Verkäufer. Ein TN mit Kärtchen spielt mit einem Verkäufer einen kleinen Dialog. Er sucht, was auf seinem Zettel steht (Radio: gut – Antenne: Ich suche ein Radio mit einer guten Antenne). Anschließend gibt der Kunde sein Kärtchen dem Verkäufer, damit tauschen die beiden ihre Rollen. Beide suchen sich eine neue Partnerin / einen neuen Partner.

   a) Für **ungeübte TN** können Sie einen Musterdialog auf Folie oder an der Tafel vorgeben. b) **Geübte TN** spielen freie Dialoge.

Arbeitsbuch 11–13: als Hausaufgabe

9 B Bei einer **neuen** Lampe hast du Garantie.

Adjektivdeklination mit dem unbestimmten Artikel im Dativ
Lernziel: Die TN können Gegenstände beschreiben.

Materialien
B3 Kopiervorlage zu B3 (im Internet)
Lerntagebuch: vergrößerte Folie von Übung 20

B3   **Aktivität im Kurs: über die Einrichtung eines Zimmers sprechen**

1. Die TN sitzen zu zweit zusammen. Sie sollen ein Zimmer einrichten und diese Einrichtung zeichnen. Zur Vorbereitung lesen die TN den Beispieldialog. Weisen Sie die TN auch auf den Infospot hin. Wenn man das Material eines Möbels oder eines anderen Gegenstandes beschreibt, benutzt man *aus* ohne Artikel.

2. Die Pärchen tauschen ihre Bilder aus. Mit der Partnerin / dem Partner beschreiben sie, wie das Zimmer eingerichtet ist. Erinnern Sie die TN an die Wechselpräpositionen.
   Variante: Wenn Sie wenig Zeit im Kurs haben oder Ihre TN nicht gern zeichnen, verteilen Sie die Kopiervorlage zu B3 (im Internet).

Arbeitsbuch 14–15: in Stillarbeit oder als Hausaufgabe; **16–19:** im Kurs

LERN
TAGEBUCH

Arbeitsbuch 20: Legen Sie eine Folie der Übung auf. Decken Sie mit einem Blatt die Folie so ab, dass nur die erste Zeile zu sehen ist. Verdeutlichen Sie den TN noch einmal, dass die Endung des bestimmten Artikels bei der Verwendung des unbestimmten Artikels an das Adjektiv wandert. Verfahren Sie ebenso mit den anderen Beispielen und verweisen Sie auf die Ausnahmen, die hier mit einem Ausrufezeichen gekennzeichnet sind. Die TN vervollständigen die Tabelle selbstständig. Gehen Sie herum und helfen Sie bei Unklarheiten.

Ich finde die hier **schöner**.
Komparation
Lernziel: Die TN können Gegenstände, Personen usw. miteinander vergleichen.

C1   Präsentation von Komparativ und Superlativ

1. Die TN hören den Dialog so oft wie nötig und ergänzen die Lücken.
2. Abschlusskontrolle im Plenum. *Lösung*: schön, schöner, am schönsten
3. Erklären Sie den TN, dass es sich bei dieser Form um die Steigerung handelt. Zeigen Sie auf den Grammatikspot und machen Sie den TN deutlich, dass sich mit diesen Endungen, die hier fett gedruckt sind, nahezu alle Adjektive steigern lassen.

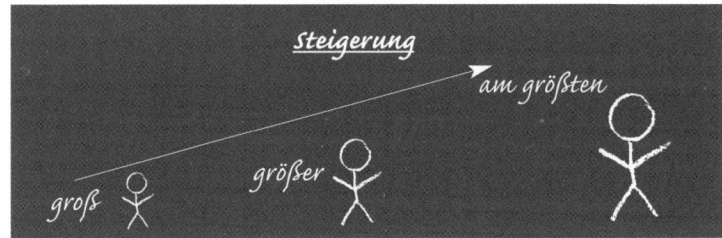

! Falls Sie die TN sich über die Änderung des Umlauts in Ihrem Tafelbeispiel wundern, bitten Sie sie noch um ein wenig Geduld. Die Systematisierung erfolgt in C2.

C2   Anwendungsaufgabe zum Komparativ und zum Superlativ

1. Legen Sie eine Folie des Bildes aus C2 auf. Fordern Sie die TN auf, das Bild zu beschreiben. Fragen Sie dann nach der Situation: Wo ist das? Was ist das für ein Mann? Was macht er?
   Mögliche Antworten: Das ist auf einem Markt. Der Mann will etwas verkaufen. Die Leute sollen bei ihm stehen bleiben. Er ist „Marktschreier".
2. Die TN schlagen die Bücher auf, lesen die Dialoge und ergänzen die Lücken.
3. Die TN hören die Dialoge und vergleichen ihre Lösungen. *Lösung:* vgl. Hörtext
4. Spielen Sie den ersten Dialog noch einmal vor. Fragen Sie die TN, was das Besondere an dieser Gemüsereibe ist. Auf diese Weise können die TN die neue Form noch einmal in eigenen Worten wiederholen, aber auch ergänzende Informationen aus dem Hörtext geben.
   Mögliche zusätzliche Antworten: Es geht besonders schnell. Man schneidet sich nie mehr. Es gibt diese Reibe nur heute.
5. Verfahren Sie mit den Beispielen 2 und 3 ebenso.
   Mögliche zusätzliche Antworten: 2. Man braucht keine Seife mehr. Es ist eine einmalige Chance. 3. Der Dosenöffner funktioniert bestimmt. Jetzt gibt es noch alle Farben und Größen.
6. Erstellen Sie an der Tafel eine Tabelle, beginnen Sie mit der bereits bekannten und regelmäßigen Form von „schön". Ergänzen Sie die Tabelle mit den Adjektiven aus den Dialogen. Machen Sie den TN deutlich, dass bei vielen Adjektiven, die *a, o* oder *u* in der Mitte haben, diese zu *ä, ö* bzw. *ü* werden. Fragen Sie die TN nach weiteren Adjektiven und ihren Steigerungen, bis die TN Sicherheit in der Anwendung gewonnen haben.

   Aus *Schritte 2*, Lektion 13 kennen die TN schon die Steigerung der Adjektive *gern, viel* und *gut*. Ergänzen Sie auch diese in der Tabelle.
7. *fakultativ*: Die TN überlegen zu zweit, was ein Marktschreier noch für Produkte anbieten könnte. Sie wählen eins aus und schreiben einen kleinen Text darüber, was sie als Marktschreier zu diesem Produkt sagen könnten. Machen Sie auch ungeübten TN Mut, sich an einem Text zu versuchen, denn auch mit einfachen Worten kann das Produkt angepriesen werden: „Hier, die Reibe! Super! Scharf! Müssen Sie haben!" Wenn Sie herumgehen, geben Sie ungeübten TN ggf. dieses kleine Beispiel als Hilfe und Anregung. Anschließend werden einige Texte frei im Plenum vorgespielt. Der Tafelschwamm oder ein Schreibmäppchen können als Dummy für das jeweilige Produkt dienen.

Arbeitsbuch 21: in Stillarbeit oder als Hausaufgabe

9 C

Ich finde die hier **schöner**.
Komparation
Lernziel: Die TN können Gegenstände, Personen usw. miteinander vergleichen.

Materialien
C3 Kopiervorlage L9/C3
C4 Plakate, Filzstifte; Kopiervorlage L9/C4

C3   Variation: Anwendungsaufgabe zur Komparation

1. Die TN sehen sich das Bild an und beschreiben es. Fragen Sie, wo die Frauen sind und was sie machen. Gehen Sie besonders auf die Schmuckstücke in der Auslage ein und klären Sie die Wörter „Kette" und „Ohrring".
2. Gehen Sie weiter vor wie auf Seite 7 beschrieben.
3. Weisen Sie auf den Grammatikspot hin und erklären Sie den TN, dass man, wenn man etwas vergleicht, die Form „-er als" benutzt.

4. Verteilen Sie die Kopiervorlage L9/C3. Die TN schreiben eigene Vergleiche. a) Geben Sie **ungeübten TN** auf der Kopiervorlage passende Adjektive vor, für ganz ungeübte hinter jeder Aufgabe, für die etwas geübteren einen Schüttelkasten. b) Für **geübte TN** schneiden Sie die Adjektiv-Vorgaben weg; sie finden freie Vergleiche, vielleicht sogar mehrere Möglichkeiten.
5. *fakultativ*: Ein TN zeichnet an der Tafel drei Gegenstände, die anderen TN vergleichen diese Gegenstände. Geben Sie ein Beispiel vor, damit die TN sich nicht scheuen, an der Tafel zu zeichnen. Hier geht es um den Spaß, nicht um die Kunst.

Arbeitsbuch 22–25: in Stillarbeit oder als Hausaufgabe; **Arbeitsbuch 26–27:** im Kurs: Lesen Sie mit den TN zusammen Beispiel 26 a). Machen Sie den TN deutlich, dass die Form „so ... wie" benutzt wird, wenn zwei Dinge gleich sind.

C4   Aktivität im Kurs: ein „Plakat der Superlative"

1. Bilden Sie Kleingruppen von sechs TN. Jede Gruppe erhält ein Plakat und einen Filzstift. Die TN sehen sich die Beispiele im Buch an. Klären Sie die ersten zwei oder drei Beispiele im Plenum, indem Sie ermitteln, wer am größten ist. Notieren Sie an der Tafel: „.... ist am größten."
2. Die TN erarbeiten in den Kleingruppen weitere Fragen und notieren sie. Um die Übung nicht zu sehr in die Länge zu ziehen, können Sie eine Höchstzahl vorgeben, z.B. zehn Fragen.
3. Die TN beantworten die Fragen zunächst für ihre Gruppe und notieren den jeweiligen Champion.
4. Die Plakate werden aufgehängt, so dass alle TN die Ergebnisse ansehen können.
5. Anschließend erstellen Sie mit allen TN auf einem neuen Plakat eine Liste der zehn schönsten Fragen und ermitteln den jeweiligen TN.
6. *fakultativ:* Wenn die TN noch üben möchten, verteilen Sie die Kopiervorlage L9/C4. Die TN vergleichen selbstständig die drei Personen miteinander. Sammeln Sie die Arbeitsblätter ein, um eventuelle grammatische Fehler zu korrigieren. Wer mag, kann sein Blatt anschließend im Kursraum aufhängen.

Materialien
D2 Werbeprospekte
D3 *Variante:* Kopiervorlage L9/D3

Billig einkaufen

Werbeprospekte lesen
Lernziel: Die TN können über ihre Einkaufsgewohnheiten sprechen.

D  **9**

D1   **Leseverstehen: Prospekte zuordnen**
1. Fragen Sie die TN, was für Werbeprospekte sie regelmäßig bekommen. Was machen die TN damit? Was interessiert sie?
2. *fakultativ*: Sprechen Sie mit den TN darüber, wie in ihren Heimatländern Werbung gemacht wird. Gibt es dort Werbeprospekte, die in den Briefkasten eingeworfen werden? Kommen sie regelmäßig? Wofür wird geworben?
3. Die TN schlagen die Bücher auf und bearbeiten die Aufgabe wie angegeben.
4. Abschlusskontrolle im Plenum. *Lösung*: a) D; b) B; c) A; d) C

D2   **Sprechen: sich über Werbeprospekte unterhalten**
Bitten Sie die TN, Prospekte mit in den Unterricht zu bringen. Die TN unterhalten sich zu zweit über ihre Wünsche und Kaufinteressen. Weisen Sie auf die Redemittel im Buch hin und machen Sie ggf. ein oder zwei Beispiele im Plenum.

Arbeitsbuch 28–30: im Kurs: Diese Aufgaben bereiten die TN systematisch darauf vor, einen kleinen Beschwerdebrief zu schreiben. Wiederholen Sie, wenn nötig, mit den TN, wie ein Brief aufgebaut ist (Ort, Datum, Absender usw.). Besprechen Sie auch, wie ein Briefumschlag beschriftet wird. Vielleicht bringen Sie welche mit in den Kurs.

D3   **Aktivität im Kurs: über die eigenen Kaufgewohnheiten sprechen**
1. Die TN lesen den Fragebogen im Buch und entscheiden sich für eine Antwort. Dieser kleine Fragebogen dient als Vorbereitung für das anschließende Gespräch.
2. Die TN sitzen in Kleingruppen zu viert zusammen und sprechen mit Hilfe des Fragebogens über ihre Kaufgewohnheiten. Ermuntern Sie die TN, auch über den Fragebogen hinausgehende Fragen zu stellen.
    Variante: Jeder TN erhält die Kopiervorlage L9/D3. Zunächst ergänzen die TN weitere Fragen. Gehen Sie herum und helfen Sie bei Unklarheiten. a) **Ungeübte TN** schreiben die Fragen in Partnerarbeit. b) **Geübte TN** arbeiten allein.
3. Die TN gehen herum, befragen sich gegenseitig und notieren die Antworten und die Namen. Achten Sie darauf, dass die TN sich immer nur eine Frage stellen. Die TN sollen mit möglichst vielen anderen TN sprechen.
4. Bilden Sie Gruppen von etwa acht TN. Innerhalb dieser Gruppen berichten die TN, was sie voneinander wissen. Gehen Sie herum und achten Sie darauf, dass die TN Fragen und Antworten nicht einfach ablesen, sondern wirklich in einen Bericht über eine Person umformen.

PROJEKT   **Arbeitsbuch 31:** a) Klären Sie den Begriff „Second-Hand-Laden". Sprechen Sie mit den TN darüber, warum Leute dort einkaufen. Besonders in Großstädten geht es nicht immer darum, dass dort nur Menschen mit wenig Geld einkaufen. Bilden Sie Kleingruppen. Jede Gruppe kümmert sich um ein „Thema": Eine Gruppe kümmert sich um Anzeigen in Zeitungen (Frage 1, 2), eine andere um Flohmärkte (Frage 3), die dritte um Second-Hand-Läden (Frage 4), eine vierte Gruppe sucht nach weiteren Alternativen (Frage 5; z.B. Antiquitätenläden, Antiquariate, Ebay). Vereinbaren Sie einen festen Termin, an dem die TN ihre Ergebnisse zusammengetragen haben sollen und in ihren Gruppen die Wandzeitung mit den Informationen erstellen und im Kurs darüber berichten. b) Erkundigen Sie sich nach einem Flohmarkt am Kursort. Besuchen Sie ihn zusammen mit ihren TN.

9   **E**   Einkaufen von zu Hause aus

Landeskunde: Verbraucherinformationen und Rückgabeformulare
Lernziel: Die TN können ein Rücksendeformular verstehen und ausfüllen.

Materialien
Test zu Lektion 9
Zwischenschritt: Wiederholung zu Lektion 8 und
Lektion 9

E1   Leseverstehen 1: das Thema erfassen

1. Bis jetzt haben Sie mit den TN über die direkten Möglichkeiten gesprochen, etwas zu kaufen. Fragen Sie die TN, wo man etwas bestellen kann. Erläutern Sie den TN die Wörter „Versand", „versenden", „Lieferung", „liefern".
2. Die TN überfliegen den Text im Kursbuch und entscheiden sich für eine Überschrift.
3. Abschlusskontrolle im Plenum. *Lösung*: Achtung beim Einkaufen im Fernsehen!
4. Notieren Sie das Adjektiv „pausen<u>los</u>" an der Tafel. Erklären Sie den TN, dass die Endung *-los* immer die Bedeutung „ohne" hat, also hier: ohne Pause. Fragen Sie die TN nach weiteren Wörtern mit der Endung *-los*. Hier aus dem Text liegt „risikolos" nahe. Andere mögliche Wörter sind z.B. „autolos", „elternlos", „fernsehlos". Wenn Sie Lust auf ein kleines Sprachspiel haben, besprechen Sie mit den TN die Wendung „ein herrenloses Damenfahrrad". Schreiben Sie die Wendung an die Tafel und fragen Sie die TN, was sie sich darunter vorstellen. Lassen Sie die TN zunächst ein paar Vermutungen anstellen, bevor Sie „herrenlos" als „ohne Besitzer" – und zwar egal ob männlich oder weiblich – erklären.

E2   Leseverstehen 2: die Kernaussagen verstehen

1. Die TN lesen den Text noch einmal und entscheiden, welche Aussagen richtig sind.
2. Abschlusskontrolle im Plenum. Fragen Sie die TN, wo das im Text steht, bzw. bei den falschen Antworten, was stattdessen richtig ist. *Lösung*: richtig: a; c
3. Fragen Sie die TN, ob sie schon einmal so eine Teleshoppingsendung gesehen haben. Wie ist so eine Sendung? Was wird gezeigt? Welche Probleme kann es geben?

E3   Leseverstehen 3: ein Formular verstehen und richtig ausfüllen

1. Die TN sehen sich das Formular an und beantworten a).
2. Abschlusskontrolle im Plenum. *Lösung*: Rückgabeformular
3. Klären Sie mit den TN unbekannte Wörter auf dem Formular, z.B. „Katalogabbildung", „Artikel", „beschädigt", „Materialfehler".
4. Die TN lösen Aufgabe b).

Arbeitsbuch 32: als Hausaufgabe

E4   Aktivität im Kurs: über eigene Erfahrungen mit dem Bestellen von zu Hause berichten

Die TN berichten im Plenum über ihre Erlebnisse beim Bestellen. Sprechen Sie einzelne TN gezielt an, um das Gespräch in Gang zu bringen.

PRÜFUNG   **Arbeitsbuch 33:** Diese Übung bereitet auf den Prüfungsteil Lesen, Teil 1 der Prüfung *Start Deutsch 2z* vor. In der Prüfung bekommen die TN kurze Informationstexte, wie z.B. eine solche Internetseite. In diesen Texten müssen die TN in kurzer Zeit bestimmte Informationen suchen. Am ehesten entspricht die Übung der Prüfungssituation, wenn Sie die Übung im Kurs machen und eine begrenzte Zeit (hier: fünf Minuten) vorgeben.

Einen Test zu Lektion 9 finden Sie auf Seite 106 f. Wenn Sie mit den TN den Stoff von Lektion 8 und Lektion 9 wiederholen möchten, verteilen Sie die Kopiervorlagen „Zwischenschritt" (Seite 96–97).

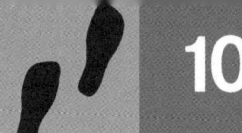
Materialien
1 Plakate und Filzstifte; Paketscheine von der Post; Kopiervorlage L10/1, Zettel
2 *Variante:* Kopien der Fotos der Foto-Hörgeschichte
Tipp: Rotstifte

POST UND TELEFON

Folge 10: *Kuckuck!*
Einstieg in das Thema: ein Päckchen versenden

1   Vor dem Hören: Vorwissen aktivieren

1. Die TN sitzen in Kleingruppen von vier Personen zusammen. Jede Gruppe erhält ein Plakat und einen Filzstift. Die TN notieren zum Thema „Post" alles, was sie kennen. Bei Nomen sollte der Artikel dazugeschrieben werden. Achten Sie darauf, dass keine Wörterbücher benutzt werden, und begrenzen Sie die Zeit auf etwa fünf Minuten.
2. Sammeln Sie die Filzstifte ein, damit keine Gruppe mehr etwas notieren kann. Die Gruppen lesen nacheinander ihre Ergebnisse vor. Für jedes richtige Wort gibt es einen Punkt. Ist ein Artikel falsch, gibt es nur einen halben Punkt. Stellen Sie sicher, dass alle TN die Wörter kennen, die genannt werden. Lassen Sie unbekannte Wörter zunächst von den TN erklären, die das Wort genannt haben.
3. Die TN schlagen die Bücher auf und lösen die Aufgabe im Buch. Einige Begriffe sind wahrscheinlich in der vorangegangenen Wörtersammlung zum Thema „Post" schon gefallen.
4. Abschlusskontrolle im Plenum. *Lösung:* 1 das Päckchen; 2 das Paket; 3 der Aufkleber; 4 der Absender; 5 der Empfänger
5. Bringen Sie mehrere Paketscheine der Post mit in den Kurs. Besprechen Sie mit den TN noch einmal den Unterschied zwischen Paket und Päckchen (bis zwei Kilo, bestimmte Außenmaße …). Der Paketschein ist zugleich der Adressaufkleber für das Päckchen.
6. Verteilen Sie die Kopiervorlage L10/1. Die TN ordnen in Stillarbeit die Wörter zu. Gehen Sie herum und helfen Sie bei Unklarheiten. Machen Sie vor allem deutlich, dass mehrere Kombinationen möglich sind.
7. Abschlusskontrolle im Plenum. Fragen Sie die TN nach Beispielsätzen zu einzelnen Kombinationen. Helfen Sie ggf. bei den nötigen Präpositionen (z.B. *sich am Schalter anstellen*).
8. *fakultativ:* Wenn Sie genug Zeit haben, bitten Sie die TN, in Partnerarbeit Beispielsätze zu einzelnen Kombinationen zu schreiben. Sammeln Sie die Zettel ein und erstellen Sie daraus einen Lückentext für die nächste Stunde. So können Sie die Vokabeln festigen.

2   Vor dem Hören: eine eigene Geschichte erzählen

Die TN schlagen ihr Buch auf und betrachten die Fotos und die Aufgabenstellung. Erklären Sie den Begriff „Kuckucksuhr". Mit Hilfe der Stichpunkte im Buch schreiben die TN in Partnerarbeit eine Geschichte.

Variante: Verteilen Sie die kopierten und ausgeschnittenen Fotos der Foto-Hörgeschichte. Achtung: Tilgen Sie die Nummerierung auf den Fotos! In Partnerarbeit sortieren die TN die Fotos und schreiben eine kleine Geschichte dazu. Geben Sie als Minimalziel vor, dass zu jedem Foto zwei Sätze geschrieben werden sollten. Die TN überlegen zunächst selbst, was Maria da verschickt. Gehen Sie nicht von sich aus auf den Begriff „Kuckucksuhr" ein, sondern nur, wenn er aus dem Plenum kommen sollte. Im übrigen sollten die TN unbekannte Wörter, die sie für ihre Geschichte brauchen, selbstständig im Wörterbuch suchen.

3   Vor dem Hören: die eigene Geschichte vorstellen

Die TN stellen ihre Geschichten im Plenum vor.

TIPP

> Wenn Sie die Präsentations- oder Korrekturphase einmal anders gestalten wollen, lassen Sie die TN paarweise ihre Geschichten auf einen Zettel schreiben und aufhängen. Jedes Paar erhält einen Rotstift. Auf Ihr Zeichen wechseln die Paare zu einer anderen Geschichte und korrigieren die Fehler, die sie finden. Wenn Sie den Eindruck haben, dass ein Paar mit einem Text „fertig" ist, geben Sie erneut ein Zeichen und die Paare wechseln noch einmal. Lassen Sie die Paare maximal viermal wechseln, öfter wäre ermüdend. In der Pause oder für die nächste Unterrichtsstunde korrigieren Sie die Texte dann selbst und hängen sie wieder aus. Benutzen Sie für Ihre Korrektur eine andere Farbe.

4   Beim ersten Hören

Die TN hören die Geschichte und vergleichen dabei ihre Geschichte mit dem Hörtext.
Variante: Wenn die TN selbst eine Reihenfolge der Fotos gelegt haben, hören sie die Geschichte bei geschlossenen Büchern und kontrollieren, ob ihre gelegte Reihenfolge mit der Geschichte übereinstimmt.

5   Nach dem ersten Hören: Unterschiede erkennen und notieren

1. Die TN vergleichen ihre Geschichte mit der Foto-Hörgeschichte und notieren die Unterschiede.
2. *fakultativ:* Die TN schreiben eine kleine Nacherzählung der Foto-Hörgeschichte. Das kann auch als Hausaufgabe gemacht werden.
3. Sprechen Sie mit den TN über die typisch deutsche Kuckucksuhr. Sie stammt ursprünglich aus dem Schwarzwald und ist ein typisches touristisches Mitbringsel.

10   **A**   **Was für eine** Verpackung soll ich denn nehmen?

Frageartikel Was für ein ...?
Lernziel: Die TN können auf der Post um Informationen bitten.

Materialien
A1 Preislisten der Post, Kopiervorlage L10/A1 als Arbeitsblätter und auf Folie, Zettel
A3 Kopiervorlage zu A3 (im Internet)

A1   **Variation: Präsentation des Frageartikels *Was für ein ...?***

1. Sprechen Sie mit den TN vorab über die verschiedenen Leistungen der Post: Briefe, Postkarten, Päckchen, Pakete, Einschreiben usw.
2. Bitten Sie die TN, Preislisten von der Post zu besorgen. Teilen Sie die Kopiervorlage L10/A1 aus. **a) Ungeübte TN** erhalten eine kürzere Liste, indem Sie vorab einfach einige Beispiele auf der Kopiervorlage tilgen. Wenn Sie noch weiter differenzieren wollen, können Sie auch die jeweilige Seitenzahl, auf der die Antwort zu finden ist, auf der Kopie angeben.
   b) Geübte TN erhalten die vollständige Liste. Die TN suchen mit der Partnerin / dem Partner in der Preisliste nach den Preisen. Lassen Sie den TN genug Zeit, sich in dem umfangreichen Prospekt zurechtzufinden, und geben Sie so wenig Hilfen wie möglich, um die Situation authentisch zu gestalten. Die TN sollen lernen, sich aus umfangreichem Material die Informationen herauszusuchen, die sie benötigen. Das ist eine auch gute Gelegenheit, Ängste vor solchem Material abzubauen.
3. Abschlusskontrolle im Plenum. Ein Paar trägt seine Ergebnisse auf einer Folie ein und stellt sie im Plenum vor. Die anderen Paare kontrollieren die Ergebnisse und vergleichen sie mit den eigenen. Bei Unstimmigkeiten sehen sie zusammen in der Liste nach. Diese Aufgabe ist im übrigen auch eine gute Vorbereitung auf die Post-Gespräche in A2.
4. Die TN schlagen ihr Buch auf und hören den Dialog. Mit Hilfe des Grammatikspots sprechen die TN weitere Dialoge.
5. Entwickeln Sie anschließend folgendes Tafelbild, um die neue Struktur bewusst zu machen:

die Verpackung	*Was für ein**e** Verpackung*	*soll ich denn nehmen?*
das Formular	*Was für ein Formular*	*soll ich denn nehmen?*
der Aufkleber	*Was für ein**en** Aufkleber*	*soll ich denn nehmen?*
die Briefmarken	*Was für Briefmarken*	*soll ich denn nehmen?*

Erklären Sie den TN, dass *Was für eine, einen ...?* benutzt wird, wenn man aus mehreren Möglichkeiten wählen kann und wissen möchte, wie die Sache sein soll. *Was für ein* fragt also nach genaueren Angaben zu Art/Farbe/Material. Sucht man z.B. eine Verpackung, hat man viele Möglichkeiten: Man kann einen Karton nehmen, Papier oder eine Dose ... Was für eine Verpackung soll man also nehmen?

6. *fakultativ:* Fragen Sie einen TN: „Was für einen Kugelschreiber haben Sie?" – „Einen roten Kugelschreiber." Ermuntern Sie die TN, sich gegenseitig solche Fragen zu Gegenständen zu stellen, die sie im Kursraum haben. Sie können auch Zettel mit Gegenständen vorgeben, um einen zügigeren Verlauf zu gewährleisten.

A2   **Anwendungsaufgabe zum Frageartikel *Was für ein ...?*, Gespräche auf der Post**

1. Die TN hören die Gespräche und ordnen sie dem Bild zu.
2. Abschlusskontrolle im Plenum. *Lösung* (im Uhrzeigersinn): 2, (1), 3, 4
3. Die TN hören die Gespräche noch einmal und ergänzen die Lücken.
4. Abschlusskontrolle im Plenum. *Lösung:* 2. Was für einen; 3. Was für; 4. Was für eine
   Variante: Wenn Ihre TN schon recht geübt sind und Sie die Aufgabe schwieriger gestalten wollen, bitten Sie die TN, zuerst die Lücken zu ergänzen. Anschließend kontrollieren sich die TN selbst durch das Hören der Gespräche.
5. Die TN sehen sich den Infospot im Buch an. Zeigen Sie den TN mit Hilfe von Übung 5 im Arbeitsbuch, wie man aus vielen Verben ein Nomen machen kann. Sammeln Sie weitere Beispiele, die die TN schon kennen, an der Tafel.

Arbeitsbuch 1–2: in Stillarbeit oder als Hausaufgabe; **3:** im Kurs: Die TN sehen sich die Übung an und kreuzen die Lösungen an. Zeigen Sie den TN mit einem Tafelbild wie in A1, dass es sich hier um den Nominativ handelt. **4:** als Hausaugabe; **5:** im Kurs; **6–7:** als Hausaufgabe

A3   **Aktivität im Kurs: Rollenspiel**

1. Die TN suchen sich eines der drei Gespräche aus und schreiben dazu in Partnerarbeit einen kurzen Dialog. Zu dieser Aufgabe finden Sie im Internet eine Kopiervorlage mit weiteren Beispielen.
2. Die TN spielen ihre Gespräche frei im Kurs vor.

Materialien
B2 Kopiervorlage L10/B2, (Zettel)
B3 *Variante:* Folie von B3
B4 Kopiervorlage zu B4 (im Internet); mehrere
    Kartensätze der Kopiervorlage L10/B4,
    Spielfiguren, Würfel

Hier **wird** die Adresse **reingeschrieben**.

Passiv Präsens
Lernziel: Die TN können unpersönliche Sachverhalte verstehen.

B1   Präsentation des Passiv Präsens

1. Die TN hören den Dialog und ergänzen die Lücken.
2. Abschlusskontrolle im Plenum. *Lösung:* werden, wird
3. Schreiben Sie den Satz „Für Päckchen werden diese Formulare benutzt." an die Tafel. Fragen Sie die TN, wer hier die Formulare benutzt. Die TN werden feststellen, dass das nicht aus dem Satz hervorgeht. Es passiert etwas, aber man kann nicht sagen, wer das tut. Notieren Sie auch das zweite Beispiel an der Tafel und ergänzen Sie das Tafelbild wie folgt:

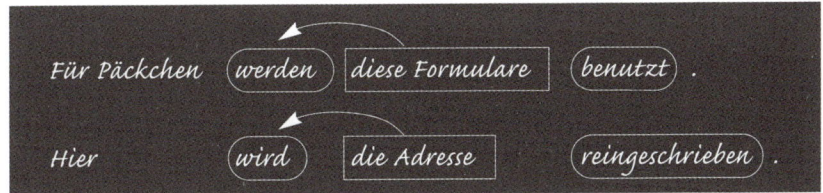

Erklären Sie den TN, dass man diese Form benutzt, wenn man nicht weiß oder angeben will, wer das, was genannt wird, tut: Man weiß nur, <u>was</u> getan wird. Weisen Sie auch auf den Grammatikspot im Buch hin.

! Das Passiv soll von den TN vor allem rezeptiv beherrscht werden. In *Schritte 5* und *Schritte 6* wird es weiter vertieft.

B2   Anwendungsaufgabe zum Passiv Präsens

1. Die TN sehen sich die Bilder an und ordnen sie den passenden Sätzen zu, dabei ergänzen sie die Lücken.
2. Abschlusskontrolle im Plenum.
   Lösung: A Der Briefkasten wird geleert. D Dann werden die Briefe sortiert. E Danach werden sie transportiert. B Der Brief wird zum Empfänger gebracht.
3. *fakultativ (für Kurse mit überwiegend geübten TN):* In der Aufgabe werden nur fünf Punkte genannt, aber mit einem Brief passiert noch mehr. Fragen Sie die TN, was mit dem Brief passiert, bevor er eingeworfen wird.
   Lösungsvorschlag: Er wird geschrieben, gefaltet, zugeklebt. Eine Briefmarke wird aufgeklebt. Verfahren Sie mit den anderen Punkten ebenso.
4. Verteilen Sie die Kopiervorlage L10/B2. a) **Ungeübte TN** lösen die Aufgaben 1 und 2. Als weitere Hilfestellung können Sie Zettel mit den Partizipien der vorkommenden Verben im Kursraum aufhängen. Ungeübte TN können sich dann die richtigen Formen von den Zetteln notieren, geübte TN können die Formen überprüfen. b) **Geübte TN** machen zusätzlich Aufgabe 3.
   Lösung: **1** (1) die Verkaufssendung einschalten; 2 ein interessantes Produkt sehen; 3 die Telefonnummer aus der Fernsehsendung wählen; 4 das Produkt bestellen; 5 die Bestellung notieren; 6 die richtige Ware heraussuchen und verpacken; 7 das Paket zur Post bringen; 8 einen Paketschein ausfüllen; 9 das Paket in die richtige Stadt transportieren und zum Empfänger bringen; 10 den Empfang bestätigen; 11 das Paket auspacken; **2** Ein interessantes Produkt wird gesehen. Die Telefonnummer aus der Fernsehsendung wird gewählt. Das Produkt wird bestellt. Die Bestellung wird notiert. Die richtige Ware wird herausgesucht und verpackt. Das Paket wird zur Post gebracht. Ein Paketschein wird ausgefüllt. Das Paket wird in die richtige Stadt transportiert und zum Empfänger gebracht. Der Empfang wird bestätigt. Das Paket wird ausgepackt.
   3 *(Lösungsvorschlag)* ... Der Rücksendeaufkleber wird aufgeklebt. Das Paket wird zur Post gebracht. Die Einlieferung wird (auf dem Einlieferungsschein) bestätigt. Das Paket kommt wieder bei der Firma an und wird ausgepackt. Ein neues, nicht kaputtes Produkt wird herausgesucht, verpackt und wieder an den Kunden geschickt.

Arbeitsbuch 8–10: in Stillarbeit oder als Hausaufgabe

B3   Leseverstehen: ein Quiz

1. Die TN bearbeiten die Fragen wie im Buch angegeben und kontrollieren ihre Lösungen. *Lösung:* siehe Kursbuch
   Variante: Erstellen Sie aus den Quizfragen eine Folie. Die Bücher bleiben geschlossen. Stimmen Sie mit dem Kurs jeweils über die Lösungen ab und notieren Sie die Abstimmungsergebnisse. Vergleichen Sie sie mit der Lösung.
2. Die TN schreiben anhand der Fragen und Antworten einen kurzen Text über moderne Kommunikationsmittel. a) **Ungeübte TN** orientieren sich an den Fragen und Antworten im Buch, aus denen sich sehr leicht fehlerfreie Sätze erstellen lassen. b) Für **geübte TN** bereiten Sie aus den Fragen im Buch eine Liste mit Stichpunkten vor. Sie arbeiten mit geschlossenen Büchern.

Arbeitsbuch 11: als Hausaufgabe

10 **B** Hier **wird** die Adresse
reingeschrieben.

Passiv Präsens
Lernziel: Die TN können unpersönliche Sachverhalte verstehen.

Materialien
B4 Kopiervorlage zu B4 (im Internet); mehrere
Kartensätze der Kopiervorlage L10/B4,
Spielfiguren, Würfel

B4 **Aktivität im Kurs: über das eigene Kommunikationsverhalten sprechen**

1. Bilden Sie Gruppen von 5–6 TN. Die TN erstellen eine Tabelle wie im Buch und befragen sich gegenseitig. Zu Ihrer Arbeitserleichterung steht im Internet auch eine Kopiervorlage zur Verfügung.
2. Die Gruppen errechnen die Gesamtzahl ihrer Briefe, E-Mails usw.
3. Die Ergebnisse werden im Plenum besprochen und zu einer Gesamtstatistik zusammengefasst.
4. *fakultativ:* Die TN finden sich in Kleingruppen von vier TN zusammen. Jede Gruppe erhält einen ausgeschnittenen Kartensatz der Kopiervorlage L10/B4. Die Karten werden im Kreis offen auf den Tisch gelegt. Jede Gruppe erhält einen Würfel und pro TN eine Spielfigur. Erklären Sie den TN, dass sie mit jemandem, der die Stadt nicht kennt, eine Stadtführung machen. Vor jedem Gebäude bleibt die Person stehen und fragt: „Was wird hier gemacht?" Die TN beginnen auf einem beliebigen Spielfeld. Der erste TN würfelt, zieht seine Figur und landet z.B. auf dem Feld „Schuhfabrik". Er erklärt, was hier gemacht wird, z.B. „Hier werden Schuhe hergestellt/gemacht." Benutzte Karten werden herausgenommen, so dass der Kartenkreis immer kleiner wird.

 a) **Ungeübte TN** beschränken sich darauf, einen Satz zu sagen. Helfen Sie ggf. mit den Partizipformen. b) **Geübte TN** sollten eine umfangreichere Beschreibung dessen, was gemacht wird, liefern (Hier werden Schuhe hergestellt. Dazu wird Leder geschnitten. Die Schuhe werden später an Schuhläden geliefert …). Sie können z.B. drei Sätze sagen oder müssen eine halbe Minute sprechen. Legen Sie das vorher fest.

Arbeitsbuch 12–16: im Kurs

Materialien
C3 verschiedene Seiten aus einem Modekatalog,
Zettel; Kopiervorlage L9/A4

Die **alte** Kuckucksuhr? – Natürlich.

Adjektivdeklination mit dem bestimmten Artikel
Lernziel: Die TN können Produkte näher beschreiben.

C

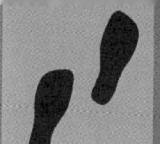

10

C1   **Variation: Präsentation der Adjektivdeklination mit bestimmtem Artikel im Nominativ**
1. Die TN hören den Dialog.
2. Weisen Sie auf den Grammatikspot im Buch hin. Die Adjektivendungen beim bestimmtem Artikel im Nominativ sind recht einfach, da es nur zwei Formen gibt: Im Singular ist es die Endung -e für *der, die* und *das*, im Plural -en.
3. Die TN sprechen in Partnerarbeit weitere Dialoge.

Arbeitsbuch 17: in Stillarbeit

C2   **Erweiterung: die Adjektivdeklination mit bestimmtem Artikel im Akkusativ und Dativ**
1. Die TN hören die Mini-Texte und ergänzen die Lücken. *Lösung:* 1 neue, aktuellen; 2 neuen; 3 verrückten; 4 multifunktionale; 5 digitalen; 6 neuen, modernen
2. Entwickeln Sie mit den TN aus den kurzen Werbetexten das folgende Tafelbild:

der neue DVD-Player		den neuen DVD-Player		dem neuen DVD-Player
das neue Handy	Kaufen Sie	das neue Handy	mit	dem neuen Handy
die neue Kamera		die neue Kamera		der neuen Kamera
die neuen Handytaschen		die neuen Handytaschen		den neuen Handytaschen

Weisen Sie die TN darauf hin, dass die Adjektivendung im Dativ immer *-en* ist. Damit sich das Bild der Endungen leichter einprägt, zeichnen Sie um alle Wörter mit der Endung *-e* einen Kasten wie im Tafelbild.

Arbeitsbuch 18: in Stillarbeit oder als Hausaufgabe

C3   **Aktivität im Kurs: die eigene Meinung ausdrücken**
1. Die TN sehen sich das Bild im Buch an und sprechen wie in den Beispielen über die Gegenstände.
2. *fakultativ:* Hängen Sie im Kursraum verschiedene Seiten aus einem Modekatalog auf. Die TN gehen zu zweit herum und sollen sich zusammen für 150 Euro Kleidung aussuchen. Dabei halten sie die Hände auf dem Rücken und führen Gespräche, um sich zu einigen. Da die TN nicht auf die Kleidungsstücke zeigen können, müssen sie sie benennen. „Sieh mal, wie findest du die rote Jacke?" Wenn die Paare ihre Kleidung für 150 Euro gefunden haben, gehen sie auf ihren Platz zurück und notieren auf einem Zettel, was sie kaufen würden. Sie tauschen ihren Zettel mit einem anderen Paar. Jedes Paar sucht die Kleidung auf dem Zettel auf den aufgehängten Katalogseiten und notiert die Preise. Wieviel haben die anderen wirklich ausgegeben?
3. *fakultativ:* Verteilen Sie noch einmal die Kopiervorlage L9/A4. Die TN bilden freie Sätze.

Arbeitsbuch 19–22: in Stillarbeit oder als Hausaufgabe; **23–24:** a) **Ungeübte TN** machen zusätzlich Übung 23, b) **geübte TN** schreiben oder sprechen Übung 24.

10

D Handys

Test: Welcher „Handytyp" sind Sie?
Lernziel: Die TN können ihre Meinung ausdrücken.

Materialien
Lerntagebuch: auf Folie

D1

Vor dem Lesen: Vorbereitung auf das Thema

1. Teilen Sie den Kurs in zwei Gruppen. Jede Gruppe steht vor einem Tafelflügel. Wenn Sie keine Tafel haben, erhält jede Gruppe ein Plakat und einen Filzstift. Die Gruppen notieren Wörter rund um das Handy. Geben Sie eine bestimmte Zeit vor. Die Nomen sollten mit Artikel aufgeschrieben werden.
   Variante: Gestalten Sie die Übung als Staffellauf, um Schwung in den Kurs zu bringen: Die beiden Gruppen stellen sich jeweils hintereinander vor einem Tafelflügel auf. Der vorderste TN jeder Gruppe läuft auf Ihr Zeichen zur Tafel und notiert ein Wort. Er läuft wieder zurück, übergibt die Kreide oder den Tafelstift an den nächsten TN der Gruppe, dieser läuft nach vorn, notiert ein Wort usw. (siehe auch *Schritte 3,* Lehrerhandbuch, Seite 54).
2. Gehen Sie die Wörter der Gruppen durch. Für jedes richtige Wort gibt es einen Punkt. Ist der Artikel falsch oder fehlt er, gibt es keinen Punkt.
3. Die TN hören die Klingeltöne von der CD/Kassette und entscheiden sich, welcher ihnen am besten gefällt.
4. Sprechen Sie mit den TN über die Klingeltöne ihres Handys: Warum haben sie diesen Klingelton ausgewählt? Haben sie verschiedene Klingeltöne für verschiedene Anrufer? War der Klingelton auf dem Handy schon vorhanden oder haben die TN ihn per SMS bestellt? Wer mag, kann seinen Klingelton vorspielen.

D2

Leseverstehen 1: ein Test

1. Die TN lesen den Test im Buch und entscheiden sich für eine Antwort.
2. Die TN zählen ihre Punkte zusammen.

D3

Auswertung des Tests

Klären Sie mit den TN die Bedeutung von „Freak", „Normalo" und „Hasser". Die TN lesen ihre Auflösung.

D4

Aktivität im Kurs: Gespräch über die Ergebnisse

1. Sprechen Sie im Plenum über die Ergebnisse des Tests. Regen Sie eine Diskussion darüber an, ob die TN Handys wichtig finden, wann sie sie benutzen und wann Handys auch stören können.
2. Weisen Sie die TN auf den Infospot zwischen D2 und D3 hin. Viele Adjektive bilden das Gegenteil mit der Vorsilbe *un-*. Sammeln Sie mit den TN weitere Beispiele an der Tafel. Weisen Sie die TN auch darauf hin, dass das nicht mit allen Adjektiven geht.

Arbeitsbuch 25–26: im Kurs

LERN TAGEBUCH

Arbeitsbuch 27: Legen Sie eine Folie von Übung 27 auf. Erklären Sie den TN, dass es Wörter gibt, die miteinander verwandt sind wie eine Familie, weil sie alle denselben Stamm haben und damit eine ähnliche Bedeutung. Man nennt das Wortfamilien, hier das Beispiel „...pack...". Ergänzen Sie mit den TN weitere Wörter. Die Wortfamilien zu „empfang..." und „...send..." ergänzen die TN selbstständig. Ungeübte TN suchen in der Lektion 10 nach passenden Wörtern. Gehen Sie herum und helfen Sie, wenn nötig.

Anrufbeantworter

Anrufbeantworter: Nachrichten verstehen und sprechen

Lernziel: Die TN können Nachrichten von einem Anrufbeantworter verstehen und selbst
Nachrichten auf Band sprechen.

E  10

E1 Hörverstehen: Nachrichten von einem Anrufbeantworter verstehen

1. Die Bücher sind geschlossen. Legen Sie die Folie auf und zeigen Sie das erste Bild. Stellen Sie den TN die Person vor: Das ist Heinz. Fragen Sie die TN, wo er ist, was er macht, was das Problem sein könnte. Verfahren Sie mit den beiden anderen Bildern ebenso.

2. Die TN schlagen die Bücher auf. Erzählen Sie den TN, dass Heinz einen „AB" hat – diese Abkürzung sollten Sie auch im Unterricht verwenden, weil sie eine häufig gebrauchte Abkürzung sowohl in der gesprochenen Sprache als auch in Telefonbüchern und Annoncen ist. Leider versteht Heinz die Nachrichten seiner Freunde oft falsch. Was haben seine Freunde wirklich gesagt? Die TN hören die Nachrichten auf dem „AB" und machen sich Notizen.

3. Abschlusskontrolle im Plenum.
   Lösung:

	Ansage	Heinz
1	2 Uhr	15 Uhr
2	Bergsteigen, danach vielleicht Schwimmen	Schwimmen
3	8 Uhr im Café am Filmmuseum, danach vielleicht ins Kino Royal	wartet am Kino Royal

4. *fakultativ:* Verteilen Sie die Kopiervorlage L10/E1. Die TN lesen die stichpunktartige Bedienungsanleitung zu einem Anrufbeantworter und schreiben aus den Stichwörtern eine ausformulierte Bedienungsanleitung. Diese Übung ist eine gute Anwendungsmöglichkeit für das Passiv.

TIPP Wenn Sie Kassettengeräte mit Aufnahmefunktion oder ein Diktiergerät zur Verfügung haben, lassen Sie die TN in Gruppen zu viert verschiedene Ansagen erstellen, die auf Band gesprochen werden. Die Ansagen werden im Plenum vorgespielt. Die anderen TN machen sich Notizen: Wer? Was? Wann? Wo?

E2 Sprechen: eine Entschuldigung auf einen Anrufbeantworter sprechen

1. Die TN hören Heinz' Entschuldigung an Elke und kreuzen die Lösung an.

2. Abschlusskontrolle im Plenum. *Lösung:* ... er ihre Nachricht falsch verstanden hat.

3. Die TN schließen die Bücher und hören die Nachricht noch einmal. Sie sollen darauf achten, <u>wie</u> Heinz sich entschuldigt. Sammeln Sie mit den TN die Sätze und Floskeln an der Tafel. Fragen Sie die TN, was man noch sagen kann, wenn man sich entschuldigen möchte. Notieren Sie auch dies.

4. Erinnern Sie die TN an die dritte Situation in E1. Die TN stellen sich vor, dass sie Heinz sind und rufen bei ... an, um sich zu entschuldigen. Haben Sie einen Kurs mit überwiegend ungeübten TN, schreiben Sie mit den TN zunächst zusammen an der Tafel einen Mustertext. Klappen Sie dann die Tafel weg und lassen Sie einzelne TN die Entschuldigung frei sprechen.

5. Die TN stellen sich in einem Innen- und einem Außenkreis so auf, dass sich immer zwei TN gegenüber stehen. Beim ersten Durchgang sind die TN aus dem Innenkreis die Anrufer, die TN des Außenkreises hören zu. Geben Sie die erste Situation aus Aufgabe b) vor. Sagen Sie den TN, dass sie dreißig Sekunden Zeit haben, ihre Entschuldigung zu sprechen, denn länger ist das Band des Anrufbeantworters nicht. Geben Sie die Zeit durch ein „Piep" oder einen Gong vor. Danach dreht der Außenkreis sich um einen TN weiter. Jetzt sprechen die TN des Außenkreises ihre Entschuldigung zum selben Thema. Geben Sie wieder die Zeit vor. Verfahren Sie ebenso mit den anderen zwei Rollenkärtchen aus E2.

6. *fakultativ:* Fragen Sie die TN nach weiteren möglichen Situationen. Die TN sprechen auch dazu eine Entschuldigung auf den Anrufbeantworter ihres Gegenübers im Kreis. Damit die Übung nicht zu lang wird, können Sie die Entschuldigung auch nur einmal sprechen lassen.

E3 Hörverstehen: Nachrichten auf dem Anrufbeantworter verstehen

1. Klären Sie mit den TN vorab die Begriffe „Elternbeirat" – in anderen Bundesländern ist das die Elternpflegschaft – und „Konsulat". Die TN hören die Ansagen und ergänzen die Lücken.
   Variante: Kopieren Sie die Übung E3. a) **Ungeübte TN** erhalten sie mit den vorgesehenen Lücken. b) **Geübte TN** bekommen eine Kopie, in der Sie weitere Informationen getilgt haben, die die TN selbst ergänzen müssen, z.B. bei Ansage 1: um ... Uhr im Gasthof ... usw.

2. Abschlusskontrolle im Plenum.
   Lösung: <u>Ansage 1:</u> Dienstag, den 8.3. <u>Ansage 2:</u> 187; <u>Ansage 3:</u> 0176-34 52 31; <u>Ansage 4:</u> 17 Uhr; <u>Ansage 5:</u> Frauenstraße 18; <u>Ansage 6:</u> Sportplatz zum Handball spielen

Arbeitsbuch 28–29: in Stillarbeit; **30–31:** im Kurs: Lassen Sie die TN bei Übung 31 selbst entscheiden, ob sie nur a) bearbeiten oder auch b).

Einen Test zu Lektion 10 finden Sie auf Seite 108 f.

UNTERWEGS

Folge 11: *Männer!*
Einstieg in das Thema: Auto und Verkehr

Materialien
1 ein Führerschein
5 Ball oder Stofftier

1   **Vor dem Hören: Hinführung zum Thema: Vorwissen aktivieren**

1. Zeigen Sie nach Möglichkeit einen Führerschein im Kurs und fragen Sie: „Was ist das?" TN, die bereits länger in einem deutschsprachigen Land leben, kennen wahrscheinlich schon die deutsche Bezeichnung. Schreiben Sie „Führerschein" an die Tafel.
2. Fragen Sie die TN dann, wer von ihnen bereits einen Führerschein hat, wann und wo sie ihn gemacht haben. Die TN berichten von ihren Erfahrungen im Heimatland und/oder in Deutschland (bzw. in Österreich oder in der Schweiz). Sie können dem Gespräch durch Nachfragen, z.B. nach den Erfahrungen in einer deutschen Fahrschule, bei der Führerscheinprüfung etc., immer wieder neue Impulse geben. Notieren Sie relevante Wörter zum Thema, die im Gespräch fallen, an der Tafel und erklären Sie diese im Anschluss noch einmal für alle.
3. Die TN sehen sich die Abbildungen im Buch an und ordnen zu.
4. Abschlusskontrolle im Plenum. *Lösung:* B die Werkstatt; C die Tankstelle; D der Führerschein

2   **Vor dem Hören: Vermutungen äußern**

1. Die TN sehen sich die Fotos im Buch an und diskutieren in Kleingruppen von drei Personen die Fragen a) bis d). Gehen Sie herum und hören Sie in die Gruppen hinein.
2. Sammeln Sie die Ergebnisse im Plenum. Deuten Sie dann noch einmal auf Foto 7 und fragen Sie gezielt nach, was man an einer Tankstelle noch alles kaufen bzw. machen kann. Die TN wissen sicher, dass man hier nicht nur tanken, sondern auch sein Auto waschen, Kaffee trinken, Brötchen und Zeitschriften kaufen kann und vieles mehr. Sammeln Sie neue Wörter, die von den TN genannt werden, an der Tafel.

3   **Beim ersten Hören**

1. Bitten Sie die TN, während des Hörens die Fragen aus Aufgabe 2 im Gedächtnis zu behalten. Die TN hören die Foto-Hörgeschichte und verfolgen sie auf den Bildern mit.
2. Die TN beantworten die Fragen aus Aufgabe 2 und vergleichen, inwiefern ihre Vermutungen mit der tatsächlichen Geschichte übereinstimmen.

4   **Nach dem ersten Hören: wichtige Details verstehen**

1. Fragen Sie die TN, warum Susanne sauer auf Kurt ist. Wenn die TN das Wort nicht kennen sollten, deuten Sie noch einmal auf Foto 8. Die TN lesen die Aussagen in Stillarbeit und kreuzen an, was sie für richtig halten.
2. Die TN hören die Foto-Hörgeschichte noch einmal und korrigieren ggf. ihre Lösungen.
3. Abschlusskontrolle im Plenum. *Lösung:* richtig: a); c); d); f)

5   **Nach dem Hören: die Geschichte nacherzählen**

1. Setzen Sie sich mit den TN in einen Stuhlkreis und erzählen Sie gemeinsam mit den TN die Geschichte nach: Werfen Sie dazu einem TN den Ball bzw. das Stofftier zu und bitten Sie ihn, den ersten Satz zu formulieren und den Ball (bzw. das Stofftier) dann einem anderen TN zuzuwerfen. Dieser setzt die Geschichte fort usw. Die Fotos im Buch dienen den TN als Gedächtnishilfe, was die konkrete Situation, aber auch den Verlauf der Geschichte betrifft. Ermutigen Sie die TN, sich gegenseitig zu helfen und ggf. auch zu korrigieren. Achten Sie darauf, dass die TN bei der Nacherzählung möglichst auch Informationen aus dem Hörtext wiedergeben und sich nicht auf eine bloße Beschreibung der Fotos beschränken!
2. *fakultativ:* Im Anschluss oder auch als Hausaufgabe können die TN die Geschichte noch einmal schriftlich nacherzählen. a) **Ungeübte TN** orientieren sich dabei an den Vorgaben im Buch und ergänzen die angefangenen Sätze. b) **Geübte TN** sehen sich noch einmal die Fotos an und erzählen die Geschichte mit eigenen Worten nach. Aufgabe 4 und der erarbeitete Wortschatz helfen ihnen dabei. Sammeln Sie die Texte ein und geben Sie sie korrigiert zurück.

Er ist gerade **aus dem Haus** gegangen.

Lokale Präpositionen auf die Frage *Woher?*; Wiederholung von *in* und *bei*
Lernziel: Die TN können sagen, woher sie gerade kommen, wo sie sind und wohin sie gehen.

A

 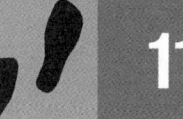

11

A1   Präsentation der lokalen Präpositionen *aus* und *von*

1. Die TN sehen sich die Fotos an und lesen die beiden Dialoge in Stillarbeit. Sie können hier an die Foto-Hörgeschichte anknüpfen und die TN fragen: „Warum ist Kurt aus dem Haus gegangen?"
   Lösung: Foto 1: Oh je, wo kommst du denn her? – Vom Zahnarzt, das sieht man doch. Foto 2: Ist Kurt nicht da? – Nein, er ist gerade aus dem Haus gegangen.
2. Stellen Sie jetzt die Präpositionen *aus* und *in* bzw. *vom* und *beim* gegenüber, indem Sie eine Tabelle an die Tafel zeichnen und noch einmal fragen: „Woher kommt Kurt?" Deuten Sie dabei nacheinander auf die beiden Fotos. Notieren Sie die Antworten in der Tabelle und markieren Sie die lokalen Präpositionen:

Woher kommt Kurt?	Wo war Kurt?
Er kommt *vom* Zahnarzt. Er kommt *aus dem* Haus.	

3. Fragen Sie weiter: „Wo war Kurt?" und ergänzen Sie die Tabelle an der Tafel.

Woher kommt Kurt?	Wo war Kurt?
Er kommt *vom* Zahnarzt. Er kommt *aus dem* Haus.	Er war *beim* Zahnarzt. Er war *im* Haus. (Er war zu Hause.)

Hinweis: Lassen Sie bei der Frage „Wo war Kurt?" auch „Er war zu Hause." als Antwort gelten, weisen Sie die TN aber darauf hin, dass es sich bei „zu Hause" um eine feste Formel handelt und ergänzen Sie, wenn nötig, die oben angegebene Lösung selbst in der Tabelle. Erinnern Sie die TN ggf. daran, dass *im* aus *in dem* (*Schritte 2*, Lektion 11) zusammengezogen wird, und erklären Sie, dass man auf Fragen mit *Woher?* mit *aus* oder *von* antwortet. Stellen Sie dann weitere Fragen und notieren Sie die Antworten systematisch an der Tafel:

von	aus
vom Arzt	aus dem Kino
vom Bahnhof	aus dem Krankenhaus
von der Apotheke	aus der Schule
von einer Party/Hochzeit	aus der Kirche
vom Schwimmen	aus der Türkei
	aber: aus Südamerika

4. Machen Sie anhand der Beispiele deutlich, wann man *von* bzw. *aus* benutzt. Die Präposition *von* steht bei Personen, Aktivitäten, Veranstaltungen oder wenn weniger der Ort als solcher wichtig ist, als vielmehr, dass man dort zu einem bestimmten Zweck war. Die Präposition *aus* steht dagegen bei geschlossenen Räume und/oder Lokalitäten, an denen man sich länger aufhält sowie bei Ländernamen. Stellen Sie in einem weiteren Tafelbild auch die Präpositionen *bei* und *in* auf die Frage *Wo?* gegenüber:

bei	in
beim Arzt	im Kino
...	...

Verdeutlichen Sie anhand der Beispiele, wann man *bei* bzw. *in* benutzt. Die Präposition *bei* steht bei Personen, Aktivitäten oder bei Orten, wobei nicht näher definiert ist, ob es sich um einen geschlossenen Raum handelt. Die Präposition *in* steht dagegen bei geschlossenen Räumen, vor Länder- und Straßennamen. Weisen Sie die TN auch auf den Grammatikspot im Buch hin.

Arbeitsbuch 1: in Stillarbeit oder Partnerarbeit

11  **A** Er ist gerade **aus dem Haus** gegangen.

Lokale Präpositionen auf die Frage *Woher?*; Wiederholung von *in* und *bei*
Lernziel: Die TN können sagen, woher sie gerade kommen, wo sie sind und wohin sie gehen.

Materialien
A3 auf Folie; Kopiervorlage L11/A3
A4 Kopiervorlage zu A4 (im Internet)

A2 **Anwendungsaufgabe zu den lokalen Präpositionen**
1. Die TN hören das Beispiel – eine Geräuschsequenz – und beantworten die Frage.
2. Die TN hören die übrigen Geräuschsequenzen so oft wie nötig und ergänzen die Lücken.
3. Abschlusskontrolle im Plenum. *Hinweis*: Die TN notieren erfahrungsgemäß oft die Präpositionen ohne Artikel. Vergleichen Sie die Ergebnisse daher mit Hilfe einer Folie und wiederholen Sie ggf. noch einmal die bestimmten Artikel im Dativ (*Schritte 2,* Lektion 11). *Lösung:* b) im Bett; c) beim Zahnarzt; d) im Supermarkt; e) aus dem Auto; f) aus dem Briefkasten

Arbeitsbuch 2: in Stillarbeit oder als Hausaufgabe

A3 **Anwendungsaufgabe und Wiederholung zu den lokalen Präpositionen**
1. Regen Sie die TN zu einer Bildbeschreibung an, indem Sie gezielt ein paar Fragen zum Bild stellen. Die TN finden sich paarweise zusammen und beschreiben abwechselnd die unterschiedlichen Szenen auf dem Bild. Gehen Sie herum und helfen Sie bei Unklarheiten. Verweisen Sie auch auf den Grammatikspot im Buch.
2. Wenn Sie mit den TN den Gebrauch der Präpositionen *von* und *aus* noch weiter üben und die anderen Präpositionen wiederholen wollen, können Sie die Kopiervorlage L11/A3 verteilen und in Partnerarbeit oder Stillarbeit bearbeiten lassen.
3. Abschlusskontrolle im Plenum.
   Lösung: a) im, in der; b) in der, in das; c) ins, im; d) von der, ins, auf das; e) in die, von der / in der

Arbeitsbuch 3–4: als Hausaufgabe; **5–6:** in Stillarbeit

LERN TAGEBUCH **Arbeitsbuch 7:** Ergänzen Sie zusammen mit den TN das Beispiel. Die TN können dann entweder im Kurs paarweise oder zu Hause allein weitere Beispiele finden, versprachlichen und visuell darstellen.

A4 **Aktivität im Kurs: Pantomime**
1. Schreiben Sie vor dem Unterricht eine Beispielkarte wie im Buch. Notieren Sie an der Tafel die Fragewörter „Woher?" und „Wohin?" und spielen Sie dann die Szene pantomimisch vor, ohne die Karte zu zeigen. Die TN raten, woher Sie gerade gekommen sind und wohin Sie nun gehen.
2. Lesen Sie zur Kontrolle Ihre Karte vor und fordern Sie die TN auf, in zwei Gruppen (A und B) ähnliche Spielanweisungen füreinander zu schreiben. Gehen Sie herum und helfen Sie bei Unklarheiten.
   Variante: Wenn Sie wenig Zeit im Unterricht haben, können Sie die Kopiervorlage zu A4 (im Internet) kopieren und an die beiden Gruppen verteilen.
3. Die Gruppen A und B tauschen ihre Spielanweisungen aus. Dann erhält möglichst jeder TN eine Pantomimekarte und spielt der eigenen Gruppe die vorgegebene Szene vor. Die Gruppe rät, bis sie die Lösung gefunden hat. Dann ist der nächste TN an der Reihe. Die beiden Gruppen können parallel spielen, da sie sich anhand der Karten selbst kontrollieren können.

Wir müssen direkt **durch das Zentrum** fahren.

Lokale Präpositionen
Lernziel: Die TN können ausführliche Wegbeschreibungen verstehen und selbst Wege beschreiben.

 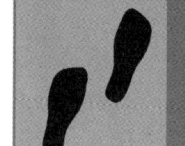
B1 Präsentation der lokalen Präpositionen mit dem Dativ und der lokalen Präpositionen mit dem Akkusativ

1. Die TN lesen die Wegbeschreibung und ordnen die passenden Bilder zusammen mit ihrer Partnerin / ihrem Partner zu.
   Variante: Wenn Sie viele TN im Kurs haben, denen es leichter fällt, Kärtchen zu kombinieren (haptischer Lerntyp), bzw. TN, die gerne spielerisch lernen, kleben Sie die Bild- und Satzkärtchen von Kopiervorlage L11/B1 auf festen Karton. Die TN erhalten paarweise einen Kartensatz und ordnen die Bildkärtchen den Satzkärtchen zu.
2. Abschlusskontrolle im Plenum. Geben Sie den TN Gelegenheit zu Wortschatzfragen.
   Lösung: F Da kommen wir übrigens auch am Mozartplatz vorbei. D Du fährst bis zur nächsten Kreuzung. Da musst du links abbiegen. E Und jetzt geradeaus über die Brücke. G Nach der Brücke fahren wir das Flussufer entlang. (ebenfalls richtig: … am Flussufer entlang) C Die nächste Tankstelle? Bei uns zu Hause, gegenüber der Kirche. A Wir müssen fast ganz um den Kreisverkehr herum und dann abbiegen.
3. Kopieren Sie die Bilder von Kopiervorlage L11/B1 auf eine Folie. Decken Sie die Folie sukzessive auf und lesen Sie dabei die Sätze noch einmal betont vor. Um die Bedeutung der jeweiligen Präposition zu veranschaulichen, können Sie an der Folie ggf. die Fahrtrichtung bzw. die bereits zurückgelegte Strecke auf den Bildern (*an … entlang, um … herum* etc.) markieren.
4. Zeigen Sie anhand der Grammatikspots im Buch, welche Präpositionen den Dativ und welche den Akkusativ nach sich ziehen und machen Sie ggf. weitere Beispiele an der Tafel. Markieren Sie die Artikel jeweils farbig.

Arbeitsbuch 8: in Stillarbeit oder als Hausaufgabe

B2 Anwendungsaufgabe zu den lokalen Präpositionen

1. Bitten Sie die TN, Valerios Adresse auf dem Stadtplan zu suchen. Ggf. können Sie sie darauf hinweisen, dass diese mit einem grünen Punkt im Plan markiert ist. In einem Kurs mit überwiegend ungeübten TN lassen Sie auch das Rathaus und die Fuldabrücke suchen, um das Hörverstehen vorzubereiten.
2. Die TN hören die Wegbeschreibung so oft wie nötig und markieren dabei den Weg im Buch. Geben Sie einem geübten TN den Stadtplan auf Folie. Sie/Er zeichnet die beschriebene Route direkt ein.
3. Abschlusskontrolle mit Hilfe der Folie im Plenum. *Lösung:* vgl. Hörtext
4. *fakultativ:* Fragen Sie anschließend noch einmal, wie Valerio gehen muss. Die TN beschreiben noch einmal mündlich den Weg von Valerios Wohnung bis zur Fuldabrücke.

Arbeitsbuch 9: in Stillarbeit oder als Hausaufgabe

B3 Schreiben: eine Wegbeschreibung

1. Die TN lesen die E-Mail von Matthias. Fragen Sie, worum er Roland bittet.
2. Die TN lesen anschließend den Anfang von Rolands Antwort und schreiben die E-Mail mit Hilfe der Stichpunkte im Kasten fertig.
3. Wer mag, kann die eigene E-Mail im Kurs vorlesen. Sammeln Sie die Texte der TN auch ein und korrigieren Sie sie. Häufig gemachte Fehler sollten in der folgenden Stunde gemeinsam besprochen werden.

Arbeitsbuch 10a–b: in Stillarbeit; **10c:** in Stillarbeit oder als Hausaufgabe für ungeübte TN; **11:** in Stillarbeit oder als Hausaufgabe für geübte TN

B4 Aktivität im Kurs: eine Wegbeschreibung geben

1. Jeder TN erhält eine Kopie des Stadt- bzw. Umgebungsplans, auf dem der Kursort und der Wohnort / die Wohnorte der TN zu sehen sein sollten. Die TN suchen ihre eigene Adresse und die der Schule auf dem Plan und markieren sie.
2. Die TN lesen das Beispiel im Buch. Bitten Sie dann einen TN, den Weg vom Kursort zu sich nach Hause zu beschreiben.
3. Die TN stehen auf und gehen mit ihrem Stadtplan im Kursraum umher. Dabei finden sie sich immer wieder zu neuen Paaren zusammen und beschreiben sich gegenseitig den Weg zu sich nach Hause und zeigen ihn dabei auf dem Stadtplan. Spielen Sie mit, so können Sie am leichtesten bei Unklarheiten helfen.

TIPP

> Wenn Sie in einer großen Stadt unterrichten, bitten Sie die TN am Vortag, einen Stadtplan mit in den Kurs zu bringen, damit sie den anderen ihre Adresse zeigen können. Falls Sie in einem kleineren Ort unterrichten, kopieren Sie einen Umgebungsplan für alle. Mit Hilfe eines Plans ist die Wegbeschreibung nicht nur leichter nachvollziehbar, sondern die TN können sich auch gegenseitig bei der Formulierung unterstützen oder korrigieren, wenn sie wissen, was ihre Partnerin / ihr Partner sagen möchte.

Arbeitsbuch 12: im Kurs

11 **C** **Deshalb** müssen wir ihn ja dauernd
in die Werkstatt bringen.

Konjunktion *deshalb*
Lernziel: Die TN können etwas begründen und Sicherheitshinweise verstehen.

Materialien
C3 Kopiervorlage L11/C3, Spielfiguren, Münzen
C4 Kopiervorlage L11/C4, ggf. auch auf Folie

C1   **Präsentation der Konjunktion *deshalb***

1. Deuten Sie auf Foto 4 der Foto-Hörgeschichte und sagen Sie: „Der Wagen von Susanne und Kurt ist schon alt." Fragen Sie die TN, was das für Susanne und Kurt bedeutet, d.h. welche Konsequenzen es evtl. für ihren Alltag hat. Sammeln Sie die Antworten der TN an der Tafel und verknüpfen Sie ein Beispiel mit *deshalb*:

> *Der Wagen ist alt.* → *Er ist oft kaputt.*
> =
> *Der Wagen ist alt.* **Deshalb** *ist er oft kaputt.*

2. Die TN sehen sich nun das Beispiel im Buch an und ordnen die übrigen Sätze in Stillarbeit zu.
3. Spielen Sie die CD/Kassette vor. Die TN vergleichen ihre Lösungen selbstständig. *Lösung:* b) Ständig ist er kaputt. Ich bin deshalb schon lange für einen neuen. c) Aber Kurt sagt, wir haben kein Geld für ein neues Auto. Deshalb müssen wir weiter mit diesem hier zurechtkommen.
4. Zeigen Sie anhand eines Beispiels an der Tafel, dass *deshalb* entweder am Satzanfang oder an Position 3 stehen kann. Die TN kennen schon die Konjunktion *trotzdem* aus Lektion 8, so dass ihnen die Konstruktion kaum Schwierigkeiten bereiten wird.

> *Ständig ist er kaputt.* | *Deshalb* | *bin* | *ich* | *schon lange für einen neuen.*
> **Position 1** **2** **Position 3**
> *Ich* | *bin* | *deshalb* | *schon lange für einen neuen.*

5. Notieren Sie die beiden anderen Beispielsätze aus der Aufgabe an der Tafel. Die TN formulieren die Sätze um.

Arbeitsbuch 13–14: in Stillarbeit oder als Hausaufgabe

C2   **Leseverstehen: Sicherheitshinweise verstehen; Wortbildung: das Suffix *-bar***

1. Klären Sie zusammen mit den TN den Begriff „Sicherheits-Check". Die TN lesen den Text und unterstreichen alle Fahrradteile, die man regelmäßig prüfen sollte.
2. Abschlusskontrolle im Plenum. Klären Sie mit den TN ggf. unbekannten Wortschatz. *Lösung:* Reifen; Vorder- und Rücklichter; Klingel
3. Notieren Sie folgendes Beispiel an der Tafel:

> *Die Radfahrer* <u>*sind*</u> *(gut)* <u>*erkenn**bar**,*</u> *wenn sie in der Nacht mit Licht fahren.*
> =
> *Man* <u>*kann*</u> *die Radfahrer(gut)* <u>*erkennen*</u>*, wenn sie in der Nacht mit Licht fahren.*

    Machen Sie anhand des Tafelbildes deutlich, dass man mit der Endung *-bar* ausdrücken kann, was man machen kann bzw. was möglich ist.
4. Die TN suchen im Text ein weiteres Beispiel für Adjektive auf *-bar* (erreichbar) und versuchen, den Satz mit *können* zu formulieren. Notieren Sie den Satz ebenfalls an der Tafel.
5. *fakultativ:* Wenn Sie den TN eine kleine Transferaufgabe stellen wollen, können Sie folgenden Satz an die Tafel schreiben: „Reifenpannen kann man nicht vermeiden." Die TN formulieren den Satz um, indem sie aus dem Verb ein Adjektiv auf *-bar* bilden: „Reifenpannen sind nicht vermeidbar." Weisen Sie die TN abschließend auch auf den Infospot im Buch hin.

Arbeitsbuch 15: als Hausaufgabe

Deshalb müssen wir ihn ja dauernd in die Werkstatt bringen.

C  **11**

Konjunktion *deshalb*
Lernziel: Die TN können etwas begründen und Sicherheitshinweise verstehen.

C3 **Anwendungsaufgabe: Begründungen und Folgen mit *weil* und *deshalb***

1. Die TN lesen den Text aus C2 noch einmal und markieren dabei, welche Probleme es im Straßenverkehr gibt und wie man die Sicherheit verbessern kann.
2. Zeichnen Sie eine Tabelle an die Tafel und ergänzen Sie das erste Beispiel, während die TN den Text lesen.

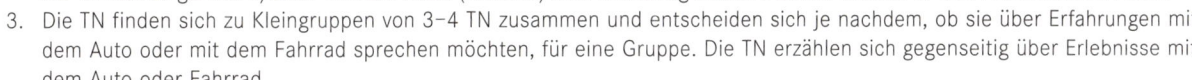

Welche Probleme gibt es? Was muss man beachten?	*Wie kann man die Sicherheit verbessern?*
Man muss oft plötzlich bremsen.	→ *Die Bremsen müssen funktionieren.*

Die TN nennen weitere Beispiele für Sicherheitsrisiken aus dem Text und sagen, was man tun kann, um die Sicherheit zu verbessern. Achten Sie darauf, dass die TN *deshalb* benutzen und helfen Sie ggf. bei der Formulierung.

3. Fragen Sie dann exemplarisch, warum die Bremsen funktionieren müssen. Da die TN Nebensätze mit *weil* bereits aus *Schritte 3,* Lektion 1 kennen, wird ihnen die korrekte Antwort nicht schwer fallen. Verweisen Sie die TN in diesem Zusammenhang auch auf den Grammatikspot im Buch. Sprechen Sie mit den TN im Plenum über weitere Sicherheitsprobleme und -risiken im Straßenverkehr und fragen Sie gezielt nach, wie diese verbessert werden können. *Hinweis:* Einige TN haben anfangs erfahrungsgemäß noch Schwierigkeiten, Ursachen und Folgen einer Handlung zu unterscheiden bzw. bei der Formulierung eigener Sätze daran zu denken, dass im *weil*-Satz die Ursache genannt wird, im *deshalb*-Satz dagegen die Folge. Aus diesem Grund bietet es sich an, Teilsätze, die die Ursache bzw. die Folge benennen, an der Tafel mit unterschiedlichen Farben zu unterstreichen. Lassen Sie TN dann auch selbst in ihrem Heft Ursache und Folge farbig markieren, damit sie ein Gefühl für diesen Unterschied bekommen.
4. *fakultativ:* Verteilen Sie an Kleingruppen von 3–4 TN je einen Spielplan von Kopiervorlage L11/C3. Sie brauchen für jeden TN eine Spielfigur und pro Gruppe eine Münze.

Arbeitsbuch 16–18: als Hausaufgabe

C4 **Aktivität im Kurs: über Probleme mit dem Auto oder mit dem Fahrrad sprechen**

1. *fakultativ:* Verteilen Sie die Kopiervorlage L11/C4 als Arbeitsblatt, um wichtige Wörter für das anschließende Gespräch einzuführen. Die TN lösen die Aufgabe zusammen mit ihrer Partnerin / ihrem Partner. Gehen Sie herum und helfen Sie bei Unklarheiten.
2. Abschlusskontrolle mit Hilfe einer Folie im Plenum.
   Lösungsvorschlag: b) … ist ein Reifen (an seinem Auto) geplatzt. Deshalb musste Michael den Reifen wechseln. c) … war der Auspuff kaputt. Deshalb musste Michael in die Werkstatt fahren. d) … hatte er kein Benzin mehr. Deshalb musste er zu Fuß zur Tankstelle gehen. e) Aber Michael hatte (diesmal) kein Werkzeug dabei. Deshalb musste er den Pannendienst rufen.
3. Die TN finden sich zu Kleingruppen von 3–4 TN zusammen und entscheiden sich je nachdem, ob sie über Erfahrungen mit dem Auto oder mit dem Fahrrad sprechen möchten, für eine Gruppe. Die TN erzählen sich gegenseitig über Erlebnisse mit dem Auto oder Fahrrad.
4. *fakultativ:* Geben Sie als Hausaufgabe eine Erlebniserzählung auf. Die TN berichten schriftlich über ein besonderes Erlebnis mit ihrem Auto oder Fahrrad.

Arbeitsbuch 19: als Hausaufgabe: **20–23:** im Kurs

11 **D** Im Straßenverkehr

Wetter- und Verkehrslage
Lernziel: Die TN können Nachrichten zur Wetterlage und Verkehrsdurchsagen verstehen.

D1 Erweiterung des Wortfelds „Wetter"

1. Fragen Sie die TN, wie das Wetter heute ist, und sammeln Sie gemeinsam mit den TN bekannte Wetterausdrücke und -wörter an der Tafel.
2. Die TN sehen sich die Bilder an und ordnen die passenden Begriffe zu. Wer fertig ist, vergleicht mit der Partnerin / dem Partner.
3. Abschlusskontrolle im Plenum. *Lösung:* A Eis; B Nebel; C Sonnenschein; D Schnee; E Gewitter
   Hinweis: Wenn die Wörter für Ihre TN neu sind, notieren Sie auch den Artikel zu den Nomen an der Tafel.

D2 Leseverstehen: kurze Nachrichtentexte verstehen

1. Die TN lesen die Aufgabenstellung und die Adjektive. Gehen Sie aber zunächst noch nicht auf Fragen zum Wortschatz ein.
2. Fragen Sie die TN dann nach dem Wetter in Text a). Die TN lesen den Text und ergänzen das passende Adjektiv aus der Liste.
3. Notieren Sie die beiden Lösungen zu Text a) untereinander an der Tafel. Fragen Sie weiter, welche Wörter aus dem Text dazupassen, und notieren Sie die entsprechenden Nomen ebenfalls an der Tafel. Unterstreichen Sie die Adjektivendungen *-isch* und *-ig* und zeigen Sie anhand dieser Beispiele, wie aus einem Nomen ein Adjektiv werden kann. Verweisen Sie auch auf den Infospot.
   ⚐ Der Infospot soll den TN helfen, die Bedeutung neuer Adjektive zu erschließen. Es geht also um rezeptives Verstehen. ● Erwarten Sie nicht von den TN, dass sie selbstständig neue Adjektive bilden.
4. Die TN lesen die Texte b) und c) und ergänzen die fehlenden Adjektive.
5. Abschlusskontrolle im Plenum. *Lösung:* a) eisig; b) wolkig, gewittrig, windig, regnerisch; c) sonnig

Arbeitsbuch 24: als Hausaufgabe; **25:** in Stillarbeit; **26:** in Stillarbeit oder als Hausaufgabe

D3 Hörverstehen: Verkehrsnachrichten im Radio

1. Schreiben Sie die angegebenen Definitionen von „Stau" und „Falschfahrer" an die Tafel und fragen Sie die TN, welche Definition jeweils richtig ist.
   Lösung: Ein Stau entsteht, wenn es viel Verkehr gibt oder das Wetter schlecht ist. Ein Falschfahrer fährt auf der Autobahn in die falsche Richtung.
2. Die TN lesen die Aussagen in Aufgabe b), bevor sie die Verkehrsnachrichten hören. Geben Sie den TN ggf. Gelegenheit zu Wortschatzfragen, um den nachfolgenden Hörtext vorzubereiten. Gehen Sie in diesem Zusammenhang auch kurz auf die Bedeutung von „wegen des Nebels" ein, indem Sie ein Beispiel an die Tafel schreiben:

> *... wegen des Nebels = ..., weil es neblig ist.*

   ⚐ Gehen Sie an dieser Stelle nicht näher auf *wegen* als Präposition mit Genitiv ein. Diese Gruppe von Präpositionen wird erst ● in *Schritte 5* bzw. *Schritte 6* systematisch eingeführt. Hier geht es lediglich darum, dass die TN die Bedeutung von *wegen* verstehen.
3. Die TN hören die Durchsagen so oft wie nötig und kreuzen an, was richtig bzw. falsch ist.
4. Abschlusskontrolle im Plenum. *Lösung:* 1 falsch; 2 richtig; 3 richtig; 4 falsch; 5 richtig
5. Fragen Sie die TN, welche Verkehrsmittel sie benutzen. TN, die überwiegend mit öffentlichen Verkehrsmitteln fahren, sollten auch erzählen, inwieweit sie mit dem Angebot und Service zufrieden bzw. unzufrieden sind. TN, die selbst Auto fahren, können berichten, ob sie während der Fahrt die Verkehrsmeldungen im Radio verfolgen oder nicht und ob es so einen Service auch in ihrem Land gibt.

Arbeitsbuch 27: in Partnerarbeit; **28:** im Kurs

Materialien
Projekt: Telefonbuch, Plakatpapier, Stifte, Scheren,
Klebstoff
Test zu Lektion 11
Zwischenschritt: Wiederholung zu Lektion 10 und
Lektion 11

Gebrauchtwagenkauf

Landeskunde: Rund um den Autokauf
Lernziel: Die TN können Texte und Dokumente rund ums Auto verstehen.

E  11

E1   Das Wortfeld „Gebrauchtwagenkauf"

1. Notieren Sie an der Tafel den neuen Begriff „Gebrauchtwagenkauf" und fragen Sie die TN, was das ist. Ggf. können Sie dabei behilflich sein, das Kompositum aufzuschlüsseln und so die Bedeutung zu klären. Fragen Sie die TN, wie man vorgehen kann, wenn man ein gebrauchtes Auto kaufen möchte. Sammeln Sie alle relevanten Wörter, die die TN in diesem Zusammenhang nennen, an der Tafel und erarbeiten Sie so ein Wortfeld zum Thema. Geben Sie den TN darüber hinaus Gelegenheit zu Wortschatzfragen. Die TN übertragen das Wortfeld in ihr Lerntagebuch.
2. Die TN sehen sich die Abbildungen an. Deuten Sie auf Abbildung 2 und fragen Sie: „Was ist das?" Die TN suchen die richtige Entsprechung und ordnen die übrigen Abbildungen und Stichpunkte zu.
3. Abschlusskontrolle im Plenum.
   Lösung: 2 Anzeige im KFZ-Markt; 3 der KFZ-Brief; 4 der Werbeprospekt; 5 der KFZ-Schein; 6 das Autokennzeichen

Arbeitsbuch 29: in Stillarbeit oder als Hausaufgabe

E2   Landeskunde: Rund um den Gebrauchtwarenkauf

1. Fordern Sie die TN auf, sich vorzustellen, dass sie ein gebrauchtes Auto kaufen wollen. Wie geht man normalerweise vor? Ein TN liest Textabschnitt 1 vor. Fragen Sie nach dem nächsten Schritt, bevor die TN die übrigen Textabschnitte in Stillarbeit lesen und sie in der richtigen Reihenfolge nummerieren.
   Variante: Kopieren Sie den Text und schneiden Sie die Textteile auseinander. Die TN erhalten die Puzzleteile und setzen diese zusammen.
2. Abschlusskontrolle im Plenum. Klären Sie mit den TN ggf. unbekannten Wortschatz.
   Lösung: 2 Nehmen Sie Kontakt mit dem Besitzer auf …; 3 Wenn Sie das Auto kaufen möchten, …; 5 Als Nächstes müssen Sie …; 6 Die Zulassungsstelle stellt Ihnen dann …;

Arbeitsbuch 30: in Stillarbeit

E3   Aktivität im Kurs: aus eigener Erfahrung berichten

Setzen Sie sich mit den TN in einen Kreis und fragen Sie, wer schon einmal im Heimatland oder in Deutschland (bzw. in Österreich oder in der Schweiz) ein gebrauchtes Auto gekauft hat. Wer möchte, kann in der Runde von seinen Erfahrungen berichten.
Variante: Wenn in Ihrem Kurs kaum jemand ein Auto gekauft hat, können die TN auch Erfahrungen beim Kauf von anderen gebrauchten Dingen, wie z.B. einem Fahrrad, einem Computer, einem Handy etc. berichten.

PRÜFUNG   **Arbeitsbuch 31:** Im Prüfungsteil Hören, Teil 3 der Prüfung *Start Deutsch 2z* hören die TN ein Gespräch und müssen dazu Aufgaben lösen. Die TN sollten zuerst die Aufgabenstellung aufmerksam lesen und die vorgegebenen Stichpunkte überfliegen. Anschließend hören sie das Gespräch wie in der Prüfung zweimal.

PROJEKT   **Arbeitsbuch 32:**

1. Erarbeiten Sie im Kurs zunächst ein Wortfeld zum Thema „Unfall". Dabei können Sie sich auf die Fragen „Wer ist beteiligt?", „Was ist passiert?", „Wo ist es passiert?" und „Was muss man bei einem Unfall machen?" konzentrieren. Notieren Sie alle Stichpunkte, die die TN nennen, an der Tafel.
2. Fragen Sie die TN, wer bei einem Unfall hilft. Vielleicht kennen einige TN bereits Institutionen wie das Rote Kreuz oder andere Hilfsdienste. Notieren Sie die Namen an der Tafel und fordern Sie die TN auf, herauszufinden, ob es diese Institutionen vor Ort gibt. Wenn einige Ihrer TN sehr entdeckungsfreudig sind, können sie diese Institutionen stellvertretend für alle nach dem Kurs aufsuchen und Informationsmaterial mitbringen.
   Variante: Wenn Sie wenig Zeit im Kurs haben und die Recherchephase abkürzen wollen, können Sie vorab selbst bei den betreffenden Institutionen anrufen und um Informationsmaterial bitten, das Sie den TN dann im Kurs zur Verfügung stellen. Die TN sehen sich die Broschüren in Ruhe an und sortieren sie.
3. Die TN erstellen mit Hilfe der Materialien auf einem Plakat einen Notfallplan, d.h. sie erarbeiten, was man bei einem Unfall nacheinander alles tun muss: Warndreieck aufstellen, Erste Hilfe leisten, Krankenwagen rufen usw. Stellen Sie den TN dazu Plakate, dicke Stifte, Scheren und Klebstoff zur Verfügung.
4. Die TN präsentieren ihre Ergebnisse im Kurs.
5. *fakultativ:* Wenn es an Ihrem Institut jemanden gibt, der für Erste Hilfe zuständig ist, können Sie die Person in den Kurs einladen. Die TN überlegen sich vorab, was sie über Erste Hilfe erfahren wollen, und formulieren in Kleingruppen einige Fragen.

Einen Test zu Lektion 11 finden Sie auf Seite 110 f. Wenn Sie mit den TN den Lernstoff von Lektion 10 und Lektion 11 wiederholen möchten, verteilen Sie die Kopiervorlage „Zwischenschritt" (Seite 98–99).

12

REISEN

Folge 12: *Reisepläne*
Einstieg in das Thema: Reisepläne/-vorbereitungen

Materialien
1 Foto-Hörgeschichte als Kärtchen; DIN A3-Papier,
Scheren, Klebestifte

1 Vor dem Hören: einen Comic schreiben

1. Präsentieren Sie Foto 1 und die Aufgabe auf einer Folie. Die TN stellen Vermutungen an, zu wem welches Zitat passt. Lassen Sie die TN ggf. abstimmen und notieren Sie das jeweilige Ergebnis mit den meisten Stimmen in der Tabelle der Aufgabe. *Lösung:* a) Simon; b) Larissa; c) Kurt

2. Kopieren Sie die Foto-Hörgeschichte für Kleingruppen von fünf TN, schneiden Sie die Fotos aus und kleben Sie diese in losem Abstand auf ein DIN A3-Blatt, so dass die TN zu jedem Bild Sprechblasen malen und schreiben können. Die TN denken sich in der Gruppe den Text zu ihrem Foto-Comic aus.

3. Jeder TN schlüpft in die Rolle eines Protagonisten. Die TN lesen ihren Comic mit verteilten Rollen.

4. Wer möchte, kann den Comic im Plenum als Rollenspiel präsentieren. Die anderen Comics werden im Kursraum aufgehängt.

2 Beim ersten Hören

1. Bitten Sie die TN, beim Hören darauf zu achten, was Larissa und Simon in den Ferien machen wollen und worauf sie sich schließlich einigen. Die TN hören die Foto-Hörgeschichte ein erstes Mal komplett und verfolgen sie im Buch mit.

2. Abschlusskontrolle im Plenum.
   Lösungsvorschlag: Sie fahren zusammen mit Maria an die Nordsee. Dort kann man reiten, surfen und Mozart hören bzw. ein Musikfestival besuchen.

3 Nach dem ersten Hören: Details der Geschichte verstehen

1. Lesen Sie den Anfang des Lückentextes mit den TN gemeinsam und zeigen Sie anhand des ersten Beispiels, dass es jeweils zwei Möglichkeiten gibt, aber nur eine passt.

2. Die TN lesen den Text und ergänzen die Lücken zusammen mit ihrer Partnerin / ihrem Partner. Spielen Sie die Foto-Hörgeschichte noch einmal vor, wenn nötig.

3. Abschlusskontrolle im Plenum. *Lösung:* reiten; surfen; wegfahren; Kataloge; teuer; ein Musikfestival

4 Nach dem Hören: über Urlaubsträume sprechen

1. Die TN lesen die Aufgabenstellung im Buch und finden sich zu Kleingruppen von 3–4 TN zusammen. Weisen Sie die TN, wenn nötig, explizit darauf hin, dass sie auch Reisewünsche äußern können, die sich – zumindest momentan – nicht verwirklichen lassen. Erinnern Sie die TN daran, dass in diesem Fall *würde* verwendet wird. Den Konjunktiv kennen die TN bereits aus Lektion 8.

2. Die TN erzählen sich in Kleingruppen gegenseitig, wohin sie gern einmal fahren würden und was sie gern einmal sehen würden. Gehen Sie herum und hören Sie in die Gruppen hinein. Stellen Sie gezielte Fragen, wenn Sie das Gefühl haben, dass das Gespräch in einer Gruppe nicht so recht in Gang kommen will.
   Variante: Sprechen Sie in kleineren Kursen im Plenum über die Urlaubsträume der TN.

Materialien
A3 Reiseprospekte, Reisekataloge
A4 Kärtchen, Kopiervorlage zu A4 (im Internet)

Wir fahren **an den** Atlantik.

Lokale Präpositionen *in, an* und *auf*
Lernziel: Die TN können über Reiseziele sprechen.

A 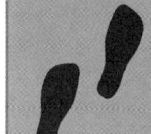 12

A1

Variation: Erweiterung der lokalen Präpositionen *in*, *an* und *auf*

1. Gehen Sie vor wie auf Seite 7 beschrieben. Wenn die TN Lust haben, können sie die Variationsübung als Streitgespräch vorführen.
2. Notieren Sie einige Beispiele an der Tafel:

Wohin fahren wir?		
an		
der	*das*	*die*
An _____ Atlantik.	An _____ Meer.	An _____ Küste.
An _____ Strand.		An _____ Elbe.
An _____ See.		
An _____ Bodensee.		
An _____ Rhein.		
auf		
	Auf _____ Land.	Auf _____ Insel.
in		
In _____ Schwarzwald.		In _____ Wüste.
In _____ den Süden/Norden ...		
In _____ Dschungel.		

3. Bitten Sie die TN, die Lücken an der Tafel selbst zu ergänzen. Erinnern Sie die TN ggf. daran, dass auf die Frage *Wohin?* die Artikel *den, das, die* stehen (= Akkusativ). Wer einen Artikel ergänzt hat, gibt den Stift / die Kreide an einen anderen TN weiter. Die anderen kontrollieren und korrigieren ggf., so dass die Tafelanschrift am Ende korrekt ist und von allen ins Heft übertragen werden kann. Machen Sie anhand des Tafelbildes noch einmal bewusst, welche Präpositionen man im Zusammenhang mit den verschiedenen Landschaftsformen gebraucht. Verweisen Sie die TN auch auf den Grammatikspot im Buch.

Arbeitsbuch 1–2: als Hausaufgabe; **3:** in Sillarbeit oder Partnerarbeit

A2

Anwendungsaufgabe zu den lokalen Präpositionen

1. Die TN hören sechs unterschiedliche Geräuschsequenzen und ordnen ihnen jeweils das passende Bild zu.
2. Abschlusskontrolle im Plenum. Lassen Sie die TN noch einmal mit eigenen Worten berichten, wohin Julius der Reihe nach fährt. Achten Sie dabei auf die korrekte Verwendung der Präpositionen und Artikel.
   Lösung: 2 in die Wüste; 3 in die Berge; 4 ans Meer; 5 aufs Land; 6 an den Bodensee

Arbeitsbuch 4: in Stillarbeit

A3

Anwendungsaufgabe zu den lokalen Präpositionen auf die Frage *Wo?* bzw. *Wohin?*

1. Klären Sie zusammen mit den TN zunächst die Situation auf dem Bild und notieren Sie einige Beispiele an der Tafel:

Wohin?	*Wir könnten im Sommer doch in die Berge fahren!*	*– **In die** Berge? Nein!*
Wo?		*– **In den** Bergen ist es zu langweilig.*
...		

2. Machen Sie anhand des Tafelbildes deutlich, dass nach den Präpositionen *in, an* und *auf* die Artikel *dem, der, den* (Wo? → Dativ) oder *den, das, die* (Wohin? → Akkusativ) stehen können. Erinnern Sie die TN in diesem Zusammenhang auch daran, dass *in* und *nach* vor Städtenamen sowie vor den meisten Ländernamen ohne Artikel benutzt werden. Verweisen Sie die TN auch auf den Grammatikspot im Buch.

12  **A**

Wir fahren **an den** Atlantik.

Lokale Präpositionen *in, an* und *auf*
Lernziel: Die TN können über Reiseziele sprechen.

Materialien
A3 Reiseprospekte, Reisekataloge
A4 Kärtchen, Kopiervorlage zu A4 (im Internet)

3. Die TN finden sich paarweise zusammen und suchen sich einen Reiseprospekt oder -katalog aus, in dem sie ein wenig blättern und einige Reiseziele auswählen können. Die TN lesen dann den Beispieldialog im Buch und handeln mit ihrer Partnerin / ihrem Partner aus, wohin sie gemeinsam fahren wollen. Die Stichpunkte im Redemittelkasten sowie die beiden Grammatikspots helfen ihnen dabei.
Hinweis: Diese Aufgabe ist auch eine gute Vorbereitung auf die mündliche Prüfung von *Start Deutsch 2z*, in der die TN sich ebenfalls auf etwas einigen müssen.

Arbeitsbuch 5–7: als Hausaufgabe; **8–9:** in Stillarbeit; **10:** als Hausaufgabe

A4   **Aktivität im Kurs: Ratespiel**

1. Drei TN lesen das Beispiel mit verteilten Rollen vor. Schreiben Sie ggf. drei andere Begriffe auf eine Karte und lassen Sie die TN raten, wo Sie sich befinden.
2. Die TN bilden Kleingruppen von 3–4 TN. Jeder überlegt sich ein Reiseziel und schreibt jeweils drei dazu passende Gegenstände auf eine Karte. Anschließend lesen die TN ihren Mitspielern vor, welche Gegenstände sie im Gepäck haben, und lassen ihre Mitspieler raten, wo sie gerade Urlaub machen.
Variante: Wenn Sie nicht viel Zeit haben oder das Ratespiel etwas gelenkter gestalten wollen, können Sie die Kopiervorlage zu A4 (im Internet) kopieren und an die TN verteilen. Weiter wie oben beschrieben.

Materialien
B1 gebastelte Hotelschlüssel (mit Anhänger für Zimmernummer)
B2 physische und/oder politische Landkarte D-A-CH
B5 Kopiervorlage L12/B5

Schöne Apartments mit **großem** Balkon.

Adjektivdeklination ohne Artikel
<mark>**Lernziel:** Die TN können Kleinanzeigen und Werbeaussagen zu Urlaubsunterkünften verstehen.</mark>

B1 **Präsentation der Adjektivdeklination ohne Artikel im Nominativ und Dativ**

1. Deuten Sie auf Foto 6 der Foto-Hörgeschichte und fragen Sie die TN, ob sie sich noch daran erinnern, für welches Angebot Simon sich interessiert.
2. Die TN hören noch einmal, was Simon seinem Vater vorliest, und ergänzen den Anzeigentext im Buch.
3. Abschlusskontrolle im Plenum. *Lösung:* Schöne; großem; freiem; Ruhige
4. Notieren Sie dann Folgendes an der Tafel:

```
der Balkon        →  groß_____ Balkon
das Zimmer        →  groß_____ Zimmer
die Lage          →  ruhig_____ Lage
die Apartments    →  schön_____ Apartments
```

Ergänzen Sie das Tafelbild gemeinsam mit den TN und markieren Sie die Endungen der Artikel bzw. der Adjektive im Nominativ farbig, so dass der Zusammenhang deutlich wird:

```
der Balkon        →  großer Balkon
das Zimmer        →  großes Zimmer
die Lage          →  ruhige Lage
die Apartments    →  schöne Apartments
```

5. Verfahren Sie ggf. mit dem Dativ ebenso. Erinnern Sie die TN an dieser Stelle an die Adjektivdeklination nach dem unbestimmten und nach dem bestimmten Artikel, die sie bereits in Lektion 9 und Lektion 10 kennen gelernt haben. Zeigen Sie anhand des Tafelbildes, dass Adjektive, denen kein Artikel vorausgeht, die Endungen des Artikels übernehmen.
6. *fakultativ:* Bilden Sie mehrere Hotelteams und ein Gästeteam. Jedes Hotelteam gibt seinem Hotel einen Namen und bastelt einen Hotelschlüssel. Jedes Hotelteam formuliert einen Anzeigentext, in dem es sein Hotel mit möglichst vielen Details anpreist. Das Gästeteam formuliert einen Anzeigentext, aus dem möglichst genau hervorgeht, was für ein Hotel es sucht. Gehen Sie herum und helfen Sie bei Unklarheiten. Anschließend stellen sich die verschiedenen Hotels vor und das Gästeteam entscheidet, welches Hotel seinen Vorstellungen am ehesten entspricht. Zur Kontrolle wird der Anzeigentext des Gästeteams vorgelesen, bevor das auserwählte Hotel den Gästen ihren Zimmerschlüssel überreicht.

B2 **Leseverstehen: Zuordnung von Bild und Text**

1. Bringen Sie nach Möglichkeit eine politische und eine physische Landkarte der deutschsprachigen Länder mit und hängen Sie sie im Kursraum auf. Die TN suchen nach den angegebenen Regionen und lokalisieren sie auf der Landkarte. Geben Sie den TN, wenn nötig, etwas Hilfestellung, indem Sie den TN Anhaltspunkte für das Auffinden geben.
   Variante: Wenn Sie keine Landkarte zur Hand haben, können Sie sich mit der Karte in der vorderen Umschlagseite des Kursbuchs behelfen.
2. Die TN lesen Text A. Fragen Sie sie nach dem passenden Foto.
3. Die TN lesen die übrigen Texte in Stillarbeit und ordnen sie den Fotos zu.
4. Abschlusskontrolle im Plenum. Fragen Sie die TN nach Begründungen für die jeweilige Zuordnung. Sie sollten Ihnen passende Hinweise aus dem Text nennen können. Erklären Sie, wenn nötig, die Landeskennzeichen D, A und CH, die unter den Bildern in Klammern stehen.
   Lösung: A Schleswig-Holstein; B Mecklenburger Seenplatte; C Luzern; D Salzkammergut
5. Gehen Sie nun noch einmal auf die Adjektivendungen ein, indem Sie die TN zunächst bitten, in Stillarbeit alle Adjektive in den vier Anzeigentexten zu unterstreichen. Die TN tragen die Adjektive in selbst erstellte Formentabellen ein. Abschlusskontrolle an der Tafel:

der	das	die	die	dem	dem	der	den
wunderschöner Campingplatz						in ruhiger Lage	

6. Weisen Sie die TN anhand des Grammatikspots auf die Adjektivendung ohne Artikel im Akkusativ hin. Machen Sie auch ein Beispiel für Femininum und Neutrum an der Tafel, wenn nötig.

45 LEKTION 12

12		B	**Schöne** Apartments mit **großem** Balkon.	Materialien
			Adjektivdeklination ohne Artikel	B5 Kopiervorlage L12/B5

Lernziel: Die TN können Kleinanzeigen und Werbeaussagen zu Urlaubsunterkünften verstehen.

B3   **Leseverstehen: Urlaubswünsche und -ziele erkennen**

1. Die TN lesen Aufgabe a) und die vier Anzeigen aus B2. Fragen Sie die TN, welches Angebot für die Familie am besten passt, und bitten Sie die TN, ihre Entscheidung auch zu begründen.
2. Die TN lesen die übrigen Reisewünsche und ordnen ihnen die passenden Anzeigentexte zu.
3. Abschlusskontrolle im Plenum. *Lösung:* a) D; b) C; c) B; d) A

B4   **Anwendungsaufgabe zur Adjektivdeklination ohne Artikel**

1. Die TN finden sich paarweise zusammen und ergänzen gemeinsam die Adjektivendungen in den Anzeigentexten.
2. Abschlusskontrolle im Plenum. *Lösung:* a) Schöner; b) günstiges; c) Preiswerte; d) kleine; zentraler; freundliche

Arbeitsbuch 11–12: als Hausaufgabe; **13–14:** in Stillarbeit

B5   **Aktivität im Kurs: über persönliche Vorlieben/Präferenzen der Unterbringung sprechen**

1. Fragen Sie einen TN exemplarisch, welche Unterkunft aus B2 sie/er wählen würde und warum. Erinnern Sie die TN, wenn nötig, an dieser Stelle noch einmal daran, dass man für hypothetische Äußerungen und Wünsche *würde* + Infinitiv benutzt.
2. Die TN finden sich zu Kleingruppen von 3–4 TN zusammen und sprechen über die Unterkünfte aus B2. Gehen Sie herum und achten Sie darauf, dass die TN ihre Entscheidung begründen. Wenn die TN am Thema interessiert sind, können Sie die Aufgabe erweitern und mit den TN allgemein über ihre Vorlieben bei Urlaubsunterkünften sprechen.
   Variante: Wenn Ihr Kurs nicht allzu groß ist (10–16 TN), können die TN auch im Plenum über die Urlaubsunterkünfte sprechen. Erfahrungsgemäß haben es die TN gern, wenn auch Sie als Kursleiterin/Kursleiter mitdiskutieren.
3. *fakultativ:* Geben Sie die Aufgabe im Anschluss an das Kursgespräch als schriftliche Hausaufgabe: Die TN schreiben einen kurzen Text über Unterbringungswünsche/-präferenzen auf Reisen. Beim Schreiben haben die TN mehr Zeit zur Reflexion und können ihre Meinung noch differenzierter darstellen. Sammeln Sie die Texte ein und korrigieren Sie sie.
4. Wenn Sie mit den TN die Formen der Adjektivdeklination (mit bestimmtem, unbestimmtem und ohne Artikel) noch weiter üben möchten, verteilen Sie die Kopiervorlage L12/B5. **Ungeübte TN** können sich, wenn sie möchten, auf Übung 1 beschränken. Abschlusskontrolle im Plenum. Zeigen Sie Sylt auf der Deutschlandkarte im Umschlag.
   Lösung: kleine; Schöne, gemütliche, großer, herrlichem, kleinen; ganzen; einziges; kleinen, passende; langen, wunderschöne, alten, kleinen; schöne, großen, tollen, kleinen; große, langen; langen; kleine; wunderbaren, nahe; herrliche

Eine Reise buchen

Gespräche im Reisebüro
Lernziel: Die TN können im Reisebüro Informationen einholen und eine Reise buchen.

C1   Hörverstehen: eine Reiseroute; Präsentation eines Gesprächs im Reisebüro

1. Fragen Sie mit Verweis auf die Landkarte im Buch: „Wo beginnt Hanna ihre Reise?" und „Was ist ihr erstes Reiseziel?"
2. Die TN hören den Anfang eines Gesprächs im Reisebüro. Erklären Sie den TN, dass sie besonders auf die Orte der Reise achten und die Reiseroute in die Landkarte einzeichnen sollen. Die TN vergleichen ihre Notizen mit ihrer Partnerin / ihrem Partner.
3. Fragen Sie die TN, mit welchen Verkehrsmitteln Hanna ab Leipzig weiterreist. Die TN hören das Gespräch noch einmal und ergänzen die Tabelle.
4. Abschlusskontrolle im Plenum. Achten Sie darauf, dass die TN die lokalen Präpositionen *von* und *nach* sowie die Präposition *mit* (*Schritte 2*, Lektion 11) korrekt gebrauchen.
   Lösung: 2 von Leipzig nach Helgoland: mit dem Flugzeug, mit dem Schiff; 3 von Helgoland nach Bremerhaven: mit dem Schiff; 4 von Bremerhaven nach Düsseldorf: mit dem Auto
5. *fakultativ:* Kopieren Sie die Kopiervorlage L12/C1 für alle. Die TN finden sich paarweise zusammen und beschreiben sich gegenseitig ihre Reiseroute. Auf diese Weise wenden die TN die Redemittel aus der Hörübung aktiv an.
   Hinweis: Wenn Sie das Hörverstehen nicht unterbrechen möchten, können Sie die Kopiervorlage auch nach C2 einsetzen.

C2   Hörverstehen: Detailinformationen zu einer Reise verstehen

1. Die TN lesen die drei Aussagen und hören dann das Gespräch im Reisebüro weiter. Sie kreuzen eine Lösung an.
2. Abschlusskontrolle im Plenum. Weisen Sie die TN auch auf den Infospot hin. *Lösung:* a) richtig; b) richtig; c) falsch

Arbeitsbuch 15–17: als Hausaufgabe

C3   Aktivität im Kurs: Rollenspiel

1. Die TN lesen die Anzeigen. Fragen Sie dann, was die beiden Reisebüros jeweils anbieten. Fragen Sie die TN auch, ob sie Bus- oder Flugreisen bevorzugen und warum.
2. Die TN finden sich paarweise zusammen und einigen sich auf die Rollenverteilung. Jeder liest seine Rollenkarte:
   a) **Ungeübte TN** konzentrieren sich auf die Redemittel im Buch und formulieren das Beratungsgespräch schriftlich aus. Anschließend spielen sie es einige Male durch, um es schließlich nach Möglichkeit ohne Textstütze vorspielen zu können.
   b) **Geübte TN** können über die Vorgaben hinaus weitere Informationen zum Reiseverlauf wie z.B. Aufenthalt, umsteigen etc. einholen und das Gespräch frei formulieren. Selbstverständlich können sie auch auf die Redemittel im Buch zurückgreifen. Gehen Sie herum und helfen Sie bei Unklarheiten.
3. Lassen Sie einige Gespräche im Plenum vorspielen. Da es in großen Kursen ermüdend sein kann, wenn alle auf einmal ihr Gespräch präsentieren, verteilen Sie die Präsentation auf mehrere Unterrichtsstunden.
   Variante: Bringen Sie nach Möglichkeit Reiseanzeigen aus der Zeitung oder Flyer von Reiseagenturen mit in den Kurs, um die Situation für die TN authentischer zu gestalten. Die TN haben so das Gefühl, sich mit Hilfe der Dialogarbeit gezielt auf reale Gesprächssituationen vorbereiten zu können. Dazu kommt, dass Sie so ein breiteres Spektrum an Reiseangeboten an die TN verteilen können und auf diese Weise die Präsentation für alle interessanter wird.

Arbeitsbuch 18: in Stillarbeit oder als Hausaufgabe

C4   Aktivität im Kurs: von eigenen Reisen berichten

1. Die TN lesen die Fragen a) bis d) im Buch. Fragen Sie dann einen TN, welche Länder sie/er zuletzt bereist hat, wie lange sie/er unterwegs war usw. Die anderen TN stellen weitere Fragen und berichten dann auch selbst über ihre Reisen. Erfahrungsgemäß erzählen die TN gerne von vergangenen Reisen und sind auch neugierig, was die anderen zu berichten haben. Die Fragen im Buch dienen als Leitfragen, die jederzeit um weitere Aspekte ergänzt werden können.
   Variante: Wenn Sie einen sehr großen Kurs haben, bietet es sich an, die TN in Gruppen einzuteilen, damit es nicht langweilig wird, allen TN einer großen Gruppe zuzuhören. Gehen Sie herum und sprechen Sie jeweils ein paar Minuten mit jeder Gruppe, bevor Sie zur nächsten Gruppe wechseln.
2. *fakultativ:* Die TN schreiben als Hausaufgabe einen kurzen Bericht über ihre letzte Reise. Bitten Sie sie, dabei besonders auf die Leitfragen aus dem Buch einzugehen. Sammeln Sie die Texte ein und korrigieren Sie sie.

12   **D**   Postkarten schreiben

Einladungen schreiben und Vorschläge machen
Lernziel: Die TN können private Postkarten schreiben, jemanden einladen und unterschiedliche
Aktivitäten vorschlagen und beschreiben.

Materialien
D3 Kopiervorlage zu D3 (im Internet)
Projekt: Landkarte Ihrer Region

D1   **Leseverstehen 1: Hauptinformationen entnehmen**

1. Die TN sehen sich die Fotos im Buch an. Fragen Sie die TN, ob sie eine der Städte oder Gegenden kennen oder wo das sein könnte. Die TN stellen Vermutungen an oder umschreiben die abgebildeten Orte mit *in den Bergen, auf dem Land* ... Wenn jemand bereits in Frankfurt war und die Stadt auf dem oberen Bild wiedererkennt, kann sie/er kurz berichten, was es dort zu sehen gibt.
2. Die TN lesen die drei Postkartentexte und ordnen sie dem passenden Foto zu. Wer schon fertig ist, kann neuen Wortschatz für alle im Wörterbuch nachschlagen und später bei Worterklärungen behilflich sein.
3. Abschlusskontrolle im Plenum. Geben Sie dabei auch Gelegenheit zu Wortschatzfragen.
   Lösung: <u>oben:</u> Text B; <u>Mitte:</u> Text C; <u>unten:</u> Text A

D2   **Leseverstehen 2: den wesentlichen Inhalt verstehen**

1. Die TN sehen sich die Rubriken in der Tabelle an. Fragen Sie die TN, welche Vorschläge Thorsten für den Besuch von Lukas macht. Die TN lesen Postkarte A noch einmal und ergänzen die Tabelle. Besprechen Sie die Lösungen im Plenum.
2. Verfahren Sie mit den Postkarten B und C ebenso.
   Lösung:

Vorschläge	Sport	Kultur	Essen/Trinken	Ausflüge
Karte A	Wandern, Fußballstadion	–	–	(in die Berge)
Karte B	–	der Römer (= das Rathaus), die alte Oper, das Museumsufer, Kneipen, Museen	Apfelwein, Grüne Soße	–
Karte C	Rad fahren, spazieren gehen	–	–	mit dem Schiff nach Helgoland

Arbeitsbuch 19–20: in Stillarbeit oder Partnerarbeit

D3   **Anwendungsaufgabe: eine Postkarte schreiben**

1. Die TN lesen die Aufgabenstellung. Stellen Sie sicher, dass alle TN verstanden haben, was sie tun sollen und welche Punkte sie in ihrer Postkarte berücksichtigen sollen. Die TN entscheiden selbst, ob sie die Postkarte alleine oder zusammen mit ihrer Partnerin / ihrem Partner schreiben wollen. Die Vorlage im Buch dient als Orientierung, sie kann selbstverständlich verändert und/oder erweitert werden. Gehen Sie herum und helfen Sie bei Unklarheiten.
   Hinweis: Die TN haben bereits in *Schritte 2,* Lektion 14 gelernt, wie man einfache Einladungen verfasst. Während sie sich auf Niveau A1 im Wesentlichen auf Termin- und Ortsangaben beschränken mussten, sollten sie jetzt zeigen, wie sich ihre Kenntisse erweitert haben.
   Variante: Wenn Sie wenig Zeit im Kurs haben und ihre TN gut selbstständig arbeiten können, können Sie die Aufgabe auch als Hausaufgabe aufgeben.
2. *fakultativ:* Wenn Sie Ihren TN zwei weitere Vorlagen zur Auswahl geben möchten, können Sie die Kopiervorlage zu D3 (im Internet) kopieren und an die TN verteilen. Die TN entscheiden selbst, welche Vorlage sie bearbeiten möchten. Sammeln Sie die Postkarten ein und geben Sie sie am nächsten Tag mit Korrekturhinweisen (siehe den Tipp unten) an die TN zurück.

TIPP   Wenn Ihre TN mit oder ohne Vorlage einen Text schreiben, sollten Sie diesen nach Möglichkeit einsammeln und mit Korrekturhinweisen versehen. Erfahrungsgemäß ist es wenig effektiv, die Fehler lediglich zu korrigieren, d.h. beispielsweise einen falschen Artikel durch den richtigen zu ersetzen. In diesem Fall denken nur die wenigsten TN über ihre Fehler nach, sondern akzeptieren die Korrektur und legen den Text zur Seite. So werden sie denselben Fehler voraussichtlich immer wieder machen. Wenn Sie die Fehlerquelle dagegen nur markieren und Ihren TN einen Hinweis geben, dass sie z.B. die Pluralendung vergessen haben, können die TN sich selbst korrigieren und dabei etwas lernen. In diesem Fall sollten Sie ihnen die Gelegenheit geben, ihren Text noch einmal abzugeben und durchsehen zu lassen. Dieses Korrekturverfahren nimmt zwar zunächst mehr Zeit in Anspruch, ist jedoch langfristig gesehen wesentlich effektiver. Wenn Sie das erste Mal mit Korrekturhinweisen arbeiten, sollten Sie den TN kurz erklären, welche Korrekturzeichen Sie verwendet haben. Sie können z.B. mit unterschiedlichen Farben für Orthographie, Grammatikfehler etc. arbeiten, sollten dann aber während der gesamten Kursdauer bei denselben Farben bleiben, um die TN nicht zu verwirren.

Arbeitsbuch 21: in Stillarbeit oder Partnerarbeit; **22–23:** in Stillarbeit: a) **Ungeübte TN** bearbeiten Übung 22, b) **geübte TN** bearbeiten Übung 23. Lassen Sie die TN selbst entscheiden, welcher „Gruppe" sie angehören.

Postkarten schreiben

Einladungen schreiben und Vorschläge machen
Lernziel: Die TN können private Postkarten schreiben, jemanden einladen und unterschiedliche
Aktivitäten vorschlagen und beschreiben.

D  12

PROJEKT **Arbeitsbuch 24:** Bringen Sie nach Möglichkeit eine Landkarte der Region mit in den Unterricht und sammeln Sie mit den TN an der Tafel Ausflugsziele, die sie bereits kennen. Fragen Sie auch, welche Ausflüge sich besonders für die Personengruppen (ältere Menschen, junge Leute, Familien) eignen. Die TN finden sich nach Interesse zu Projektgruppen zusammen und holen außerhalb des Unterrichts Informationen über Ausflugsziele für „ihren" Personenkreis ein. Überlegen Sie gemeinsam, wo die TN Informationen bzw. Materialien dieser Art erhalten können und helfen Sie ihnen beim Heraussuchen von Adressen / der Adresse des Fremdenverkehrsbüros. Vereinbaren Sie mit den TN einen Termin, an dem die gesammelten Materialien im Kurs sortiert, systematisiert und abschließend präsentiert werden sollen. Im Plenum diskutieren die TN über die verschiedenen Vorschläge und einigen sich auf das „beste" Ausflugsziel, das für alle Leute geeignet ist.
Hinweis: Wenn Ihr Kursort sehr klein ist und kein eigenes Fremdenverkehrsbüro hat, können Sie vorab einige Materialien vom Fremdenverkehrsamt Ihrer Region oder der nächstgrößeren Stadt anfordern und die Materialien im Unterricht sichten lassen. In diesem Fall könnten Sie aber auch ein Interviewprojekt daraus machen, d.h. die TN fragen Passanten der gewählten Altersgruppe nach Ausflugstipps und präsentieren diese im Kurs.

Arbeitsbuch 25–27: im Kurs

12   **E**   Eine Traumreise planen

Urlaubspläne und Reisewünsche

Lernziel: Die TN können aus mehreren Optionen etwas Passendes auswählen und sich bei einer
Diskussion auf einen Vorschlag einigen.

Materialien
E1–E4 Plakate, dicke Stifte
E4 Kopiervorlage L12/E4
Lerntagebuch: auf Folie
Test zu Lektion 12

Arbeitsbuch 28: in Partnerarbeit. Abschlusskontrolle im Plenum.

E1   Vorlieben und Abneigungen ausdrücken

1. Schreiben Sie die vier Urlaubstypen auf je ein Plakat und hängen Sie in jede Zimmerecke eins. Die TN lesen die
   Kurzbeschreibungen zu den vier Urlaubstypen in ihrem Buch. Gehen Sie herum und gehen Sie individuell auf
   Wortschatzfragen der TN ein.
2. Die TN entscheiden sich für einen der vier Urlaubstypen und stellen sich in die entsprechende Ecke. Fragen Sie einzelne TN
   aus jeder Gruppe, warum sie sich für diesen Urlaubstyp entschieden haben. Was ist für sie/ihn im Urlaub wichtig bzw.
   unwichtig?

E2   Aktivität im Kurs: eine gemeinsame Traumreise planen

1. Sammeln Sie mit den TN an der Tafel Ausdrucksmöglichkeiten dazu, wie man Ablehnung bzw. Zustimmung zu einem
   Vorschlag ausdrücken und neue Vorschläge ins Gespräch bringen kann.
2. Die TN lesen die Aufgabe und das Beispiel und diskutieren dann in der Gruppe mögliche Reiseziele. Sie sollten sich auch
   über den Reisetermin, die Reisedauer, das Reisemittel, die Unterkunft einigen und sich darüber beraten, was sie mitnehmen
   und was sie während der Reise machen wollen. Die Redemittel an der Tafel und im Buch helfen ihnen bei der Diskussion.
   Gehen Sie herum und hören Sie in die Gruppengespräche hinein. Wenn in einer Gruppe keine richtige Diskussion in Gang
   kommt, helfen Sie mit ein paar Fragen oder provokativen Vorschlägen nach.
   Hinweis: Diese Aufgabe dient auch als Vorbereitung auf die mündliche Prüfung von *Start Deutsch 2z*, wo die
   Prüfungsteilnehmer ebenfalls im Laufe einer Diskussion über ein bestimmtes Thema zu einer Einigung kommen sollen.

   ❗ Gehen Sie an dieser Stelle nicht auf die Verwendungsmöglichkeiten von *lassen* ein. *Lass uns doch ...!* sollte zunächst als
   ● Formel gelernt werden.

E3   Aktivität im Kurs: ein Plakat erstellen

Sobald die TN in den Gruppen eine Einigung über das gemeinsame Reiseziel, den Reisetermin etc. erzielt haben, entwerfen sie
ein Plakat nach dem Muster im Buch. Wenn Sie für E1 bereits Plakate benutzt haben, können die TN diese weiter verwenden.

TIPP   Wenn die TN die Ergebnisse einer freieren Aufgabe oder eines Projekts in Form eines Plakats präsentieren, sollte nur das
Wichtigste in Stichpunkten auf dem Plakat stehen, dies aber möglichst groß. Die Detailinformationen erfahren die
Zuhörer dann in der mündlichen Präsentation. Das Plakat dient dabei als Gedankenstütze, bietet aber keine vollständigen
Sätze, die abgelesen werden können. Auf diese Weise können Sie das freie Sprechen der TN fördern.

E4   Aktivität im Kurs: Präsentation der Traumreisen

1. Die TN hängen ihre Plakate gut sichtbar im Kursraum auf. Jede Gruppe stellt ihr Plakat gemeinsam dem Plenum vor. Die
   anderen hören zu und stellen ggf. Rückfragen. Achten Sie bei der Präsentation darauf, dass alle TN einer Gruppe aktiv sind
   und jeweils einen Teil der Reiseplanung vorstellen. Denken Sie auch daran, die Ergebnisse angemessen zu honorieren, z.B. in
   Form von Applaus.
2. *fakultativ:* Wenn Sie das Thema „Urlaubstypen" noch vertiefen möchten und die TN auf die Prüfung *Start Deutsch 2z*
   vorbereiten möchten, verteilen Sie die Kopiervorlage L12/E4. Ähnlich wie im Prüfungsteil Lesen, Teil 3 sollen die TN hier für
   die vier Urlaubstypen ein passendes Reiseangebot auswählen. Weisen Sie die TN darauf hin, dass nicht alle Angebote
   passen.
   Lösung: A: Anzeige 5; B: Anzeige 1; C: Anzeige 3; D: Anzeige 6

Arbeitsbuch 29: im Kurs

LERN
TAGEBUCH   **Arbeitsbuch 30:** Kopieren Sie das Lerntagebuch auf Folie und ergänzen Sie das Wortfeld „Meer" gemeinsam im Kurs. Regen Sie
die Fantasie der TN an, indem Sie gezielt fragen, welche Gerüche, Geräusche ... ihnen bei dem Wort „Meer" einfallen. Fordern
Sie die TN dann auf, in Kleingruppen oder als Hausaufgabe zu den Themen „Stadt" und „Land" ebenfalls ein Wortfeld der Sinne
zu erstellen.

PRÜFUNG   **Arbeitsbuch 31:** Diese Übung bereitet auf den Prüfungsteil Hören, Teil 2 der Prüfung *Start Deutsch 2z* vor. Die TN sollten zuerst
die Aufgabenstellung und die Antwortmöglichkeiten aufmerksam lesen.

Einen Test zu Lektion 12 finden Sie auf Seite 112 f.

AUF DER BANK

Folge 13: *Die Geheimzahl*
Einstieg in das Thema: Kontoeröffnung

13

1   Vor dem Hören: Vorwissen aktivieren

1. Bringen Sie nach Möglichkeit die Karten (EC-Karte, Telefonkarte etc.) in der Aufgabe mit und klären Sie mit den TN, um welche Art von Karte es sich jeweils handelt. Die Bücher bleiben dabei zunächst geschlossen.
2. Die TN sehen sich die Abbildungen im Buch an und ordnen zu.
   Lösung: A Telefonkarte; B Krankenversichertenkarte; C EC-Karte; D Kundenkarte

2   Vor dem Hören: Schlüsselwörter verstehen

1. Gehen Sie mit gezielten Fragen näher darauf ein, was man mit einer EC-Karte machen kann und was man dazu benötigt. Da die meisten TN vermutlich schon länger hier leben, können sie jetzt ihr in der Praxis erworbenes Wissen einbringen. Viele haben ein eigenes Konto bei der Bank und wissen, dass man mit einer EC-Karte überall in Europa und darüber hinaus Geld abheben kann, vorausgesetzt, man kennt die Geheimzahl. Mehr Wortschatz zum Thema „Bank" wird im Laufe dieser Lektion schrittweise aufgebaut.
2. Die TN lesen die Aussagen im Buch und entscheiden sich jeweils für eine der beiden Worterklärungen.
3. Abschlusskontrolle im Plenum. Geben Sie den TN ggf. Gelegenheit zu Wortschatzfragen, um sicher zu gehen, dass alle TN verstanden haben, worum es geht.
   Lösung: a) kaputt machen; b) Nur eine Person darf die Zahl kennen; c) holen

3   Beim ersten Hören

1. Fordern Sie die TN auf, die Foto-Hörgeschichte beim Hören mitzuverfolgen und herauszufinden, was Marias Problem ist und wie sie es am Ende lösen kann. Die TN hören die Foto-Hörgeschichte ggf. mehrmals.
2. Abschlusskontrolle im Plenum.
   Lösungsvorschlag: Maria hat ihre Geheimzahl vergessen. Durch Simons Frage erinnert sie sich wieder daran.

4   Nach dem ersten Hören: den wesentlichen Inhalt verstehen

1. Die TN finden sich paarweise zusammen. Sie sehen sich das Beispiel an und ordnen dann die übrigen Textteile. Auf diese Weise rekonstruieren sie die Geschichte.
2. Abschlusskontrolle im Plenum.
   Lösung: b) Sie will mit ihrer EC-Karte Geld vom Geldautomaten abheben. Aber sie hat leider ihre Geheimzahl vergessen. Ohne Geheimzahl kann man aber kein Geld abheben. c) Sie fragt den Angestellten am Bankschalter nach ihrer Geheimzahl. Er kann ihr aber nicht helfen. Nur sie kennt ihre Geheimzahl. d) Sie kommt enttäuscht nach Hause. Dort fällt ihr die Geheimzahl wieder ein – durch eine Frage von Simon!
3. *fakultativ:* Die TN schreiben die Zusammenfassung der Foto-Hörgeschichte noch einmal komplett in ihr Heft, um eine zusammenhängende Inhaltsangabe zu haben.
   Variante: **Geübte TN** können statt Aufgabe 4 versuchen, eine eigene Zusammenfassung der Foto-Hörgeschichte zu schreiben. Sie kontrollieren anschließend mit Hilfe von Aufgabe 4, dass sie keine wesentlichen Punkte vergessen haben.

5   Nach dem Hören: Kursgespräch über Erfahrungen mit Geheimzahlen

1. Fragen Sie die TN, ob ihnen so etwas Ähnliches auch schon einmal passiert ist und wie sie das Problem gelöst haben.
2. Stellen Sie dann weitere Fragen rund ums Thema Geld, z.B., ob man in ihren Heimatländern meistens bar bezahlt oder mit Karte usw. Die TN erhalten so Gelegenheit, ihre Erfahrungen einzubringen. Gleichzeitig wird der Wortschatz der Lektion teilweise vorentlastet.

13	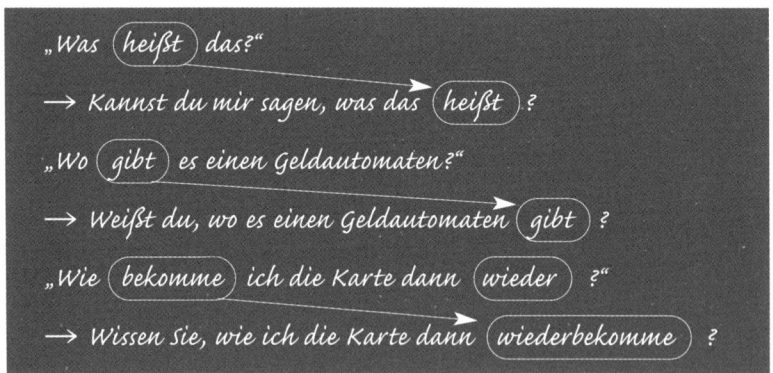	A	**Kannst du mir sagen, was das heißt?**	**Materialien**

Indirekte Fragen mit Fragepronomen
Lernziel: Die TN können sich am Bankschalter informieren.

Materialien
A2 auf Folie
A3 blaue und rote Satzkarten; Kopiervorlage zu A3 (im Internet)

A1 **Präsentation der indirekten Fragen mit Fragepronomen**

1. Deuten Sie noch einmal auf Foto 2 der Foto-Hörgeschichte und fragen Sie die TN, was Maria von Larissa wissen möchte. Die TN formulieren Marias Frage mit eigenen Worten.
2. Die TN hören Beispiel 1 und ergänzen die Lücke. Verfahren Sie mit den anderen zwei Beispielen genauso.
   Lösung: 1 was; 2 wo; 3 wie
3. Notieren Sie die drei Fragen aus den Beispielen an der Tafel:

„Was (heißt) das?"

→ Kannst du mir sagen, was das (heißt) ?

„Wo (gibt) es einen Geldautomaten?"

→ Weißt du, wo es einen Geldautomaten (gibt) ?

„Wie (bekomme) ich die Karte dann (wieder) ?"

→ Wissen Sie, wie ich die Karte dann (wiederbekomme) ?

Zeigen Sie den TN anhand des Tafelbildes, dass das Verb in der indirekten Frage ans Satzende rückt.
4. Verweisen Sie die TN auch auf den Grammatikspot im Buch und heben Sie hervor, dass diese Art der Frage mit allen Fragewörtern (wer, wie, wo, was, warum …) möglich ist und zusammen mit bestimmten einleitenden Formulierungen wie z.B. „Können Sie mir sagen, … ?" oder „Weißt du, …?" benutzt werden, um eine Frage höflich zu machen.

A2 **Anwendungsaufgabe zu indirekten Fragen mit Fragepronomen**

1. Zeigen Sie die Zeichnung zunächst mit Hilfe einer Folie. Die TN stellen Vermutungen zum Ort der Handlung an und überlegen, worüber die beiden Herren sprechen könnten. Wenn einige TN aus Ihrem Kurs bereits ein Konto haben, können sie den anderen erzählen, wie die Kontoeröffnung abgelaufen ist, was sie dazu benötigt haben usw. Notieren Sie neue Wörter an der Tafel mit.
2. Die TN lesen die beiden Sprechblasen im Buch. Geben Sie den TN Gelegenheit zu Wortschatzfragen.
3. Ein TN liest die direkte Frage in Beispiel a) laut vor. Deuten Sie noch einmal auf den Grammatikspot und erinnern Sie daran, dass man Fragen so höflicher formulieren kann. Der TN liest die Sprechblase und die indirekte Frage vor.
4. Die TN formen die direkten Fragen aus den Beispielen b) bis e) ebenfalls in indirekte Fragen um.
5. Abschlusskontrolle im Plenum. Klären Sie mit den TN ggf. unbekannten Wortschatz.
   Lösung: b) …, wie lange man auf die EC-Karte warten muss? c) …, wo man Geld abheben kann? d) …, wann hier die Banken geöffnet haben? e) …, wann ich die Kontoauszüge kriege?

Arbeitsbuch 1–4: in Stillarbeit oder als Hausaufgabe; **5–6:** in Stillarbeit

A3 **Aktivität im Kurs: Partnersuchspiel**

1. Zeigen Sie die Beispiele im Buch und machen Sie deutlich, dass auf dem blauen Kärtchen ein Problem und eine Frage notiert sind, auf dem roten Kärtchen eine passende Antwort bzw. ein Ratschlag. Jeder TN erhält nun ebenfalls ein blaues und ein rotes Kärtchen, auf das er eine eigene W-Frage bzw. die passende Antwort schreibt.
2. Notieren Sie in der Zwischenzeit noch einmal die höflichen Einleitungen für Fragen an der Tafel.
3. Anschließend werden die Karten eingesammelt, gemischt und neu verteilt. Jeder TN erhält wieder ein Frage- und ein Antwortkärtchen. Die TN lesen zunächst zu dritt das Beispiel im Buch und ergänzen es. Wer eine richtige Antwort geben kann, darf sein eigenes Fragekärtchen ins Spiel bringen und einem anderen TN eine Frage stellen. Wer richtig antworten kann, darf fortfahren.
   Variante: Wenn Sie sehr viele TN im Kurs haben, bietet es sich an, in Kleingruppen von 4–6 TN zu spielen. Dazu werden die Karten innerhalb der Kleingruppe gesammelt, gemischt und neu verteilt. Wenn Sie wenig Zeit im Unterricht haben oder die TN noch Schwierigkeiten mit dem selbstständigen Formulieren von Fragen haben, können Sie auch die Kopiervorlage zu A3 (im Internet) auf festes Papier kopieren und als Kartensatz verteilen. Die TN befragen sich gegenseitig, bis jeder seine Frage stellen konnte bzw. geantwortet hat. Gehen Sie herum und helfen Sie bei Unklarheiten.

Arbeitsbuch 7–8: im Kurs

Können Sie mal nachsehen, **ob** die Zahl in Ihrem Computer ist?

Indirekte Fragen mit Ja-/Nein-Fragen
Lernziel: Die TN können sich über Zahlungswege informieren

 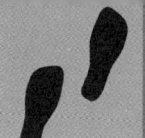 **B** **13**

B1 Variation: Präsentation der indirekten Fragen mit Ja-/Nein-Fragen
1. Die TN hören das Beispiel und lesen im Buch mit.
2. Schreiben Sie die Frage ggf. noch einmal an die Tafel und machen Sie deutlich, dass auch bei dieser Frage das Verb am Ende steht.

Können Sie mal nachsehen, [ob] *die Zahl in Ihrem Computer* (ist) ?

Fragen Sie die TN, wie die direkte Frage lautet und schreiben Sie sie unter die indirekte Frage. Zeigen Sie anhand des Beispiels auf, dass bei Fragen, die mit Ja oder Nein beantwortet werden, nach einleitenden Höflichkeitsformeln *ob* eingefügt werden muss. Verweisen Sie die TN anschließend auch auf den Grammatikspot im Buch.
3. Gehen Sie weiter vor wie auf Seite 7 beschrieben.

B2 Erweiterung des Wortfelds „Bank"
1. Diese Aufgabe dient der Vorbereitung von B3. Die TN lesen Beispiel a) im Buch.
2. Die TN finden sich paarweise zusammen und ordnen den neuen Wörtern die passenden Erklärungen zu.
3. Abschlusskontrolle im Plenum.
   Lösung: b) in Raten zahlen: Man bezahlt nicht auf einmal, sondern z.B. monatlich einen bestimmten Betrag. c) Geld überweisen: Man zahlt nicht direkt, sondern von einem Konto auf ein anderes. d) die Bankverbindung, -en: Das sind die Kontonummer und die Nummer der Bank, die Bankleitzahl. e) die Zinsen: Man bezahlt sie, wenn man sich Geld ausleiht. Oder man bekommt sie, wenn man Geld spart.

Arbeitsbuch 9–11: in Stillarbeit oder als Hausaufgabe

B3 Anwendungsaufgabe zu indirekten Fragen mit Ja-/Nein-Fragen
1. Sehen Sie sich mit den TN Bild 1 an und klären Sie gemeinsam die Situation. Zwei TN lesen den Dialog vor und ergänzen dabei die indirekte Frage mit Hilfe der angegebenen Redemittel.
2. Die TN finden sich paarweise zusammen und ergänzen die übrigen Dialoge.
3. Abschlusskontrolle im Plenum.
   Lösung: 1 …, ob ich in Raten zahlen kann? 2 …, ob Sie auch Kreditkarten akzeptieren? 3 …, ob ich das Geld auch überweisen kann?
4. Weisen Sie Ihre TN an dieser Stelle auch auf die Wortstellung in indirekten Fragen mit Modalverben hin. Machen Sie ggf. ein Beispiel an der Tafel:

(Kann) *ich in Raten* (zahlen) ?   *Weißt du,* [ob] *ich in Raten* (zahlen) (kann) ?
Position 1   *Satzende*

Machen Sie anhand des Tafelbildes deutlich, dass *können* in der direkten Frage am Satzanfang steht, in der indirekten Frage aber am Satzende stehen muss.
5. *fakultativ:* Die TN finden sich paarweise zusammen. Kopieren Sie die Kopiervorlage L13/B3 für jedes Paar und zerschneiden Sie sie in die Teile A und B. Die TN erfragen gegenseitig die ihnen fehlenden Informationen auf ihrem Abschnitt.

Arbeitsbuch 12: in Partnerarbeit; **13–16:** in Stillarbeit oder als Hausaufgabe

B4 Aktivität im Kurs: Partnerinterview
1. Die TN lesen die beiden Beispiele im Buch.
2. Notieren Sie die Satzanfänge „Ich wollte dich fragen, …" und „Ich würde gern wissen, …" an der Tafel. Die TN finden sich paarweise zusammen und notieren zunächst fünf Fragen für ihre Partnerin / ihren Partner. a) **Ungeübte TN** formulieren die indirekten Fragen schriftlich, bevor sie ihre Partnerin / ihren Partner fragen. b) **Geübte TN** notieren direkte Fragen und formulieren die indirekten Fragen dann im Gespräch mündlich. Wer fertig ist, überlegt sich weitere Fragen, ohne diese vorher aufzuschreiben.

LERN
TAGEBUCH

Arbeitsbuch 17: Lesen Sie zusammen mit den TN die Einträge im Lerntagebuch. Die TN finden in Partnerarbeit oder Stillarbeit weitere Beispiele für die beiden Kategorien. Gehen Sie herum und korrigieren Sie, wenn nötig. Wer möchte, kann die Liste zu Hause um weitere Beispiele ergänzen.

13 **C** Ich musste mir eine neue Karte
ausstellen **lassen**.

Das Verb *lassen*
Lernziel: Die TN können über Dienstleistungen sprechen.

Materialien
C2 als Arbeitsblatt für geübte TN (ohne
 Schüttelkasten)
C3 Kopiervorlage L13/C3

C1 **Variation: Präsentation des Verbs *lassen***

1. Die TN sehen sich das Foto an, das sie bereits aus der Foto-Hörgeschichte kennen, und versuchen sich daran zu erinnern, was passiert war.
2. Gehen Sie weiter vor wie auf Seite 7 beschrieben.
3. Klären Sie die Bedeutung des Verbs *lassen*, indem Sie fragen, ob man sich z.B. auch selbst eine neue EC-Karte ausstellen oder sich selbst Geld auszahlen kann. Notieren Sie an der Tafel:

> *Die Bank stellt mir eine neue Karte aus.* <u>aber:</u> *Ich (lasse) mir eine neue Karte (ausstellen) .*
>
> *Die Bank zahlt mir das Geld aus.* <u>aber:</u> *Ich (lasse) mir das Geld am Schalter (auszahlen) .*

Weisen Sie die TN darauf hin, dass das Verb *lassen* immer dann benutzt wird, wenn man etwas nicht selbst machen kann oder will.

! Gehen Sie nur in Kursen mit überwiegend geübten TN auch auf die Bedeutung „erlauben" ein (Ich lasse meine Kinder abends noch Schokolade essen).

4. Notieren Sie abschließend Beispiele für Zeitausdrücke ohne Präposition an der Tafel. Lassen Sie sich dabei von den TN helfen. Verweisen Sie die TN auch auf den Infospot im Buch.

Arbeitsbuch 18: in Stillarbeit oder Partnerarbeit

C2 **Anwendungsaufgabe zum Verb *lassen***

1. Schreiben Sie „Der Kunde ist König." an die Tafel. Sprechen Sie mit den TN über diese Aussage.
2. a) **Ungeübte TN** lösen die Aufgabe im Buch. Verweisen Sie die TN auf die Grammatikspots. b) **Geübte TN** erhalten die Aufgabe als Kopie ohne den Schüttelkasten (= die Vorgaben) und versuchen mit eigenen Worten zu formulieren, was die Person auf den Bildern machen lässt. Verweisen Sie auch hier auf die Grammatikspots. Gehen Sie herum und helfen Sie bei Unklarheiten.
3. Abschlusskontrolle im Plenum. Bitten Sie immer TN aus beiden Gruppen, ihre Lösung vorzutragen. Besonders schöne Sätze der geübten TN können für alle an der Tafel notiert werden.
   Lösung: A Er lässt sich die Haare schneiden. B Er lässt sich einen Anzug nähen. D Er lässt seine Einkäufe tragen. E Er lässt sein Auto waschen.
4. Gehen Sie abschließend auch auf die Wortstellung im Satz mit Modalverben ein, um die nächste Aufgabe vorzubereiten.

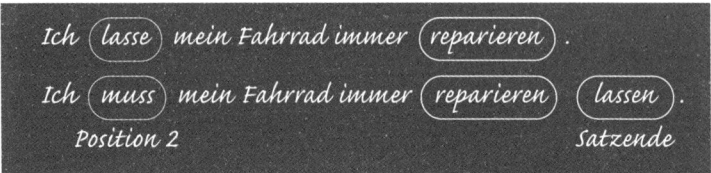

> *Ich (lasse) mein Fahrrad immer (reparieren) .*
>
> *Ich (muss) mein Fahrrad immer (reparieren) (lassen) .*
> Position 2 Satzende

Machen Sie anhand des Tafelbildes deutlich, dass das Verb *lassen* in einem Satz mit Modalverb ans Satzende rückt. Das dritte Verb steht im Infinitiv <u>vor</u> dem Verb *lassen* ebenfalls am Satzende.

Arbeitsbuch 19: als Hausaufgabe; **20:** in Stillarbeit; **21:** als Hausaufgabe; **22–23:** in Stillarbeit: a) **Ungeübte TN** lösen Übung 22, b) **geübte TN** Übung 23.

C3 **Aktivität im Kurs: Partnerinterview**

1. Die TN lesen die Beispiele im Redemittelkasten und das Beispiel. Geben Sie den TN Gelegenheit zu Wortschatzfragen.
2. Die TN finden sich in Kleingruppen von 3–4 TN zusammen und unterhalten sich darüber, welche Dienstleistungen sie in Anspruch nehmen und was sie selbst machen (können).
   Variante: Wenn der Kurs nicht allzu groß sind, können die TN auch im Plenum darüber sprechen.
3. *fakultativ:* Wenn Sie mit Ihren TN die Verwendung von *lassen* weiter üben möchten, kopieren Sie die Kopiervorlage L13/C3. Die TN finden sich zu Kleingruppen von drei TN zusammen. Jede Gruppe erhält einen Kartensatz, der verdeckt auf den Tisch gelegt wird. Die TN ziehen reihum eine Karte und bilden je nachdem, ob die Aktivität mit oder ohne Krone dargestellt ist, einen Satz mit oder ohne *lassen*. Gehen Sie herum und helfen Sie bei Unklarheiten.

Arbeitsbuch 24: in Stillarbeit oder als Hausaufgabe; **25:** im Kurs

D1 Hörverstehen: Unterschiede zwischen Girokonto und Sparkonto

1. Die TN lesen die Aussagen zu Text 1 und Text 2 in Stillarbeit. Klären Sie mit den TN ggf. unbekannten Wortschatz.
2. Die TN hören die beiden Gespräche am Bankschalter so oft wie nötig und kreuzen jeweils in der Tabelle an, was zutrifft.
3. Abschlusskontrolle im Plenum. *Lösung:* b) Sparkonto; c) Sparkonto; d) Girokonto; e) Kreditkarte; f) EC-Karte; g) Kreditkarte

Arbeitsbuch 26: in Stillarbeit oder als Hausaufgabe

D2 Leseverstehen: eine Bedienungsanleitung verstehen

1. Die TN sehen sich die Bilder an und lesen die Anweisungen dazu.
2. Fragen Sie, welche Anweisung zu Bild 1 und ggf. Bild 2 passt. Die TN ordnen die übrigen Sätze den Bildern zu.
3. Abschlusskontrolle im Plenum. Geben Sie den TN Gelegenheit zu Wortschatzfragen.
   Lösung: 1 Stecken Sie Ihre EC-Karte in den Geldautomaten. 3 Tippen Sie Ihre Geheimzahl ein und drücken Sie die Taste „Bestätigung". 4 Wählen Sie den gewünschten Geldbetrag aus. 5 Sie müssen warten. 6 Nehmen Sie Ihre Karte wieder. 7 Nehmen Sie das Geld. 8 Sie sind fertig.
4. *fakultativ:* Vergrößern und kopieren Sie die Bilder. Die TN kleben je ein Bild auf ein Plakat und schreiben die passende Anweisung darunter. Die Plakate werden in der richtigen Reihenfolge im Kursraum aufgehängt.
5. Sprechen Sie bei Interesse der TN noch weiter über das Thema, indem Sie die TN nach ihren Gewohnheiten fragen, d.h. ob und ggf. zu welchem Zweck sie z.B. die Serviceterminals ihrer Bank nutzen und in welchen Alltagssituationen sie sonst einen Automaten bedienen (Monatskarten für die öffentlichen Verkehrsmittel, Bahnfahrkarten usw.).

Arbeitsbuch 27: im Kurs

D3 Aktivität im Kurs: Rollenspiel

1. Die TN lesen die Redemittel. Klären Sie mit den TN ggf. unbekannten Wortschatz. Weisen Sie die TN an dieser Stelle auch auf die Wendungen „Einen Moment bitte!" und „Einen Augenblick bitte!" im Infospot hin. Erklären Sie, dass diese Wendungen Verkürzungen von „Warten Sie einen Moment, bitte!" bzw. „Warten Sie einen Augenblick, bitte!" darstellen und die Artikel aus diesem Grund im Akkusativ stehen.
2. Die TN finden sich paarweise zusammen, wählen gemeinsam eine der vorgegebenen Situationen aus und schreiben dazu mit Hilfe der Redemittel einen Dialog am Bankschalter. Gehen Sie herum und helfen Sie bei Unklarheiten.
3. *fakultativ:* Die TN finden sich zu Kleingruppen von 2–3 TN zusammen. Jede Gruppe erhält einige Formulare und Prospekte einer beliebigen Bank sowie die Kopiervorlage L13/D3. Die TN suchen die Informationen in den Broschüren und beantworten, soweit möglich, die Fragen auf dem Arbeitsblatt. Gehen Sie herum und helfen Sie bei Unklarheiten. Abschlusskontrolle im Plenum.

13 **E** Vermischtes rund ums Geld

Kurzmeldungen zum Thema „Geld"
Lernziel: Die TN können einfache Zeitungstexte verstehen.

Materialien
E1 die Bilder in Kopie
Test zu Lektion 13
Zwischenschritt: Wiederholung zu Lektion 12 und
Lektion 13

E1 Leseverstehen: das Thema erfassen und eine Überschrift finden

1. Kopieren Sie die Bilder auf ein Arbeitsblatt und verteilen Sie dieses. Die Bücher bleiben noch geschlossen. Die TN finden sich paarweise zusammen, wählen eines der drei Bilder aus und denken sich dazu eine kleine Geschichte aus, die sie aufschreiben. Gehen Sie herum und helfen Sie bei Unklarheiten.
2. Wer will, kann seine Geschichte vorlesen. Sammeln Sie die Texte auch zur Korrektur ein.
3. Die TN lesen die Texte im Buch und entscheiden, welches der drei Bilder jeweils passt.
4. Abschlusskontrolle im Plenum. Die TN vergleichen die Geschichten im Buch mit ihren eigenen und überlegen abschließend gemeinsam, welche Überschriften sie den Texten geben wollen.
   Lösung: A Berlin – Der Geldautomat gibt ...; B Der Alptraum: Im Urlaub ...; C Heilbronn. – Endlich. In den Kneipen ...
5. Weisen Sie auf den Infospot hin und notieren Sie an der Tafel ein Beispiel:

> *Die Bankmitarbeiter helfen Ihnen nicht <u>vor 9 Uhr</u>.*
> *Da ist die Bank noch nicht geöffnet.*
>
> *Sie helfen Ihnen auch nicht <u>nach 15 Uhr</u>.*
> *Da ist die Bank schon geschlossen.*   = *außerhalb der Öffnungszeiten*
>
> *Aber sie helfen Ihnen <u>von 9 bis 15 Uhr</u>.*
> *Zu dieser Zeit ist die Bank geöffnet.*   = *während der Öffnungszeiten*

❗ Gehen Sie nicht auf den Genitiv ein. Dieser ist Thema von *Schritte 5*. Die TN sollen für den Moment nur die Bedeutung verstehen.

E2 Leseverstehen: die Kernaussagen verstehen

1. Die TN lesen die Aussagen zu Text 1 und entscheiden, welche Aussage stimmt. Geben Sie ggf. Zeit, damit sie den Text noch einmal lesen können.
2. Die TN bearbeiten Text 2 und Text 3. *Lösung:* a) richtig; b) falsch; c) falsch; d) richtig; e) richtig; f) falsch

PRÜFUNG **Arbeitsbuch 29:** Im Prüfungsteil Schreiben, Teil 1 ergänzen die TN ein Formular mit den fehlenden Informationen. Die TN müssen sich die notwendigen Informationen aus einem Begleittext heraussuchen.

Einen Test zu Lektion 13 finden Sie auf Seite 114 f. Wenn Sie mit den TN den Stoff von Lektion 12 und Lektion 13 wiederholen möchten, verteilen Sie die Kopiervorlage „Zwischenschritt" (Seite 100–101). Die TN spielen zu zweit nach der Anleitung auf der Vorlage. Insbesondere in Kursen mit überwiegend ungeübten TN sollten die TN zu viert statt zu zweit spielen. Je zwei TN bilden ein Team.

Materialien
1 Plakate mit Lebensstationen, alte Zeitschriften, Zeitungen; Foto 4 auf Folie
4 Glückwunschkarten zur Geburt

LEBENSSTATIONEN

Folge 14: *Belinda*
Einstieg in das Thema: Kindheit, Jugend, Erwachsenenalter, Alter

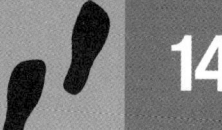

1 **Vor dem Hören: Vermutungen äußern**

1. Bereiten Sie zu Hause fünf Plakate vor, auf denen Lebensstationen stehen: Geburt/Säuglingsalter, Kindheit, Jugend, Erwachsenenalter, Alter. Die TN hängen die Plakate in der richtigen Reihenfolge an die Wand. Bilden Sie fünf Gruppen, für jede Lebensstation eine. Zunächst überlegen die Gruppen, welches Alter gemeint ist und notieren die Zahlen. Dann überlegen sie, was alles zu dieser Lebensstation dazugehört, was die Leute normalerweise in diesem Alter machen. Die Gruppen halten ihre Ergebnisse auf den Plakaten fest. Wenn möglich, bringen Sie alte Zeitungen und Zeitschriften mit und lassen Sie die TN zu ihren Plakaten passende Bilder ausschneiden und aufkleben.
2. Die Gruppen stellen ihre Ergebnisse im Plenum vor.
3. Die TN kennen die Personen der Foto-Hörgeschichte inzwischen recht gut. Sprechen Sie mit den TN darüber, in welcher Lebensstation die Protagonisten sich gerade befinden.
4. Die TN schlagen die Bücher auf. Besprechen Sie mit den TN Aufgabe 1 wie im Kursbuch angegeben. Fragen Sie die TN, worüber Larissa und Simon gerade diskutieren. Warum lacht Simon Larissa wohl aus? Was denkt Maria?
5. *fakultativ*: Kopieren Sie Foto 4 auf eine Folie und werfen Sie das Bild an die Wand. In Partnerarbeit schreiben die TN einen Dialog zur Situation: „Larissa und Simon besuchen Susanne im Krankenhaus. Sie sehen das Baby, ihr kleines Geschwisterchen, zum ersten Mal. Was sagen sie? Schreiben Sie einen Dialog."

2 **Beim ersten Hören**

1. Fragen Sie, wer an Tante Erika gedacht hat und wie sie ins Krankenhaus gekommen ist. Dann hören die TN die Foto-Hörgeschichte.
2. Abschlusskontrolle im Plenum.
   Lösungsvorschlag: Maria hat an Tante Erika gedacht. Sie ruft Sebastian an und bittet ihn, Tante Erika ins Krankenhaus zu bringen.

3 **Nach dem ersten Hören: die Geschichte nacherzählen**

1. Die TN erzählen die Geschichte schriftlich nach. Zuvor hören sie die CD noch einmal. a) Dabei verfolgen **ungeübte TN** den Verlauf der Geschichte, indem sie die Stichwörter im Buch mitlesen. b) **Geübte TN** notieren sich selbstständig bei geschlossenen Büchern Stichwörter.
2. Die TN schreiben in Einzelarbeit ihre Texte.
3. Die TN tauschen ihre Texte aus und korrigieren den Text der Partnerin / des Partners, soweit es ihnen möglich ist. Damit hier nicht immer die Paare zusammenarbeiten, die sowieso nebeneinander sitzen, sollten Sie die Partner, die ihre Texte miteinander tauschen, auslosen.
4. Sammeln Sie die Texte anschließend ein und korrigieren Sie sie. Verwenden Sie für die Korrektur eine andere Farbe.
   Variante: Einzelne TN lesen ihre Geschichte vor, die anderen TN hören zu und achten auf Fehler. Wer einen Fehler hört, klopft auf den Tisch und korrigiert ihn.

4 **Nach dem Hören: über Lieblingsnamen sprechen**

1. Sprechen Sie im Plenum über die Lieblingsnamen der TN.
2. In Deutschland schreiben viele Leute den Eltern zur Geburt eines Kindes eine Karte. Sprechen Sie mit den TN darüber, was man schreiben kann. Notieren Sie die Beispiele an der Tafel.
3. Kopieren Sie Glückwunschkarten zur Geburt. Jeder TN erhält eine Kopie und schreibt eine Karte an Susanne und Kurt. Besprechen Sie einige Karten exemplarisch.

4. *fakultativ*: Die TN stellen sich vor, sie seien Susanne oder Kurt und schreiben einen Antwortbrief auf eine der Grußkarten.
   a) Für **ungeübte TN** können Sie eine Kopie mit Stichwörtern vorbereiten, z.B. sich bedanken, sich freuen, jetzt große Familie, Au-pair-Mädchen haben usw. b) **Geübte TN** schreiben einen freien Text, allerdings zu einer Vorgabe: Bedanken Sie sich. Erzählen Sie etwas über die neue Familie. Was wird sich ändern?

14  A Ich **habe** nicht **gewusst**, dass Babys so klein sind!

Wiederholung von Perfekt und Präteritum
Lernziel: Die TN können über Vergangenes sprechen.

Materialien
A2 die Bilder aus A2, Folie
A4 Folie von A3 und A4; kleine Zettel oder Post-its
A5 Digitalkamera, Passfotos; Kopiervorlage L14/A5, Spielfiguren, Würfel

A1 **Wiederholung des Perfekts**
1. Die TN lesen die Dialoge im Buch und ergänzen die Tabelle. *Lösung:* ich habe gewusst; ich bin gekommen
2. Schreiben Sie auf eine Seite der Tafel „ich habe …", auf die andere Seite „ich bin …" Die TN gehen nacheinander an die Tafel und notieren zuerst ein Verb auf der *haben*-Seite, dann ein zweites auf der *sein*-Seite. Wenn die Übung ins Stocken gerät, weil den TN keine Verben mit „sein" mehr einfallen, beschränken sie sich darauf, ein Verb mit „haben" zu notieren.
3. Besprechen Sie im Plenum die Verben, die an der Tafel stehen. Fragen Sie die TN nach der Regel, welche Verben das Perfekt mit „sein" und welche es mit „haben" bilden.

A2 **Hörverstehen 1: das Thema erfassen**
1. Kopieren Sie die Bilder mehrfach und schneiden Sie sie auseinander. Die TN arbeiten zu zweit zusammen und erhalten je Paar ein Bild. Die TN stellen sich vor, sie seien in ihrer Kindheit oft an dem Ort auf dem Bild gewesen. Sie sollen notieren, was sie dort gemacht haben. Geben Sie eine Zeit vor, da es sich hier nur um eine kurze Einstiegsübung handelt, fünf Minuten.
   Variante: Wenn Sie die Übung abwechslungsreicher gestalten wollen, geben Sie nicht nur diese drei Beispiele vor, sondern kopieren Sie weitere Bilder von Orten, an denen man aufgewachsen sein könnte. (z.B. *Schritte 4*, Seite 42, A2 „das Meer", „das Land", Seite 90, 1 „die Bäckerei" usw.).
2. Legen Sie die Folie der Bilder auf, damit die TN jetzt alle Bilder sehen können. Ohne den Ort zu nennen, lesen die TN ihre Erzählungen vor, die anderen hören zu und erraten, welcher Ort gemeint ist.
3. Die TN hören die Einleitung zur Sendung (bis: „Wer hat sie nicht?"). Sprechen Sie mit den TN darüber, was das für eine Sendung ist und wo man sie hören könnte. Gehen Sie besonders auf den Begriff „Feature" ein.
4. Die TN schlagen die Bücher auf, hören die CD/Kassette und ordnen die Kindheitserinnerungen der Personen dem passenden Bild zu.
5. Abschlusskontrolle im Plenum. *Lösung*: 1 Baustelle; 2 Bauernhof; 3 Lebensmittelladen

A3 **Hörverstehen 2: den Inhalt global verstehen**
1. Die TN lesen die Textausschnitte und ordnen sie den Hörtexten zu. Dabei helfen die zuvor besprochenen Bilder.
2. Die TN hören die Radiosendung ein zweites Mal und vergleichen ihre Lösungen.
3. Abschlusskontrolle im Plenum. *Lösung*: 1 b, d; 2 c, f; 3 a, e

A4 **Bewusstmachung der Perfekt- und Präteritumformen**
1. Die TN lesen die Aussagen aus A3 noch einmal und unterstreichen alle Verben bzw. Verbformen. Dann füllen sie die Tabelle aus. Ein TN unterstreicht die Verben auf der Folie.
2. Legen Sie eine Folie der Tabelle auf und ergänzen Sie die Tabelle. Die TN vergleichen und korrigieren ihre Lösungen.
   Lösung:

ich habe mich verletzt	ich durfte	ich war
ich habe bekommen	ich konnte	ich hatte
ich habe erlebt	ich musste	
ich bin aufgewachsen	ich wollte	
es ist passiert	ich sollte	

3. Wiederholen Sie mit den TN die Regeln zur Bildung des Partizip Perfekt bei regelmäßigen und unregelmäßigen Verben, bei trennbaren Verben und den Verben auf *-ieren*. Die Modalverben und *sein* und *haben* werden meistens im Präteritum benutzt. Weisen Sie die TN auch auf die beiden Verben „kam" und „sagte" hin, die im Infospot auftauchen. Vertiefen Sie das Präteritum hier nicht, dieses wird explizit in *Schritte 5*, Lektion 1 eingeführt.
4. *fakultativ:* Erinnern Sie die TN an Tante Erika. Sprechen Sie im Plenum darüber, was die TN noch über Tante Erika wissen. Halten Sie Stichpunkte an der Tafel fest. Verteilen Sie an jeden TN zwei kleine Zettel oder Post-its. Beschränken Sie sich in großen Kursen auf einen Zettel, sonst dauert die Übung zu lange. Auf jedem Zettel notieren die TN eine Zahl zwischen 1 und 80. Sammeln Sie die Zettel wieder ein und verteilen Sie sie neu. Erzählen Sie mit den TN zusammen Tante Erikas Leben. Beginnen Sie: „Tante Erika wurde 1926 geboren. Mit einem Jahr ist sie unter dem Küchentisch herumgekrabbelt." Der TN mit der nächsten Zahl setzt die Geschichte fort: „Mit … Jahren hat sie …"

Arbeitsbuch 1–2: als Hausaufgabe

Materialien
A5 Digitalkamera, Passfotos; Kopiervorlage L14/A5, Spielfiguren, Würfel

Ich **habe** nicht **gewusst**, dass Babys so klein sind!

Wiederholung von Perfekt und Präteritum
Lernziel: Die TN können über Vergangenes sprechen.

A

14

A5

Aktivität im Kurs: Partnerinterview über die Kindheit

1. Besprechen Sie mit dem Kurs die ersten beiden Beispiele im Kasten. Wie kann man daraus Fragen formulieren? Notieren Sie die Vorschläge an der Tafel.

2. In Partnerarbeit erstellen die TN einen Fragenkatalog von zwölf Fragen für das Interview. **Ungeübte TN** erstellen einen Katalog mit 8–10 Fragen. Die Beispiele im Buch sind Anregungen, die die TN benutzen können, aber nicht müssen. Erklären Sie den TN, dass beide Partner die Fragen notieren müssen.

3. Stellen Sie die Paare neu zusammen (Hinweise dazu in *Schritte 1,* Lehrerhandbuch, Seite 20). Die Partner interviewen sich gegenseitig und notieren die Antworten des Partners.

4. Stellen Sie Gruppen von vier TN zusammen. Die TN berichten, was sie über ihren Interviewpartner erfahren haben. Achten Sie darauf, dass die TN nicht nur die Fragen und die Antworten vorlesen, sondern eigenständig neue Sätze formulieren. Gehen Sie herum und helfen Sie bei Unklarheiten.

5. *fakultativ:* Anhand ihrer Notizen schreiben die TN einen kleinen Text über die Kindheit ihres Interviewpartners. Lassen Sie die Texte vorlesen oder hängen Sie sie nach dem Korrigieren aus. Wenn die TN Passfotos mitbringen oder Sie die Möglichkeit haben, Fotos mit einer Digitalkamera zu machen, können Sie aus diesen Texten und den Fotos ein Erinnerungsalbum für die TN zusammenstellen, das Sie leicht für jeden TN kopieren können.

6. Verteilen Sie die Kopiervorlage L14/A5. Die TN sitzen zu viert zusammen und erhalten Spielfiguren und einen Würfel. Die TN spielen nach den Spielregeln auf dem Spielplan. Wenn ein TN zu einem Thema nichts sagen kann, weil sie/er beispielsweise noch nicht verheiratet ist und nichts über die eigene Hochzeit erzählen kann, kann sie/er über die Hochzeit eines Freundes, eines Bruders, einer Schwester ... erzählen.
Hinweis: Diese Kopiervorlage können Sie auch zu einem späteren Zeitpunkt noch einmal einsetzen, wenn Sie ein Gespräch unter den TN anregen möchten.

Arbeitsbuch 3: in Stillarbeit oder als Hausaufgabe

14

B

Hallo Schwester**chen**.

Wortbildung
Lernziel: Die TN können eine Informationsbroschüre verstehen.

Materialien
B1 Kopiervorlage L14/B1
B3 Kopiervorlage L14/B3; *Variante:* Zettel
B4 Kopiervorlage zu B4 (im Internet)

B1 **Präsentation des Diminutivs** *-chen*

1. Die TN sehen sich die Bilder an und ordnen zu.
2. Abschlusskontrolle im Plenum.
   Lösung: 1 die Schwester; 2 das Schwesterchen; 3 die Flasche; 4 das Fläschchen; 5 das Haus; 6 das Häuschen
3. Notieren Sie das erste Beispiel an der Tafel:

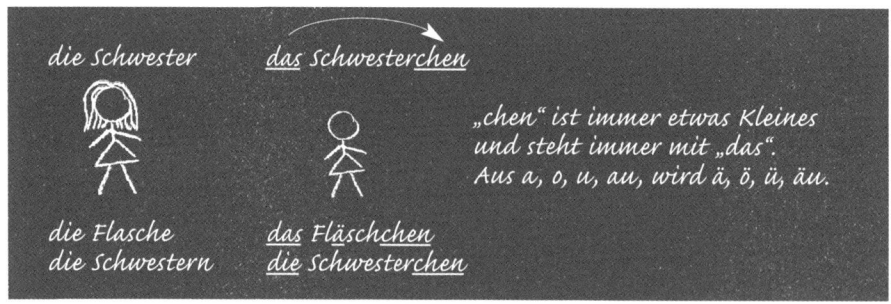

   Erklären und notieren Sie die Regel. Notieren Sie das zweite Beispiel und weisen Sie auf die Umlautung hin. Geben Sie auch die Pluralform an.
4. Sammeln Sie mit den TN weitere Beispiele an der Tafel für sinnvolle Diminutiva.
5. Geben Sie den Satz „Oh, Sie haben aber ein schönes Häuschen!" an der Tafel vor. Erstellen Sie mit den TN zusammen einen kleinen Dialog um diesen Satz herum. Einigen Sie sich auf eine Situation und die Personen. Notieren Sie die Dialogteile erst, wenn die TN sie korrekt gesagt haben.
6. *fakultativ*: Verteilen Sie die Sätze der Kopiervorlage L14/B1. Je zwei TN erhalten einen Satz und erstellen einen Dialog, wie Sie es zuvor an der Tafel vorgeführt haben. Gehen Sie herum und helfen Sie bei Unklarheiten. Die TN spielen einige Dialoge im Plenum vor. Sprechen Sie im Plenum auch über die jeweilige Situation des Dialogs. Hier können Sie auch die negativen Untertöne einiger Formulierungen ansprechen. Wenn man beispielsweise zu jemandem sagt: „Was hast du denn für ein Jäckchen an!", ist nicht unbedingt eine zu kleine Jacke gemeint, sondern eine besonders hässliche oder schlecht sitzende.

   ! Das Spiel wird freier, wenn die TN den Text nicht ablesen, sondern frei sprechen müssen. Korrigieren Sie keine Fehler, hier steht das Spielen und die Situation im Vordergrund. Greifen Sie nur ein, wenn ein TN offensichtlich nicht mehr weiter weiß.

B2 **Leseverstehen: Textabschnitte mit Schlüsselbildern verstehen**

1. Die TN lesen zunächst den Text.
2. Besprechen Sie mit den TN einige Beispiele, indem Sie den Satz „F" vorlesen. Fragen Sie die TN, welches Bild dazu passt und warum es passt. Verfahren Sie mit „S" genauso.
3. Die TN lösen die Aufgabe in Stillarbeit.
4. Abschlusskontrolle im Plenum. Gehen Sie während der Abschlusskontrolle auf neue Wörter ein, insbesondere „Erziehungsberechtigte", „Toben", „Integration", „Konferenz", „Vollmacht".
   Lösung (in der Reihenfolge der Bilder von links nach rechts): (S), B, (F), G, K, V, A, I, H

B3 **Wiederholung und Erweiterung: Wortbildung**

1. Die TN suchen aus dem Text in B2 die passenden Wörter und tragen sie in ihrem Buch ein.
2. Besprechen Sie mit den TN die Lösungen an der Tafel. Fragen Sie die TN, was die jeweilige Endung bedeutet. Was sagt diese Endung aus? Sprechen Sie zuletzt über die Komposita und ihre Regeln. Die TN haben verschiedene Wortbildungsregeln in *Schritte 1–4* kennen gelernt. Hier werden noch einmal die bekannten Formen in einer Übersicht zusammengefasst.
   Lösung: erreichbar, mühelos, ungesüßt; Versammlung, Erzieher, Erzieherin; Kindergarten, Telefonnummer
3. Verteilen Sie die Kopiervorlage L14/B3. Die TN lösen die Aufgabe in Stillarbeit. Abschlusskontrolle im Plenum. Führen Sie dabei auch die Pluralformen ein.
   Lösung: a) der Kugelschreiber; b) das Türschloss; c) das Tischbein; d) die Fensterscheibe; e) die Stuhllehne; f) die Deckenlampe; g) der Kursteilnehmer; h) die Kursteilnehmerin; i) das Kursbuch; j) die Zimmertür; k) der Rucksack; l) der Bleistift; m) das Wörterbuch; n) der Lichtschalter; o) die Fensterbank; p) die Herrenhose; q) der Fenstergriff; r) der CD-Spieler
   Variante: Wenn Sie die Abschlusskontrolle einmal anders gestalten wollen, bereiten Sie zu Hause DIN A4-Zettel vor, auf denen jeweils die Nummer und das Lösungswort mit der Pluralform stehen. Während die TN an ihren Lösungen arbeiten, hängen Sie die Zettel an den jeweiligen Gegenstand. TN, die fertig sind, gehen herum und vergleichen ihre Ergebnisse mit den Zetteln im Kursraum. Sie notieren sich dabei auch die Pluralformen.

Arbeitsbuch 4–6: als Hausaufgabe

Hallo Schwester**chen**.

Wortbildung
Lernziel: Die TN können eine Informationsbroschüre verstehen.

B  **14**

B4   **Aktivität im Kurs: Wörter suchen**

1. Bilden Sie Gruppen von vier TN. Je ein TN pro Gruppe überträgt die Tabelle aus dem Buch auf einen Zettel oder ins Heft. Sie können aber auch die Kopiervorlage zu B4 aus dem Internet benutzen.
2. Die Gruppen haben zehn Minuten Zeit, Wörter mit den angegebenen Endungen zu suchen. Legen Sie vorher mit den TN fest, ob Wörterbücher erlaubt sind oder ob auch im Kursbuch gesucht werden darf.
3. Jede Gruppe trägt ihre Ergebnisse vor und erhält Punkte für richtige Wörter. Wörter, die mehrere Gruppen haben, zählen nicht. Es gibt nur für die Wörter Punkte, die keine andere Gruppe gefunden hat. Die Gruppe mit den meisten Punkten hat gewonnen.

14 **C**

Könntet ihr nicht mal Ruhe geben?

Wiederholung: Konjunktiv II
Lernziel: Die TN können über Wünsche sprechen, Vorschläge machen und Ratschläge geben.

Materialien
C2 auf Folie
C3 Zettel mit Stichwörtern
C4 rote und blaue Kärtchen; Kopiervorlage zu C4 (im Internet)

C1 **Wiederholung: Wünsche und Konflikte**

1. Die TN sehen sich zunächst nur die Fotos an. Fragen Sie sie, woran sie sich noch erinnern können. Die TN berichten über die Konfliktsituationen.
2. Die TN ordnen die Texte den Fotos zu.
3. Abschlusskontrolle im Plenum. *Lösung* (von oben nach unten): E; D; B; C; A

C2 **Bewusstmachung der Konjunktivformen**

1. Die TN ergänzen mit Hilfe von C1 die Lücken. Ein TN trägt seine Lösung auf einer Folie ein. *Lösung:* vgl. C1
2. Legen Sie die Folie auf und besprechen Sie die Lösungen. Um den TN noch einmal bewusst zu machen, dass der Konjunktiv II für Wünsche benutzt wird, kringeln Sie dieses Wort auf der Folie ein, ebenso die Verben, mit denen ein Wunsch im Deutschen ausgedrückt wird: hier *würde* + Infinitiv, *hätte*, *wäre*, *möchte* + Infinitiv. Verfahren Sie ebenso mit der Aufforderung / dem Vorschlag im rechten Kasten.

Arbeitsbuch 7: in Stillarbeit

C3 **Schreiben: Konflikte beschreiben**

1. Die Konflikte aus C1 sind typische Familienkonflikte zwischen Eltern und Kindern. Diskutieren Sie mit den TN bei geschlossenen Büchern darüber, welche Konflikte es noch geben kann. Halten Sie die Ergebnisse stichwortartig in einer Tabelle fest.

Familienkonflikte			
Eltern	*Kinder*	*Eltern – Kinder*	*Familie – andere Personen*
	zu wenig Taschengeld		

2. Die TN schlagen die Bücher auf und schreiben zu den Situationen aus C3 kleine Texte. a) Bereiten Sie für **ungeübte TN** Zettel mit Stichwörtern als Hilfestellung vor. b) **Geübte TN** bearbeiten die Aufgabe wie angegeben. Besonders schnelle TN können noch weitere Konflikte aus der Tabelle verschriftlichen und/oder Lösungen formulieren.
3. Einige TN lesen ihre Texte im Plenum vor. Die anderen TN achten auf Fehler.

C4 **Aktivität im Kurs: Ratschläge geben**

1. Verteilen Sie an die TN je ein rotes und ein blaues Kärtchen. Auf dem roten Kärtchen notieren die TN ein Problem in der Ich-Form. Auf dem blauen Kärtchen formulieren sie in der Du-Form einen Ratschlag zu dem Problem. Dabei können sie das Tafelbild aus C3 als Hilfestellung nutzen oder die Kopiervorlage aus dem Internet. Weisen Sie die TN auf den Grammatikspot im Buch hin: Ratschläge kann man auch mit *sollte* formulieren. Das kennen die TN bereits aus *Schritte 3*, Lektion 4.
2. Sammeln Sie die Kärtchen ein und verteilen Sie sie neu.
3. Ein TN liest das Problem auf ihrem/seinem Kärtchen vor. Wer den dazu passenden Ratschlag auf einem blauen Kärtchen hat, liest diesen ebenfalls vor usw., bis alle Probleme gelöst sind.

Arbeitsbuch 8: im Kurs: a) **Ungeübte TN** bearbeiten 8b, während b) **geübte TN** in 8c einen freien Antwortbrief schreiben. Sammeln Sie die Briefe ein und korrigieren Sie sie. Besprechen Sie häufige Fehler mit allen TN an der Tafel.

Schön, **dass** du da bist.

Wiederholung der Nebensatzverbindungen (*wenn, dass, weil*) und der Hauptsatzverbindungen (*denn, aber, trotzdem, deshalb*)
Lernziel: Die TN können etwas begründen und widerlegen.

D  **14**

D1 **Wiederholung der Nebensatzverbindungen**

1. Die TN lesen den Brief und ergänzen die Tabelle.
2. Abschlusskontrolle im Plenum. Schreiben Sie die drei Beispielsätze aus der Tabelle auch an die Tafel. Erläutern Sie den TN den Unterschied zwischen *weil* und *wenn*. Mit *weil* wird ein Grund genannt, mit *wenn* ein gleichzeitiges oder zukünftiges Ereignis. Das Verb steht jeweils am Ende, markieren Sie es. Erläutern Sie den TN auch, dass „Schön" im dritten Beispiel eine Verkürzung von „Es ist schön" ist, es sich in diesem Satz also auch um einen Hauptsatz und einen Nebensatz handelt. Sammeln Sie mit den TN weitere Einleitungen von *dass*-Sätzen an der Tafel.

> *Du wirst es ja sehen, <u>wenn</u> du mich (besuchst) . (Zeit)*
>
> *Simon und Larissa haben sogar im Krankenhaus gestritten, <u>weil</u> sie sich nicht einigen (konnten) . (Grund)*
>
> *Schön, <u>dass</u> du (kommst) .*

Arbeitsbuch 9: in Stillarbeit

D2/D3 **Vermutungen über eine Statistik äußern**

1. Legen Sie eine Folie der Aufgabe auf. Die TN haben die Bücher geschlossen. Lesen Sie die Frage und die Beispiele vor. Stellen Sie sicher, dass alle TN die Beispiele verstanden haben. Stimmen Sie dann im Kurs ab. Jeder TN hat eine Stimme. Schreiben Sie das Abstimmungsergebnis links neben die Tabelle.
2. Was hat die TN überrascht? Ist das in den Heimatländern genauso? Vielleicht haben einige TN Lust, im Internet zu recherchieren, wie es in anderen Ländern wirklich aussieht. Vielleicht finden sie entsprechende Statistiken und können sie im Kurs vorstellen.
3. *fakultativ*: Machen Sie eine anonyme Abstimmung (auf Zettelchen), worüber die TN sich am häufigsten mit Ihrer Partnerin/ Ihrem Partner streiten. Entspricht das Ergebnis der Statistik?
4. *fakultativ*: Bereiten Sie zu Hause Zettel vor, auf denen Sie die Streitpunkte notieren. Die TN finden sich zu Paaren zusammen, möglichst ein Mann und eine Frau, falls Ihre Kurszusammensetzung das zulässt. Jedes Paar zieht einen Zettel mit einem Streit-Thema. Die Paare schreiben einen Streitdialog zu ihrem Thema. Anschließend werden die Dialoge im Plenum vorgespielt.

Arbeitsbuch 10: als Hausaufgabe

D4 **Hörverstehen: ein Interview verfolgen**

1. Sagen Sie den TN, dass sie ein Interview mit einem Ehepaar hören und notieren sollen, worüber das Paar oft streitet.
2. Die TN hören das Interview und notieren ihre Lösungen.
3. Abschlusskontrolle im Plenum. *Lösung:* 1 Haushalt; 2 Zeit; 3 Erziehungsfragen
4. Wenn Sie das Interview noch weiter besprechen wollen, fragen Sie die TN, wer mit wem warum unzufrieden ist. *Lösungsvorschlag:* 1. Justus ist mit Karin unzufrieden, weil sie nie aufräumt. 2. Karin ist mit Justus unzufrieden, weil er nie Zeit für sie hat. 3. Karin ist mit Justus unzufrieden, weil er den Kindern zuviel erlaubt.

D5 **Wiederholung der Hauptsatzverbindungen**

1. Die TN lesen die Beispielsätze und ergänzen die Lücken.
2. a) **Ungeübte TN** können die Lücken während des Hörens ergänzen. b) **Geübte TN** hören die CD/Kassette noch einmal und kontrollieren dabei ihre Lösungen. *Lösung:* a) trotzdem; b) deshalb; c) denn; d) aber
3. Notieren Sie die Beispielsätze an der Tafel. Markieren Sie die Konjunktionen und die Verben. Erklären Sie den TN, dass das Verb immer auf Position 2 steht. „deshalb" und „trotzdem" stehen auf Position 1. Aber „denn" und „aber" stehen auf einer sogenannten Position 0. Es ist wichtig, den TN diesen Unterschied an dieser Stelle sehr deutlich zu machen, weil es sonst zu falschen Sätzen kommt, wenn die TN versuchen, die Konjunktionen selbstständig zu verwenden.

> | | *Position 1* | *Position 2* | |
> |---|---|---|---|
> | *Ich räume dauernd auf,* | *trotzdem* | *findet* | *Justus mich unordentlich.* |
> | *Du hast fast nie Zeit für mich,* | *deshalb* | *bin* | *ich öfters mal sauer.* |
>
> | | *Position 0* | | *Position 2* | |
> |---|---|---|---|---|
> | *Das ist auch so ein Problem,* | *denn* | *Justus* | *ist* | *einfach nicht streng genug.* |
> | *Wir streiten oft,* | *aber* | *für uns* | *gehört* | *das zu einer glücklichen Ehe.* |

Arbeitsbuch 11–12: in Stillarbeit oder als Hausaufgabe

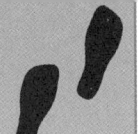
Das Seniorenbüro

Prospekt „Seniorenbüro e.V."

Lernziel: Die TN können einen Informationsprospekt verstehen und die richtige Telefonnummer heraussuchen.

Materialien
E4 Kopiervorlage L14/E4
Test zu Lektion 14
Selbstevaluation

E1 **Hörverstehen: ein Telefongespräch**

1. Die TN lesen die Fragen im Buch und hören ein Telefongespräch von Tante Erika.
2. Die TN notieren ihre Antworten in ganzen Sätzen.
3. Abschlusskontrolle im Plenum.
   Lösungsvorschlag: a) Tante Erika erzählt von ihrer Großnichte. Sie hat eine Tochter bekommen. b) Sie möchte sich den neuen Veranstaltungskalender im Seniorenbüro holen.

E2 **Leseverstehen 1: die Hauptinformation eines Textes erfassen**

1. Klären Sie mit den TN, was „Senioren" sind.
2. Sagen Sie den TN, dass sie den Prospekt überfliegen sollen, um die Aufgabe zu lösen. „Überfliegen" heißt sehr schnell und nicht genau lesen. Die TN kreuzen ihre Lösung an.
3. Abschlusskontrolle im Plenum. *Lösung:* Das ist eine Einrichtung für alte Leute.

E3 **Leseverstehen 2: Kernaussagen verstehen**

1. Die TN lesen den Prospekt noch einmal und ordnen die Angebote und Dienste zu.
2. Abschlusskontrolle im Plenum. *Lösung* (von oben nach unten): 3; 2; 1
3. Sprechen Sie mit den TN darüber, welche der Angebote sie kennen, ob sie Menschen kennen, die solche Dienste in Anspruch nehmen, und was sie gut finden und was nicht. Fragen Sie auch, welche Angebote für Senioren es in den Heimatländern der TN gibt.

E4 **Leseverstehen 3: passende Angebote finden**

1. Sprechen Sie mit den TN über Telefonnummern in einer größeren Institution, in einem Amt usw. Sagen Sie den TN, dass es dort eine Telefonzentrale gibt, die meistens die -0 als Durchwahl hat. Erläutern Sie den Begriff „Durchwahl", falls nötig (er ist aus *Schritte 3,* Lektion 4 bekannt), und wie man diese Nummern notiert: 680-0.
2. Die TN lesen die Beispielsituationen und den Prospekt. Sie ergänzen die passenden Telefonnummern.
3. Abschlusskontrolle im Plenum. *Lösung:* a) 680-33, 680-30; b) 680-33; c) 680-42; d) 680-39
4. *fakultativ:* Die TN wählen eines der Beispiele und stellen sich vor, sie müssten dort gleich anrufen. Sie machen sich Notizen, was sie am Telefon sagen müssen, was sie fragen wollen usw. Anschließend spielen einige TN Gespräche vor.
5. Sammeln Sie mit den TN an der Tafel Redemittel für eine Diskussion. Was kann man sagen?

+ zustimmen	**-** widersprechen	**+/-** unentschieden sein
Ja, das denke ich auch.	Aber …	Ich weiß nicht.

6. Bilden Sie Gruppen von vier TN. Verteilen Sie die Kärtchen der Kopiervorlage L14/E4. Die Gruppen legen die Kärtchen verdeckt auf den Tisch. Ein TN zieht das erste Kärtchen und liest das Statement vor. Die TN diskutieren darüber. Nach drei Minuten ziehen die Gruppen auf Ihr Zeichen hin ein neues Kärtchen.
   Variante: Die TN suchen sich ein Kärtchen heraus, das am ehesten ihre Meinung wiedergibt. Einige TN lesen ihr Kärtchen vor und begründen ihre Meinung.

Einen Test zu Lektion 14 finden Sie auf Seite 116 f. Die TN können jetzt auch ihren Kenntnisstand mit Hilfe der Kopiervorlage „Selbstevaluation" (Seite 102–103) überprüfen.

Wiederholungsstationen

Schritte 4 bietet als Abschluss im Arbeitsbuch ein Kapitel mit Wiederholungsübungen. Sicher haben die TN unterschiedliche Wünsche im Hinblick auf das, was sie noch üben möchten. Sagen Sie den TN daher, dass sie nicht alle Übungen machen müssen, sondern selbst auswählen können und sollen, welche Übungen sie machen möchten. Geben Sie eine Zeit für das Lösen der Übungen vor, z.B. eine Unterrichtsstunde. Legen Sie mehrere Lösungsschlüssel zu den „Wiederholungsstationen" bereit, damit die TN sich selbstständig kontrollieren können.

Variante:
1. Bereiten Sie die Wiederholungsübungen im Arbeitsbuch als Lernstationen (siehe den Tipp unten) vor, indem Sie z.B. an den einzelnen Stationen Hinweise auf die Übungen im Buch legen: „Möchten Sie die Wortbildung üben? Machen Sie Übung 1, 2 und 3."
2. Geben Sie den TN Zeit, die Stationen in Ruhe abzugehen und sich darüber zu informieren, welche Wiederholungsmöglichkeiten sie haben. Die TN entscheiden selbst, welche und wie viele Stationen sie bearbeiten möchten, gehen wieder an ihren Platz und lösen die Übungen zu ihren Stationen. Sie kontrollieren sich selbst mit Hilfe des Lösungsschlüssels.
3. *fakultativ:* Zusätzlich zu den Wiederholungsübungen aus dem Arbeitsbuch können Sie weitere Stationen „erfinden". Legen Sie z.B. kleine Schreibaufgaben aus, um auch das freie Schreiben zu üben (Brief aus dem Urlaub, Beschwerdebrief, Leserbrief usw.). Sammeln Sie diese Texte ein und geben Sie sie korrigiert an die TN zurück.

TIPP

Eine gute Möglichkeit für binnendifferenzierten Unterricht ist das Arbeiten mit Lernstationen: Den TN werden bei dieser Methode mehrere Arbeitsstationen angeboten, an denen sie bereits Gelerntes wiederholen und vertiefen können. Diese Arbeitsstationen werden als Arbeitsblätter, Kopiervorlagen, Arbeitsaufträge oder Hinweise auf Aufgaben im Kursbuch an verschiedenen Stellen im Kursraum ausgelegt und z.B. nach Schwierigkeitsgrad oder Themengebieten geordnet. Sie können Lernstationen immer wieder in Ihren Unterricht einbauen, wenn Sie ein Thema oder mehrere Themen wiederholen möchten. Mit Hilfe von Lernstationenen fördern Sie die TN nach ihren unterschiedlichen Bedürfnissen und Interessen.

Im Arbeitsbuch finden Sie eine Einheit zur Vorbereitung auf die Prüfung *Start Deutsch 2z*. Mit dieser Prüfung werden die Sprachkenntnisse auf dem Niveau A2 getestet. Die Aufgaben in der Prüfung *Start Deutsch 2z* sind handlungsorientiert und an der beruflichen und sozialen Realität der TN, die in einer deutschsprachigen Umgebung leben, ausgerichtet.

Mit *Schritte 3* und *Schritte 4* sind die TN optimal auf die Anforderungen der Prüfung *Start Deutsch 2z* vorbereitet, da sich das Lehrwerk in Themen, Sprachhandlungen, Wortschatz und Grammatik nach den Lernzielbeschreibungen der Prüfung richtet. Im Arbeitsbuch haben die TN zudem bereits Aufgaben im Prüfungsformat bearbeitet. Wenn Sie also TN im Kurs haben, die die Prüfung ablegen möchten oder müssen, können Sie den Modelltest im Buch Schritt für Schritt durchgehen. Für die anderen TN ist dies eine gute Gelegenheit zur Wiederholung bzw. zum Fertigkeitentraining.

Besonders wenn Sie überwiegend ungeübte TN im Kurs haben, sollten Sie die einzelnen Prüfungsteile auf mehrere Unterrichtsstunden verteilen, um die TN nicht zu überfordern. Erfahrungsgemäß bereitet der Teil „Schreiben" den TN die meisten Schwierigkeiten. Verweisen Sie die TN ggf. noch einmal auf prüfungsähnliche Schreibaufgaben in *Schritte 3* und *Schritte 4* (z.B. *Schritte 3:* Seite 85, Seite 116 und *Schritte 4:* Seite 89, Seite 102) und geben Sie den TN weitere ähnliche Aufgaben zum Training ihrer Schreibfertigkeit.

Verwenden Sie genügend Zeit für die Tipps zur Herangehensweise an die Aufgaben sowie für die gemeinsame Korrektur des Modelltests. Diese erfolgt idealerweise direkt im Anschluss an den jeweiligen Prüfungsteil, damit offene Fragen oder Schwierigkeiten beim Lösen der Aufgaben sofort besprochen werden können.

Und zu guter Letzt: Machen Sie den TN Mut für die Prüfung. Weisen Sie sie darauf hin, dass es in der Prüfung weniger auf Regelwissen und sprachliche Korrektheit ankommt als auf angemessenen Sprachgebrauch.

Wer sagt das? Zu welchem Foto passt der Dialogteil?

a) .... :

Hier. Das kannst du ganz einfach ausrechnen.

b) .... :

Das Stück kenne ich!

c) .... :

Hi, Simmi! Ich dachte, du musst das ganze Wochenende lernen.

d) .... :

Deine CD ist super!
Kannst du mir die mal leihen?

e) .... :

Ich verstehe euch.
Ein Wochenende nur für euch beide, das geht ja bald nicht mehr.

f) .... :

Ach, Simon! Da bist du wieder.
Hast du was rausbekommen?

g) .... :

Das ist total ungerecht!
Alle fahren weg, und ich?
Warum darf ich nicht mal für ein paar Stunden zum Skaten?
Wo ist das Problem?

Lesen Sie den Brief und ergänzen Sie Sätze mit *trotzdem*.

~~jeden Tag draußen sein~~
heute Abend ins Restaurant gehen
mir morgen die Stadt zeigen wollen
ein Glas getrunken haben
mich vom Bahnhof abholen

morgen ins Apothekermuseum gehen
sehr gut schlafen können
mit ihm gehen
noch fünf weitere Gläser bestellt haben

Lieber Thomas,

jetzt bin ich schon eine Woche in Heidelberg. Es regnet und regnet. (a) Trotzdem bin jeden Tag draußen ....
Ich kenne fast jedes Museum hier, (b) ....
.... Zweimal war ich schon in einem Restaurant essen und es hat nie geschmeckt. (c) ....
.... Weil ich wenig Geld habe, schlafe ich in einem billigen Hotel. Es liegt an einer Hauptstraße. Das ist manchmal sehr laut, (d) ....
.... , weil ich immer todmüde bin.
Gestern habe ich einen Studenten kennen gelernt. Er hat wenig Zeit, weil er viel lernen muss.
(e) ....
.... Er sagt, dass ich mir das Heidelberger Schloss unbedingt ansehen muss. Natürlich war ich schon da, (f) ....
Vielleicht macht es zu zweit mehr Spaß als allein. Gestern Abend ist er mit mir ein Bier trinken gegangen. Du weißt, dass ich Bier nicht mag. (g) ....
....
Denn das ist hier eine Spezialität. Es hat furchtbar geschmeckt. (h) ....
....
Heute habe ich Kopfschmerzen.
Am Montag komme ich zurück. Ich weiß, dass du viel arbeiten musst. (i) ....
.... ?
Ich komme um 19.07 Uhr auf Gleis 13 an und freue mich auf dich.

Viele Grüße aus Heidelberg
deine Ulrike

Was würden Sie jetzt gerne machen?	Was ist Ihr Ziel in drei Jahren?
Was für ein Auto hätten Sie gerne?	Was würden Sie gerne noch lernen?
In welches Land würden Sie gerne reisen?	Was würden Sie nie wieder tun?
Was wären Sie gerne von Beruf?	Was würden Sie heute Abend gerne machen?
Sie gewinnen im Lotto. Was würden Sie machen?	Was wünschen Sie sich am meisten?
Wenn Sie genug Geld hätten, was würden Sie gerne kaufen?	Mit wem würden Sie gerne mal essen gehen?

Geben Sie Tipps!

Sie brauchen einen Würfel und eine Spielfigur für jede Spielerin / jeden Spieler. Gehen Sie die gewürfelten Felder vor. Geben Sie einen Tipp:

Was würden Sie an ihrer/seiner Stelle tun?

Auf einem Pause-Feld müssen Sie nichts tun.

Beispiel: Ihre Freundin hat oft Kopfschmerzen: Was würden Sie an ihrer Stelle tun? – *Ich an ihrer Stelle würde einmal zum Arzt gehen.*

START →	Ihre Freundin hat oft Kopfschmerzen.	Ihr Bruder hat nie Geld.		Pause	Ihre Tochter möchte den Führerschein machen.	Ihre Nachbarin ist oft erkältet.	Ihr Freund möchte mit dem Rauchen aufhören.
Ihr Kind isst zu viel Schokolade.							Ihre Mutter ist zu dick.
Pause	Der Hund Ihres alten Nachbarn läuft ständig weg.	Ihr Neffe hat schlechte Noten in der Schule.	Ihr Schwager sucht Arbeit.	Ihr Deutschlehrer möchte in Ihrem Heimatland Urlaub machen.	Ihre Nachbarn sprechen sehr wenig Deutsch.		Pause
Ihre Lehrerin hat Zahnschmerzen.							
	Der Computer Ihrer Tochter ist kaputt.	Ihre kleine Nichte möchte ein Haustier haben.	Die Telefonrechnung Ihrer Eltern ist immer sehr hoch.	Ihre Freunde haben ein sehr altes Auto.	Pause	Ihr Großvater hört immer schlechter.	
Ziel	Ihr bester Freund ist immer nervös.	Die Lehrerin Ihres Kindes gibt zu viele Hausaufgaben auf.	Ihr Bruder kann sich die deutschen Wörter nicht merken.	Ihr Deutschkurs-Kollege kann nicht lesen, was an der Tafel steht.	Ihr Onkel muss jeden Tag 20 km mit dem Fahrrad zur Arbeit fahren.	Ihr Vater braucht dringend eine neue Hose.	

Kopiervorlage

	Kinder	Feuerzeug	Regal	Fenster	Gläser	Löffel	Lampen	Brautkleid	Geschenk
START									
ZIEL									Gutschein
Kuli		weiß	teuer (!) teure(n)	günstig	alt	interessant			Tesafilm
Ehering									Schere
Fahrrad									Eltern
Getränke		dick				modern			Texte
Koffer									Geschenke
Wohnung									Kochbuch
Häuser		billig				langweilig			Telefon
Müll									Handy
Zimmer									CDs
Jacke		hoch				schnell			Auto
Zeitung									Straßenbahn
Kleider									Fernseher
Tasche		hässlich				groß			Schokolade
Bilder									Tee
Turnschuhe									Brötchen
Kursbuch		schön				laut			Eis
Bett									Tassen
Teppich									Computer
Hose									Wecker
Büros		blau	gut	viel	klein	lang			Kuchen
Fußball									Uhr
Garten									Töpfe
Blumen	Haus-schlüssel	Brief	Fotos	Familien	Sessel	Schreibtisch	Kühlschrank	Schrank	Messer

Das große Adjektiv-Spiel

Sie brauchen für jeden Spieler eine Spielfigur, außerdem eine Spielfigur extra und einen Würfel. Jede Spielerin / Jeder Spieler setzt die eigene Figur auf ein beliebiges Wort im inneren Rechteck. Eine Figur steht auf dem Startfeld am Rand.

Die erste Spielerin / Der erste Spieler würfelt und zieht die eigene Figur vor und auch die Figur am Rand. Nun verbindet sie/er das Wort im inneren Rechteck mit dem Wort in dem äußeren Rechteck, z. B. „teuer" und „Feuerzeug": ein teures Feuerzeug.

Dann würfelt die nächste Spielerin / der nächste Spieler und zieht die eigene Figur und die Figur am Rand vor.

Wenn die beiden Wörter nicht zusammenpassen, darf die Spielerin / der Spieler ein passendes neues Wort aus dem inneren Rechteck wählen.

Schwieriger: Die Spielerin / Der Spieler sagt einen ganzen Satz: Ich kaufe ein teures Feuerzeug.

Hinweis: Schneiden Sie die Kärtchen aus und verteilen Sie sie an die Hälfte der TN.

Radio: gut – Antenne (die)	**Parfüm:** frisch – Duft (der)
Tisch: dünn – Glasplatte (die)	**Bluse:** groß – Knöpfe (die, Pl.)
Lampe: stark – Glühbirne (die)	**Handtücher:** bunt – Blumen (die, Pl.)
Buch: groß – Schrift (die)	**Schrank:** grün – Türen (die, Pl.)
Kuchen: süß – Obst (das)	**Waschmaschine:** gering – Wasserverbrauch (der)
Teetassen: gelb – Glas (das)	**Schuhe:** warm – Futter (das)
T-Shirt: bunt – Bild (das)	**Computer:** flach – Bildschirm (der)
Handy: groß – Tasten (die, Pl.)	**Mixer:** stark – Motor (der)
Bleistift: weich – Mine (die)	**Wörterbuch:** viel – Stichwörter (die, Pl.)

1   Vergleichen Sie.

| groß schnell schön lecker hoch modern billig bequem gern klein unmodern leicht |

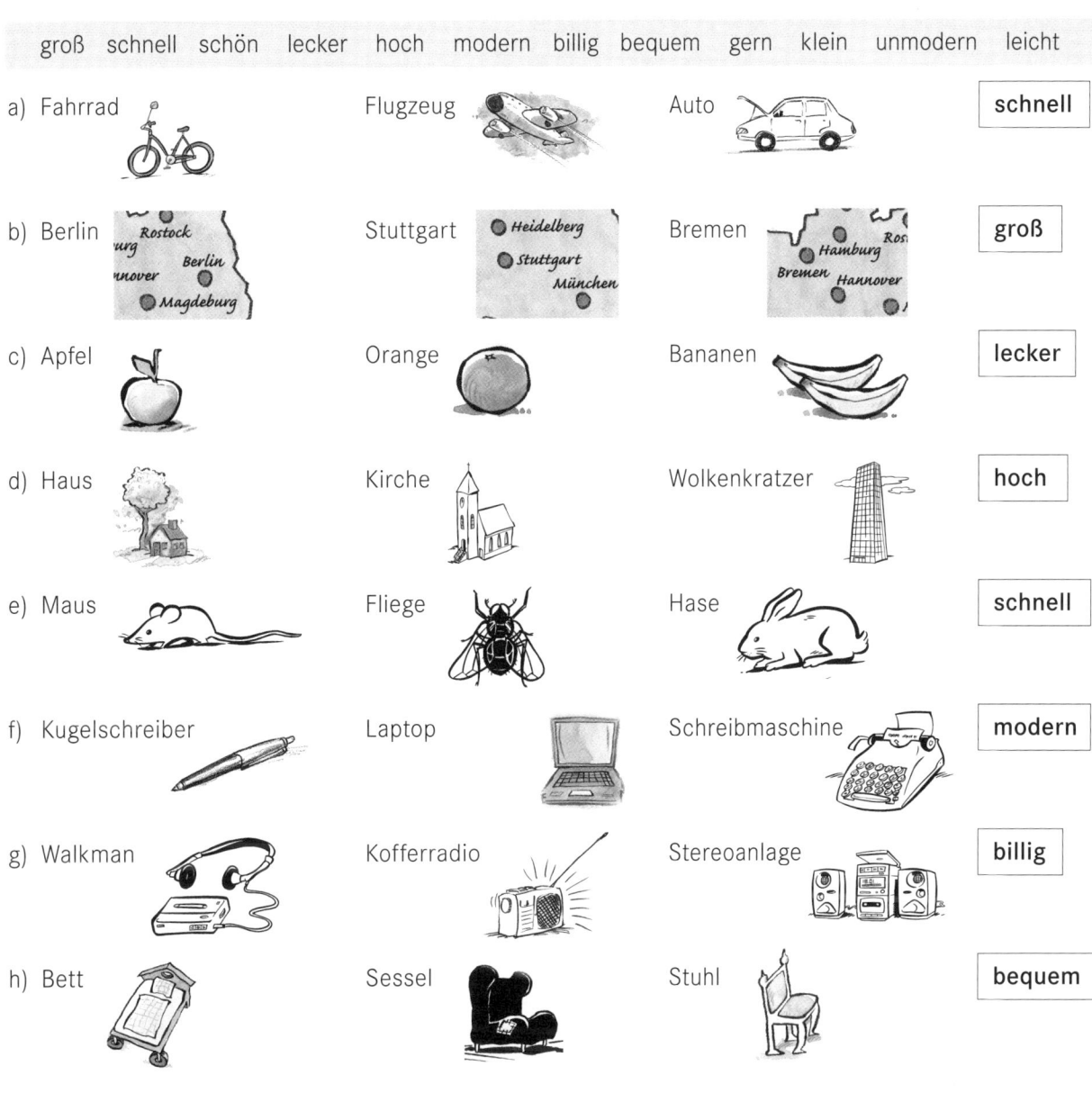

a) Fahrrad   Flugzeug   Auto   **schnell**

b) Berlin   Stuttgart   Bremen   **groß**

c) Apfel   Orange   Bananen   **lecker**

d) Haus   Kirche   Wolkenkratzer **hoch**

e) Maus   Fliege   Hase   **schnell**

f) Kugelschreiber Laptop   Schreibmaschine **modern**

g) Walkman   Kofferradio   Stereoanlage **billig**

h) Bett   Sessel   Stuhl   **bequem**

Beispiel: Das Auto ist schneller als das Fahrrad. Das Flugzeug ist am schnellsten.

2   Was können Sie noch vergleichen? Finden Sie weitere Beispiele.

Ich finde Fahrräder schöner als Autos. Ich fahre auch lieber Fahrrad als Auto.

....

....

....

....

Vergleichen Sie die Personen.

Sarah

27 Jahre
Journalistin
verdient 2.115 € monatlich
1,68 cm groß
wiegt 57 kg
Wohnung: 46 qm

Gerd

39 Jahre
Automechaniker
verdient 1.870 € monatlich
1,79 cm groß
wiegt 94 kg
Wohnung: 103 qm
verheiratet
3 Kinder

Mohamed

34 Jahre
Koch
verdient 1.998 € monatlich
1,93 cm garoß
wiegt 85 kg
Wohnung: 63 qm
verheiratet
1 Baby

Mohamed verdient mehr als Gerd.

Sarah verdient...

Ergänzen Sie in den leeren Kästchen weitere Fragen. Gehen Sie herum und stellen Sie einem Kurskollegen eine Frage.

Notieren Sie die Antwort und den Namen des Kurskollegen. Gehen Sie dann zu einer anderen Person aus dem Kurs.

Achten Sie auf Sonderangebote?	Wo schauen Sie nach Sonderangeboten?	Wie oft kaufen Sie Lebensmittel ein?	Kaufen Sie gern Kleidung? Und wie?
Was kaufen Sie am liebsten?			
	Wofür würden Sie nie Geld ausgeben?		

Was passt? Ordnen Sie zu. Es gibt oft mehrere Möglichkeiten!

bekommen	das Paket, -e	die Post austragen
zukleben	der Brief, -e	aufmachen
kaufen	die Adresse, -n	kontrollieren
eintragen	der Karton, -s	suchen
einwerfen	die Paketkarte, -n	schreiben
auspacken	die Waage, -n	wollen
sich anstellen	der Briefkasten, ¨	hineingehen
leeren	die Briefmarke, -n	wiegen
ausfüllen	das Formular, -e	legen
verschicken	das Päckchen, -	einpacken
	der Absender, -	
	der Postbote, -n	
	die Postfiliale, -n	
	die Sondermarke, -n	
	der Schalter, -	
	das Gewicht	

Für diese Aufgabe brauchen Sie eine aktuelle Preisliste der Post. Suchen Sie die Preise für folgende Leistungen heraus:

a) Sie schicken einen Brief nach Spanien. Der Brief wiegt 18 g.

....

b) Sie schicken ein Paket zu Ihrer Freundin nach Stuttgart. Das Paket wiegt 18 kg.

....

c) Ihre Tochter ist auf Klassenfahrt in Österreich. Sie wollen ihr eine Postkarte schicken.

....

d) Sie schicken eine Bewerbung an eine Firma. Der Brief ist so groß wie Ihr Kursbuch und wiegt 234 g.

....

e) Sie kündigen Ihre alte Wohnung. Weil Sie ganz sicher sein wollen, dass der Brief ankommt, schicken Sie ihn als normales Einschreiben.

....

f) Sie kündigen Ihre Autoversicherung. Sie wollen ganz sicher sein, dass der Brief ankommt. Sie schicken ihn als Einschreiben mit Rückantwort.

....

g) Sie schicken einen 47 g schweren Brief in Ihr Heimatland.

....

h) Sie schicken ein 7,3 kg schweres Paket an einen Freund in Singapur.

....

Noch einmal: Teleshopping

1   **Sortieren Sie: Was passiert zuerst, was danach?**

[7] die Verkaufssendung einschalten

☐ die Bestellung notieren

☐ das Paket in die richtige Stadt transportieren und zum Empfänger bringen

☐ das Produkt bestellen

☐ ein interessantes Produkt sehen

☐ einen Paketschein ausfüllen

☐ den Empfang bestätigen

☐ die Telefonnummer aus der Fernsehsendung wählen

☐ die richtige Ware heraussuchen und verpacken

☐ das Paket zur Post bringen

☐ das Paket auspacken

2   **Beschreiben Sie jetzt, was passiert.**

Die Verkaufssendung wird eingeschaltet. . . .

3   **Die Ware ist kaputt angekommen. Beschreiben Sie, was dann passiert.**

Das Rückgabeformular wird ausgefüllt. Die Ware wird wieder verpackt. . . .

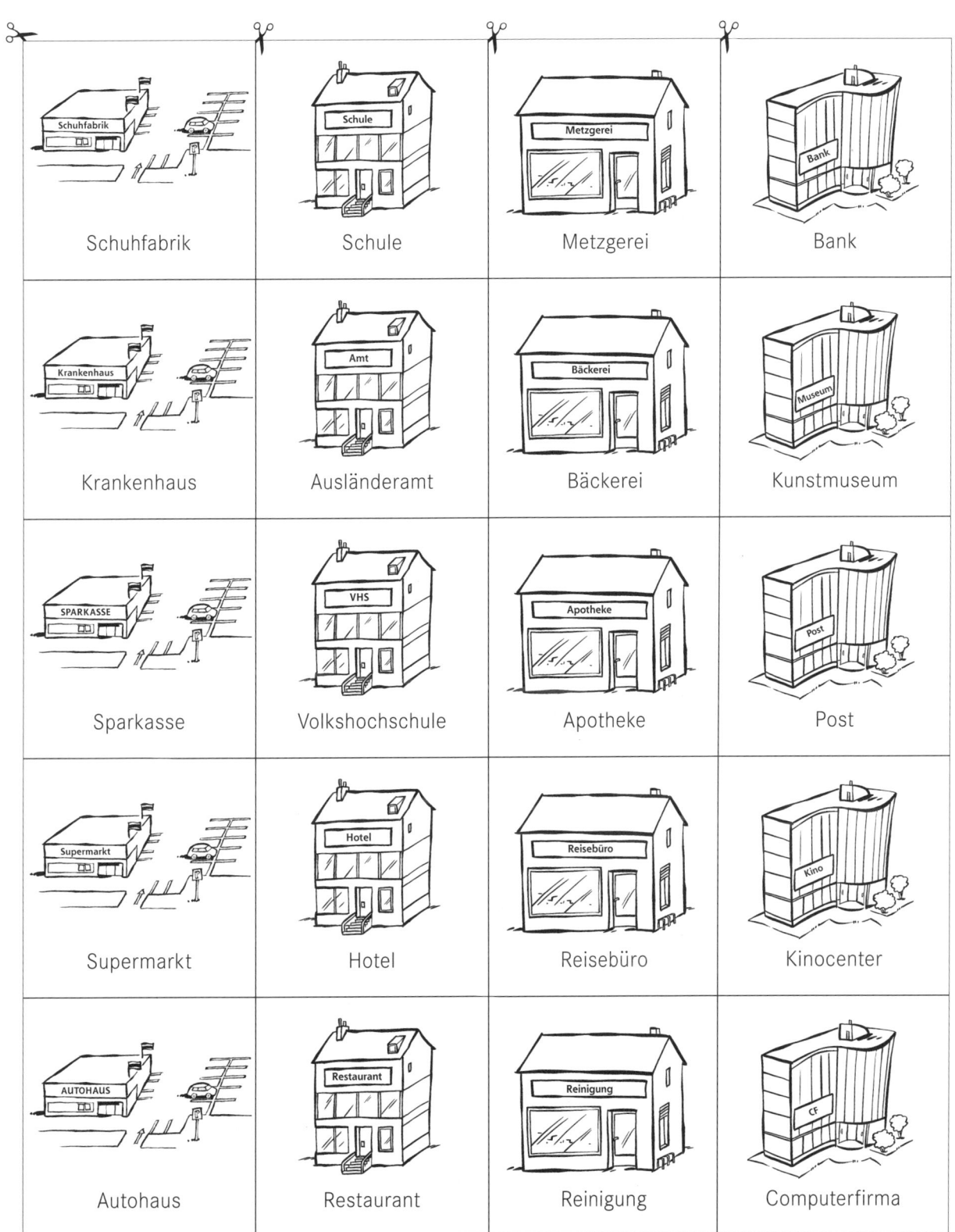

Schuhfabrik	Schule	Metzgerei	Bank
Krankenhaus	Ausländeramt	Bäckerei	Kunstmuseum
Sparkasse	Volkshochschule	Apotheke	Post
Supermarkt	Hotel	Reisebüro	Kinocenter
Autohaus	Restaurant	Reinigung	Computerfirma

Der Anrufbeantworter
RECTELL 700

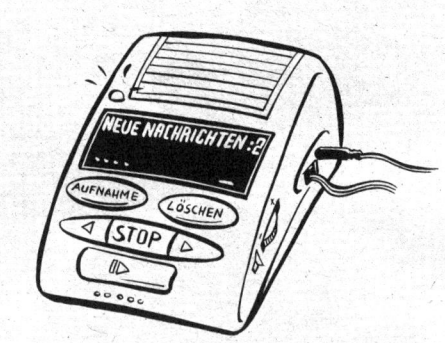

A. Ansagetext aufsprechen

1. Einmal die Taste „Aufnahme" drücken: „Memo" wird angesagt.
2. Taste „Aufnahme" drücken und gedrückt halten bis zur Meldung „jetzt sprechen". Eigene Ansage nach dem Signalton aufsprechen.
3. Beenden mit „Stopp": Der Ansagetext wird automatisch wiedergegeben.

B. Ansagetext kontrollieren

Zweimal Taste „Aufnahme" drücken, danach die Taste „Nachricht" drücken. Sie hören den Ansagetext.

C. Nachrichten abhören

Taste „Nachricht" drücken. Gesamtzahl der Nachrichten, Anzahl der neuen Nachrichten, Datum und Uhrzeit der Nachricht werden angesagt.

Diese Funktionen haben Sie beim Abhören der Nachrichten:
Taste „Vorwärts": weiter zur nächsten Nachricht
Taste „Rückwärts": zurück an den Anfang der Nachricht
Zweimal Taste „Rückwärts": zurück zur vorherigen Nachricht
Taste „Löschen": Aktuelle Nachricht löschen. Der Anrufbeantworter meldet „Nachricht gelöscht"
Taste „Stopp": Wiedergabe beenden

Stellen Sie sich vor, Sie arbeiten bei der Firma RECTELL. RECTELL stellt Anrufbeantworter her. Schreiben Sie aus den Stichwörtern oben eine Bedienungsanleitung.

A. Sie möchten einen Ansagetext aufsprechen:

1. Drücken Sie einmal die Taste „Aufnahme". „Memo" wird angesagt.
2. ...

Was machen die Leute? Ergänzen Sie.

Beispiel:

Frau Günzer kommt gerade *vom* Frisör. Sie war über zwei

Stunden *beim* Frisör. Jetzt hat sie rote Haare und eine

neue Frisur.

a) Bettina war heute .... Fitnesscenter. Dort hat sie über

eine Stunde trainiert. Danach war sie eine halbe Stunde

.... Sauna. Das hat gut getan!

Jetzt ist sie wieder fit!

b) Frau Mandelbaum war am Samstag mit ihrem Mann ....

.... Stadt. Sie haben einen Stadtbummel gemacht und sind

dabei am Schaufenster von „Fabrice" stehen geblieben, weil ihr der

rote Mantel so gut gefallen hat. Sie wollte ....

Geschäft gehen und den Mantel anprobieren, aber es war leider

schon geschlossen.

c) Nina hat sich gestern Abend um 22.30 Uhr .... Bett

gelegt. Sie konnte aber nicht einschlafen und hat noch lange

.... Bett gelesen.

d) Herr Baumgart ist gestern spät .... Arbeit nach

Hause gekommen. Normalerweise geht er nach der Arbeit immer

.... Fitnesscenter. Aber gestern war er so müde, dass

er sich nur .... Sofa gelegt und ferngesehen hat.

e) Michaels Auto war kaputt. Also hat er es ....

Werkstatt gebracht. Morgen kann er es wieder ....

.... Werkstatt holen. Es ist alles wieder in Ordnung.

Hinweis: Kopieren Sie die Kopiervorlage mehrmals, schneiden Sie die Karten aus und kleben Sie sie auf festen Karton.

Wir müssen fast ganz **um** den Kreisverkehr **herum** und dann abbiegen.	
Wir müssen direkt **durch** das Zentrum fahren.	
Die nächste Tankstelle? Bei uns zu Hause, **gegenüber** der Kirche.	
Du fährst **bis zur** nächsten Kreuzung. Da musst du links abbiegen.	
Und jetzt geradeaus **über** die Brücke da.	
Da kommen wir übrigens auch **am** Mozartplatz **vorbei**.	
Nach der Brücke fahren wir das Flussufer **entlang**.	

Spielverlauf:

1. Gespielt wird in Gruppen von 3–4 Spielern. Jede Spielerin / Jeder Spieler erhält eine Spielfigur.
2. Die erste Spielerin / Der erste Spieler wirft die Münze. Zeigt die Zahl nach oben, darf sie/er ein Feld vorgehen, zeigt das Bild nach oben, darf sie/er zwei Felder weitergehen. Die Spielerin / Der Spieler liest den Satzanfang laut vor und vervollständigt den Satz mit eigenen Worten. Wenn die Mitspieler mit dem Satz einverstanden sind, darf sie/er ein weiteres Feld vorgehen. Wenn die Mitspieler die Lösung nicht akzeptieren, muss sie/er ein Feld zurück. Auf den Pausefeldern ist keine Aufgabe zu lösen.
3. Wer zuerst im Ziel ist, hat gewonnen.

Start →	Mein Auto ist kaputt. Deshalb …	Heute gibt es Stau, weil …	**Pause**	Mein Fahrradreifen ist platt. Deshalb …	Ich möchte den Führerschein machen. Deshalb …
					Der Bremsweg ist lang, weil …
Setzen Sie einmal aus! ☹	Ich brauche eine Luftpumpe, weil …	Rücken Sie 2 Felder vor! ☺	An der Kreuzung ist ein Unfall passiert, weil …		Rücken Sie 2 Felder vor! ☺
Ich fahre oft mit dem Bus. Deshalb …			Ich muss ein neues Rücklicht kaufen, denn …		Ich kann nicht klingeln, weil …
Pause			Ich muss zur Tankstelle fahren, weil …		**Pause**
Ich möchte ein Fahrrad kaufen, weil …		**Ziel**	Heute hat es geregnet. Deshalb …		Ich finde keinen Parkplatz. Deshalb …
Der Weg zum Deutschkurs ist weit. Deshalb …					Setzen Sie einmal aus! ☹
Pause	Ich bin in einen Nagel gefahren. Deshalb …	Ich kann nicht Auto fahren, denn …	Rücken Sie 2 Felder vor! ☺	Ich fahre gern mit der U-Bahn, weil …	Die Reifen sind alt. Deshalb …

So ein Pech!

Das Jahr hat nicht gut angefangen. Was ist passiert? Schreiben Sie.

ein Reifen ist geplatzt → Reifen wechseln • ~~die Batterie leer~~ → ~~Hilfe brauchen~~ •
kein Benzin mehr → zu Fuß zur Tankstelle gehen • der Auspuff war kaputt → in die Werkstatt
fahren • kein Werkzeug dabei haben → den Pannendienst rufen

a) *Im Januar war die Batterie von Michaels Auto leer.*

Deshalb hat er Hilfe gebraucht.

b) *Vier Wochen später*

c) *Dann*

d) *Vor zwei Wochen*

e) *Und gestern war der Reifen schon wieder platt. Aber Michael*

Kopiervorlage

1 Ergänzen Sie.

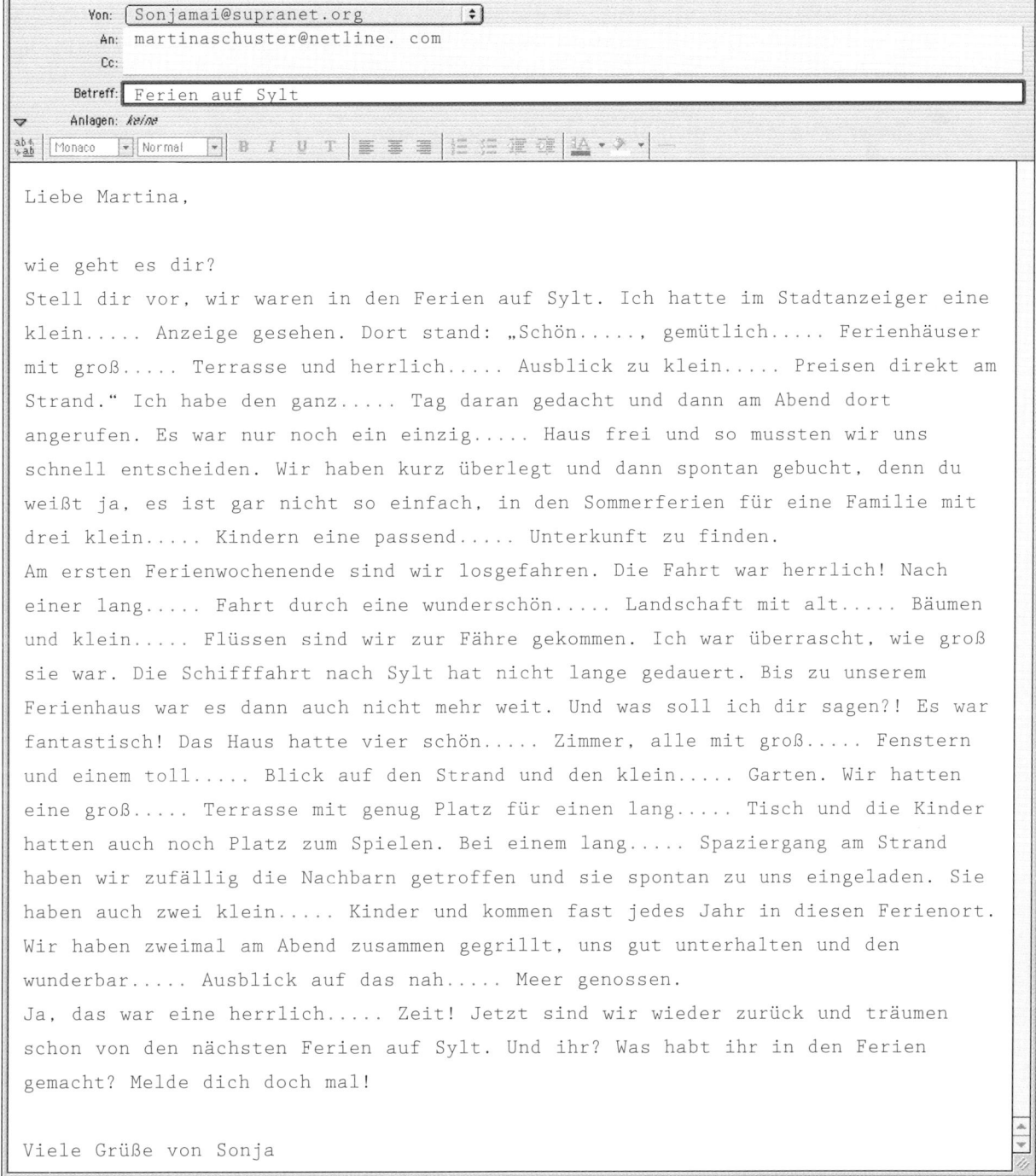

Von: Sonjamai@supranet.org
An: martinaschuster@netline.com
Cc:
Betreff: Ferien auf Sylt
Anlagen: *keine*

Liebe Martina,

wie geht es dir?
Stell dir vor, wir waren in den Ferien auf Sylt. Ich hatte im Stadtanzeiger eine
klein..... Anzeige gesehen. Dort stand: „Schön....., gemütlich..... Ferienhäuser
mit groß..... Terrasse und herrlich..... Ausblick zu klein..... Preisen direkt am
Strand." Ich habe den ganz..... Tag daran gedacht und dann am Abend dort
angerufen. Es war nur noch ein einzig..... Haus frei und so mussten wir uns
schnell entscheiden. Wir haben kurz überlegt und dann spontan gebucht, denn du
weißt ja, es ist gar nicht so einfach, in den Sommerferien für eine Familie mit
drei klein..... Kindern eine passend..... Unterkunft zu finden.
Am ersten Ferienwochenende sind wir losgefahren. Die Fahrt war herrlich! Nach
einer lang..... Fahrt durch eine wunderschön..... Landschaft mit alt..... Bäumen
und klein..... Flüssen sind wir zur Fähre gekommen. Ich war überrascht, wie groß
sie war. Die Schifffahrt nach Sylt hat nicht lange gedauert. Bis zu unserem
Ferienhaus war es dann auch nicht mehr weit. Und was soll ich dir sagen?! Es war
fantastisch! Das Haus hatte vier schön..... Zimmer, alle mit groß..... Fenstern
und einem toll..... Blick auf den Strand und den klein..... Garten. Wir hatten
eine groß..... Terrasse mit genug Platz für einen lang..... Tisch und die Kinder
hatten auch noch Platz zum Spielen. Bei einem lang..... Spaziergang am Strand
haben wir zufällig die Nachbarn getroffen und sie spontan zu uns eingeladen. Sie
haben auch zwei klein..... Kinder und kommen fast jedes Jahr in diesen Ferienort.
Wir haben zweimal am Abend zusammen gegrillt, uns gut unterhalten und den
wunderbar..... Ausblick auf das nah..... Meer genossen.
Ja, das war eine herrlich..... Zeit! Jetzt sind wir wieder zurück und träumen
schon von den nächsten Ferien auf Sylt. Und ihr? Was habt ihr in den Ferien
gemacht? Melde dich doch mal!

Viele Grüße von Sonja

2 Sie sind Martina. Antworten Sie auf Sonjas E-Mail.

1   Eine Reiseroute beschreiben

a) Welche Orte möchten Sie besuchen? Wählen Sie fünf Orte und markieren Sie sie auf der Landkarte.
b) In welcher Reihenfolge besuchen Sie diese Orte? Zeichnen Sie Ihre Route auf der Karte ein.
c) Beschreiben Sie ihrer Partnerin / Ihrem Partner Ihre Reiseroute.

Zuerst fahre ich mit dem Bus/Auto/Schiff/Zug nach ...

Zuerst fliege ich nach ...

Dann ...

Später ...

Schließlich ...

Am Schluss ...

2   Sich verabreden

Ihre Partnerin / Ihr Partner beschreibt Ihnen eine Reiseroute. Zeichnen Sie die Route in Ihre Karte ein. Besuchen Sie dieselben Orte? Vielleicht können Sie sich verabreden! Sprechen Sie darüber.

Lesen Sie die Typbeschreibungen und die Anzeigen. Welches Angebot passt zum Abenteurer, zum Kulturfreak, zur Sportskanone oder zum Genießer? Ordnen Sie zu.

A

Der Abenteuertyp liebt das Risiko. Er möchte etwas Besonderes erleben! Eine Safari mit wilden Tieren, eine Dschungel-wanderung oder eine Wüstentour sind für ihn genau das Richtige.

B

Der Kulturfreak möchte im Urlaub etwas Neues lernen. Museumsbesuche, Sightseeing und der Besuch von kulturellen Veran-staltungen machen ihn glücklich. Eine Städtereise in eine Metropole wie Paris oder London findet er gut.

C

Die Sportskanone interessiert sich für alle sportlichen Aktivitäten. Sie will schwimmen, surfen und tauchen oder wandern und auf einen Berg steigen. Ein Picknick in freier Natur wäre auch nach ihrem Geschmack.

D

Der Genießer interessiert sich vor allem für die angenehmen Seiten des Lebens. Gutes Essen und Ruhe sind für ihn sehr wichtig. Er liegt gern in der Sonne, und wenn er mal einen Ausflug in die nächste Stadt macht, möchte er nicht zu Fuß gehen.

1

3 Tage Mailand!
Lernen Sie die Mode-Metropole einmal ganz anders kennen: mit einer Rundfahrt bei Nacht. Ein Besuch der Mailänder Scala und eine Stadtbesichtigung sind ebenfalls im Preis inklusive! ...

2

New York einmal anders. Gehen Sie mit uns auf Shopping-Tour! Wir kennen die besten Boutiquen und Designerläden in Soho. Mit uns machen Sie bestimmt ein Schnäppchen!

3

Windsurfen ist Ihre Leidenschaft? Dann sind Sie bei uns genau richtig! Auf Hawaii gibt es die höchsten Wellen der Welt. Hier können Sie 365 Tage im Jahr Ihren Lieblingssport ausüben! Überzeugen Sie sich selbst!

4

Ferien auf dem Bauernhof! Lieben Ihre Kinder Tiere und ernähren Sie sich gerne gesund? Dann verbringen Sie Ihre Ferien doch bei uns! Sie können das Leben auf dem Land einmal live erleben. Zum Frühstück servieren wir selbst gebackenes Brot, Käse aus eigener Herstellung und vieles mehr.

5

Reisen auf die ganz besondere Art!
Kommen Sie mit uns nach Tibet! Wir gehen weite Strecken zu Fuß, zelten oder übernachten bei tibetischen Familien und lernen das Land so von einer ganz anderen Seite kennen.

6

Endlich Sonne! Genießen Sie mit uns die Sonne Griechenlands! Weiße Strände und sauberes Wasser erwarten Sie. Tagsüber am Meer und abends in einem der ausge-zeichneten Fischrestaurants. Kann Urlaub schöner sein?

Typ	A	B	C	D
Anzeige				

Sie sind neu in der Stadt und haben viele Fragen. Fragen Sie Ihre Partnerin / Ihren Partner!
Beginnen Sie mit „Können Sie mir sagen, …?" oder mit „Wissen Sie, …?" Notieren Sie die Antworten in
der Tabelle.

Ihre Partnerin / Ihr Partner hat auch Fragen an Sie. Helfen Sie. Sie finden die Antworten in Ihrer Tabelle.

Beispiel: ~~Wo gibt es hier eine Bank?~~ → Können Sie mir sagen, wo es hier eine Bank gibt?

Wo gibt es hier eine Bank?	Geldautomat? Neben der Apotheke ist einer.	Gibt es hier ein günstiges Hotel?	Kreditkarten? Das ist ganz unterschiedlich. Manche akzeptieren Kreditkarten, andere nicht.	Wie bedient man den Automaten?
Kann ich die Wasch-maschine in Raten bezahlen?	Banken länger geöffnet? Jeden Donnerstag. Die Banken schließen dann erst um 18 Uhr.	Wie viel Prozent Zinsen bekomme ich auf ein Spar-buch?	Konto-auszüge? An jedem Serviceterminal Ihrer Bank, also an einem Automaten.	Wie hoch sind die Zinsen für einen Kredit?
EC-Karte? Nein, in circa einer Woche bekommen Sie Ihre EC-Karte per Post.	Wo kann ich außerhalb der Öffnungszeiten Geld über-weisen?	Kontoauszüge zuschicken? Sie bekommen Ihre Konto-auszüge einmal im Monat per Post.	Brauche ich zur Konto-eröffnung einen Ausweis?	Karte aus dem Automaten? Weil Sie dreimal die falsche Geheimzahl eingegeben haben.

Sie sind neu in der Stadt und haben viele Fragen. Fragen Sie Ihre Partnerin / Ihren Partner!
Beginnen Sie mit „Können Sie mir sagen, …?" oder mit „Wissen Sie, …?" Notieren Sie die Antworten in
der Tabelle.

Ihre Partnerin / Ihr Partner hat auch Fragen an Sie. Helfen Sie. Sie finden die Antworten in Ihrer Tabelle.

Beispiel: ~~Wo finde ich hier einen Geldautomaten?~~ → Können Sie mir sagen, wo ich hier einen
Geldautomaten finde?

eine Bank? Gleich hier um die Ecke in der Schnörstraße.	Wo finde ich hier einen Geldautomaten?	günstiges Hotel? Ja, gegenüber dem Bahnhof ist das „Go In". Die Zimmer sind günstig und sauber.	Akzeptieren die Geschäfte hier Kreditkarten?	Automat bedienen? Das ist ganz einfach. Sie drücken hier und folgen den Anweisungen.
in Raten bezahlen? Ja, aber dann kostet sie 2% mehr.	An welchem Tag haben die Banken hier länger geöffnet?	Zinsen? Auf ein normales Sparbuch bekommen Sie 2% Zinsen.	Wo kann ich meine Kontoauszüge selbst ausdrucken?	Zinsen für einen Kredit? Das ist unterschiedlich. Zwischen 4 und 6,5%.
Muss ich lange auf meine EC-Karte warten?	Geld überweisen? An jedem Serviceterminal Ihrer Bank.	Wie oft schicken Sie mir die Kontoauszüge zu?	Ausweis für Kontoeröffnung? Ja, Sie brauchen Ihren Personalausweis oder Reisepass.	Warum kommt meine Karte nicht mehr aus dem Automaten?

Lampe aufhängen	Auto reparieren	Anzug nähen
Fahrrad reparieren	Reifen wechseln	Essen servieren
Auto waschen	Wohnung putzen	Briefe am PC schreiben
Wohnung renovieren	Öl wechseln	Kleider ändern
Waschmaschine anschließen	Vorhänge aufhängen	Bilder aufhängen
ein Konto eröffnen	Autobremsen erneuern	ein Paket liefern

Suchen Sie die Informationen zu folgenden Fragen in den Bankbroschüren.

a) Wie heißt die Bank?

....

b) Wie hoch ist die Kontoführungsgebühr?

....

c) Wie viel Prozent Zinsen bekommt man, wenn man Geld auf dem Sparbuch hat?

....

d) Wie viel Prozent Zinsen bekommt man, wenn man sein Geld für fünf Jahre fest anlegt?

....

e) Kann man einen Sparvertrag oder eine feste Anlage vor dem Ende kündigen? Was passiert dann?

....

....

f) Kann man über die Bank Aktien kaufen? Welchen Service bietet sie?

....

....

g) Gibt es ein Angebot für Leute, die später einmal eine Wohnung kaufen oder ein Haus bauen wollen? Wie funktioniert das?

....

....

....

....

1. Stellen Sie Ihre Spielfiguren auf ein beliebiges Feld, möglichst nicht alle auf das gleiche.
2. Sie würfeln und kommen z.B. auf das Feld „über Ihre Hochzeit". Erzählen Sie eine Minute lang etwas über Ihre Hochzeit: Wann war sie? Wo? Wie? Wer war da? ...
3. Eine Mitspielerin / Ein Mitspieler beobachtet die Uhr.
4. Wenn Ihnen nichts mehr einfällt, dürfen die anderen Fragen stellen.
5. Der nächste würfelt.

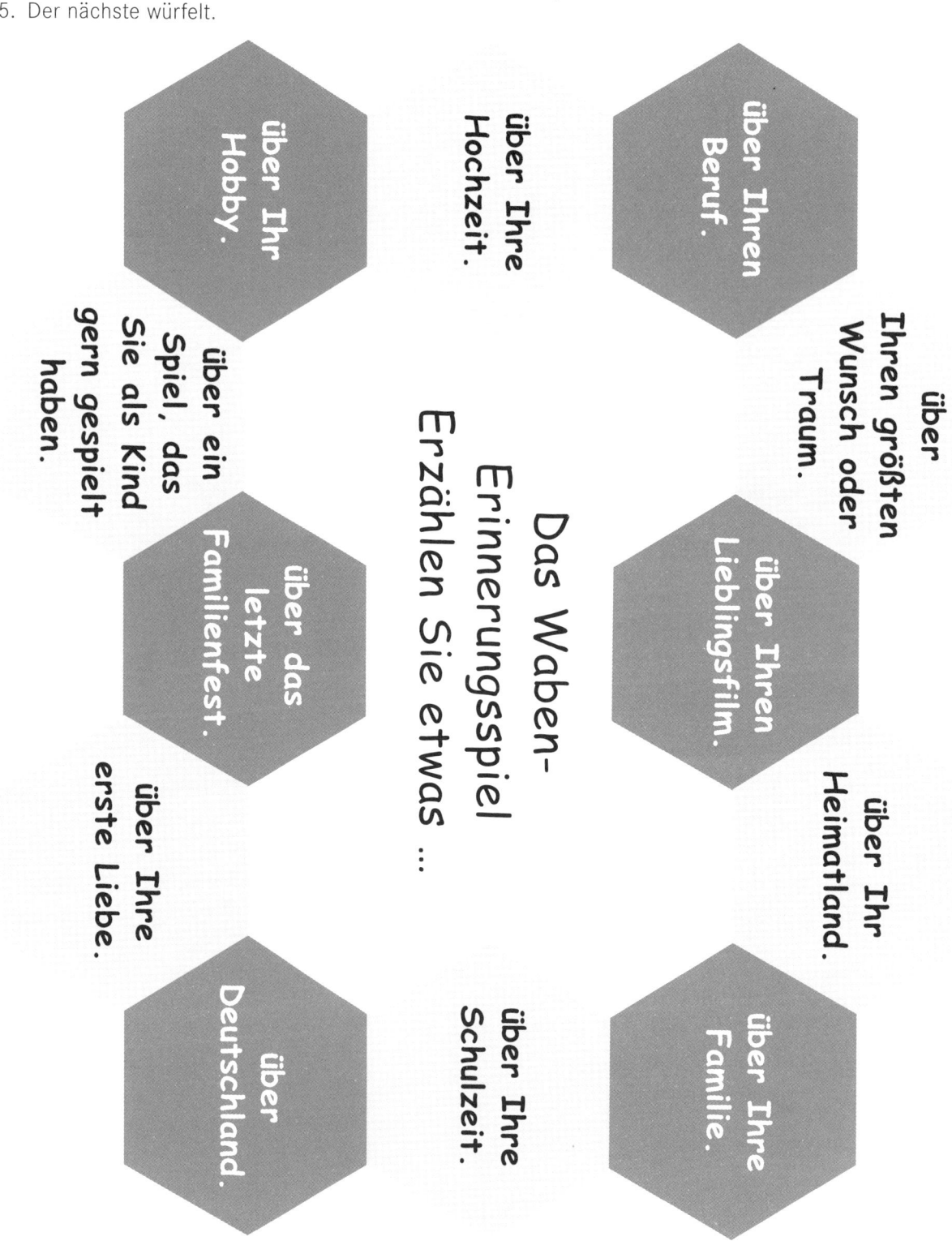

Ach, was für ein süßes Kindchen!

Herrje, was soll ich mit dem kleinen Fläschchen?

Oh Gott, was ist denn das für ein Jäckchen?

Könnte ich ein Gläschen Wasser haben?

Wo hast du das süße Kettchen denn her?

Das finden Sie alles in diesem Heftchen hier.

Nein, haben Sie aber ein süßes Hündchen!

Wissen Sie, ich suche so ein ganz kleines Tischchen!

Diese Gegenstände finden Sie in Ihrem Kursraum.
Ergänzen Sie!

> die Scheibe   das Fenster   die Teilnehmerin
> das Bein   der Sack   die Tür   die Lehne
> der Stift   das Fenster   das Licht   der Schreiber
> die Lampe   das Buch   der Spieler   der Kurs
> das Zimmer   die Wörter   die Hose

a) .... Kugel.........................

b) das ....schloss

c) .... Tisch.........................

d) die Fenster.........................

e) .... Stuhl.........................

f) die Decken.........................

g) der ....teilnehmer

h) .... Kurs.........................

i) .... Kurs.........................

j) ....tür

k) der Ruck.........................

l) .... Blei.........................

m) ....buch

n) der ....schalter

o) ....bank

p) .... Herren.........................

q) der ....griff

r) der CD- ....

Alle alten Leute sollten in ein Seniorenheim gehen.

Ich würde meine Eltern nicht zu Hause pflegen.

Es ist nicht denkbar, dass ich meine Eltern in ein Heim schicke.

Es ist sehr viel Arbeit, wenn man einen alten Menschen pflegen muss. Ich könnte das nicht.

Die Kinder müssen für die Eltern da sein, wenn sie alt und krank sind.

Wenn mein Vater bei uns im Haus leben würde, wäre das eine Belastung für die ganze Familie.

Meine Mutter passt auf die Kinder auf und kocht manchmal. Ich bin froh, dass sie da ist.

Meine Schwiegermutter ist immer dabei. Nie habe ich wirklich Zeit für mich.

Zu meinen Kindern? Nie, ich will selbstständig bleiben.

Ein Seniorenheim ist viel zu teuer.

A

Sie sitzen sich zu zweit gegenüber. Eine/r erhält Kopie A, die/der andere B. Lesen Sie abwechselnd die Fragen vor. Ihre Partnerin / Ihr Partner antwortet. Wenn die Antwort korrekt ist, haken Sie die Frage in dem dafür vorgesehenen Feld (links vor der Frage) ab. Bei einer falschen Antwort korrigieren Sie Ihren Partner, haken Sie die Frage nicht ab, sondern stellen Sie sie am Schluss noch einmal.

○ 1. Sagen Sie es mit „weil": Klaus sitzt im Garten und liest. In der letzten Woche hat er viel gearbeitet.
(Klaus sitzt im Garten und liest, weil er in der letzten Woche viel gearbeitet hat.)

○ 2. Was passt: Meine Frau will immer ans Meer. Ich würde/wäre/hätte gern mal in die Berge fahren.
(würde)

○ 3. Sagen Sie es als Wunsch: Die Kinder essen Eis.
(Die Kinder würden gerne ein Eis essen.)

○ 4. Sagen Sie es mit „trotzdem": Klaus hat schlechte Noten in der Schule. Er macht nie Hausaufgaben.
(Klaus hat schlechte Noten in der Schule. Trotzdem macht er nie Hausaufgaben.)

○ 5. Ihr Nachbar fragt Sie: „Ich würde gern am Samstagabend eine Party machen. Kommen Sie?" Was antworten Sie?
(freie Lösung)

○ 6. Was passt: Morgen kaufe ich mir ein dicke/dickes/dicken Wörterbuch.
(dickes)

○ 7. Ergänzen Sie die richtigen Endungen: Morgen Abend gehe ich in ein....... gut....... Restaurant.
(ein gutes Restaurant)

○ 8. Aus welchem Material können Schuhe sein?
(Schuhe können aus Leder, Stoff, Holz und Plastik sein.)

○ 9. Vergleichen Sie ein Fahrrad und ein Auto.
(freie Lösung)

○ 10. Was ist richtig? Ich bin genauso alt wie/als du.
(wie)

○ 11. Ergänzen Sie: Eine Reise nach München wäre schön. Eine Reise nach Rom wäre schöner. Eine Reise nach New York wäre ....
(am schönsten)

○ 12. Erklären Sie: Was ist Teleshopping?
(Lösungsvorschlag: Im Fernsehen gibt es Verkaufssendungen. Man kann die Sachen im Fernsehen bestellen.)

○ 13. Ergänzen Sie: billig, billiger, am billigsten; hoch ...
(höher, am höchsten)

○ 14. Ergänzen Sie die richtigen Endungen: Die Blumen habe ich von ein....... alt....... Freund bekommen.
(von einem alten Freund)

B

Sie sitzen sich zu zweit gegenüber. Eine/r erhält Kopie A, die/der andere B. Lesen Sie abwechselnd die Fragen vor. Ihre Partnerin / Ihr Partner antwortet. Wenn die Antwort korrekt ist, haken Sie die Frage in dem dafür vorgesehenen Feld (links vor der Frage) ab. Bei einer falschen Antwort korrigieren Sie Ihren Partner, haken Sie die Frage nicht ab, sondern stellen Sie sie am Schluss noch einmal.

○ 1. Sagen Sie es mit „trotzdem": Es regnet den ganzen Tag. Ich fahre mit dem Rad in die Stadt.
(Es regnet den ganzen Tag. Trotzdem fahre ich mit dem Rad in die Stadt.)

○ 2. Was passt: Sabine ist sehr nervös. Sie würde/wäre/hätte gern mehr Ruhe.
(hätte)

○ 3. Sagen Sie es als Wunsch: Ich liege lieber in der Sonne.
(Ich würde lieber in der Sonne liegen.)

○ 4. Sagen Sie es mit „weil": Petra macht viel Sport. Sie ist dick.
(Petra macht viel Sport, weil sie dick ist.)

○ 5. Eine Freundin sagt zu Ihnen: „Ich würde morgen gern mal wieder essen gehen".
Was antworten Sie?"
(freie Lösung)

○ 6. Was passt: Nein, ich habe keinen schnelle/schnelles/schnellen Computer.
(schnellen)

○ 7. Ergänzen Sie die Endungen: Hast du kein....... groß....... Gläser?
(keine großen Gläser)

○ 8. Aus welchem Material können Uhren sein?
(Uhren können aus Plastik, Holz, Glas und Metall sein.)

○ 9. Vergleichen Sie sich mit Ihrer Lehrerin/Ihrem Lehrer.
(freie Lösung)

○ 10. Was ist richtig? Cola ist süßer wie/als Fanta.
(als)

○ 11. Ergänzen Sie: Eis esse ich gern. Pizza esse ich lieber. Salat esse ich ....
(am liebsten)

○ 12. Erklären Sie: Was ist ein Fachgeschäft?
(Lösungsvorschlag: In einem Fachgeschäft kann man nur bestimmte Sachen kaufen, z.B. in einem Lampengeschäft nur Lampen. Man bekommt Garantie auf die gekauften Sachen.)

○ 13. Ergänzen Sie: billig, billiger, am billigsten; teuer ...
(teurer, am teuersten)

○ 14. Ergänzen Sie die richtigen Endungen: Ein Wörterbuch kaufst du am besten in ein.......
richtig....... Fachgeschäft.
(in einem richtigen Fachgeschäft)

Hinweise:

1. Kopieren Sie die Kopiervorlage mehrmals auf festen Karton, schneiden Sie die Kärtchen aus und verteilen Sie die Kartensätze an Kleingruppen von jeweils vier TN. Jeweils zwei TN spielen als Team zusammen.

2. Die Teams ziehen abwechselnd eine Karte: Team A beginnt und liest die Frage laut vor. Team B versucht, die Aufgabe zu lösen. Ist die Antwort richtig, erhält Team B die Karte. Ist dies nicht der Fall, wird die Lösung für alle vorgelesen und dann die Karte wieder <u>unter</u> den Stapel gelegt; sie kann also später noch einmal gezogen werden und wer gut aufgepasst hat, kann punkten. Dann ist Team B an der Reihe.
   Hinweis: Die richtige Antwort ist jeweils hervorgehoben, so dass die Richtigkeit vom gegnerischen Team leicht überprüft werden kann.

3. Das Spiel ist zu Ende, wenn alle Karten gezogen wurden. Das Team, das am Schluss die meisten Karten hat, d.h. die meisten Aufgaben richtig lösen konnte, hat gewonnen.

POST	POST	POST
Wenn man einen Brief verschicken will, braucht man ...	*Wenn man sicher sein möchte, dass der Brief ankommt, schickt man ihn als ...*	*Wenn ein Brief schnell ankommen soll, verschickt man ihn als ...*
a) eine Zollerklärung. *b) eine Briefmarke.* c) eine Verpackung.	a) Paket. b) E-Mail. *c) Einschreiben.*	a) Einschreiben. *b) Eilsendung.* c) Päckchen.
POST	**POST**	**POST**
Wenn man Briefmarken braucht, geht man ...	*Wenn man bei der Post ein Paket abholen möchte, braucht man ...*	*Wenn man wissen will, wie schwer ein Paket ist, muss man es ...*
a) zum Kiosk. b) zur Bank. *c) zur Post.*	a) einen Ausweis. b) einen Abholschein. *c) einen Abholschein und einen Ausweis.*	a) messen. b) heben. *c) wiegen.*
HANDY	**INTERNET**	**WEGBESCHREIBUNG**
Wenn ich Freunden <u>kurz</u> etwas mitteilen möchte, schicke ich ihnen ...	*Wenn man sich über ein bestimmtes Thema informieren möchte, kann man ...*	*Wenn Sie zum Theater wollen, müssen Sie noch ... die Brücke dort fahren.*
a) einen Anruf. *b) eine SMS.* c) ein Einschreiben.	a) eine E-Mail schreiben. *b) im Internet surfen.* c) eine Anzeige aufgeben.	a) an b) gegen *c) über*

WEGBESCHREIBUNG

Wenn Sie zum Tennisclub wollen, müssen Sie noch etwa einen Kilometer das Flussufer ... fahren.

a) geradeaus
b) vorbei
c) *entlang*

WETTERLAGE

Wenn im Sommer die Sonne länger ..., ist es auch in Deutschland sehr heiß.

a) *scheint*
b) sonnig
c) Sonnenschein

WETTERLAGE

Wenn im Winter viel ... liegt, gibt es auf den Straßen meistens Stau.

a) Sonne
b) *Schnee*
c) Regen

WETTERLAGE

Wenn es sehr starken Wind gibt, sagt man auch: „Es ist ...“

a) *stürmisch.*
b) eisig.
c) neblig.

AUTOKAUF

Wenn man nicht viel Geld hat, kauft man kein neues Auto, sondern ...

a) ein KFZ-Kennzeichen.
b) einen Bus.
c) *einen Gebrauchtwagen.*

AUTOKAUF

Wenn Sie ein Auto kaufen, machen Sie immer einen ...

a) Besitzer.
b) *Kaufvertrag.*
c) Führerschein.

AUTOKAUF

Wenn Sie ein KFZ-Kennzeichen brauchen, müssen Sie ... gehen.

a) zur Fahrschule
b) *zur Zulassungsstelle*
c) zum KFZ-Markt

AUTOKAUF

Wenn man ein gebrauchtes Auto kauft, bekommt man vom Besitzer ...

a) den Führerschein.
b) *den Fahrzeugbrief.*
c) das KFZ-Kennzeichen.

VERKEHRSSICHERHEIT

Wenn Ihr Auto schlechte Reifen hat, verlängert sich ...

a) die Bremsen.
b) *der Bremsweg.*
c) die Reise.

VERKEHRSSICHERHEIT

Wenn man nachts ohne ... fährt, wird man von den anderen nichts gesehen.

a) Bremsen
b) *Licht*
c) Führerschein

VERKEHRSSICHERHEIT

Die Klingel muss gut

.... **sein.**

a) sichtbar
b) *erreichbar*
c) montierbar

Spielanleitung:

1. Spielen Sie mit Ihrer Partnerin / Ihrem Partner.
   Sie brauchen jede/r eine Spielfigur und eine Münze.
   Entscheiden Sie, wer Spieler A und wer Spieler B ist.
   Wer darf anfangen?

2. Wer anfängt, wirft jetzt die Münze. Wenn die Münze mit der
   Zahl nach oben zeigt, dürfen Sie ein Feld vorgehen. Wenn
   die Münze mit dem Bild nach oben zeigt, dürfen Sie zwei
   Felder vorgehen.

3. Lösen Sie die Aufgabe auf dem Feld. Wenn die Lösung
   richtig ist, bleiben Sie auf dem Feld stehen. Jetzt ist die
   Mitspielerin / der Mitspieler dran. Wenn die Lösung falsch
   ist, müssen Sie ein Feld zurückgehen und warten, bis Sie
   wieder dran sind. Falls Sie beim nächsten Mal wieder auf
   dieses Feld kommen, können Sie die Aufgabe noch einmal
   lösen. Ihre Mitspielerin / ihr Mitspieler darf dann auch
   helfen.

4. Jetzt ist die Mitspielerin / der Mitspieler dran und wirft die
   Münze. Weiter wie zuvor.

5. Wer zuerst im Ziel ist, hat gewonnen.

A ZIEL	B ZIEL
A10 Könnten Sie mir sagen, ... es hier in der Nähe einen Geldautomaten gibt?	**B10** Wissen Sie, ... am Wochenende auch ein Bus fährt?
A9 Hotel in Strandnähe bietet preiswert...... Zimmer übers Wochenende. Herrlich...... Blick aufs Meer.	**B9** Klein...... Sporthotel mit zahlreich...... Sportangeboten hat noch Zimmer frei.
A8 Kulturfreak sucht kulturinteressiert...... Mitreisende.	**B8** Genießerin sucht fröhlich...... Urlaubsbegleitung mit Spaß am Faulenzen.
A7 Ariel geht morgen zum Frisör. Er will sich seine Haare	**B7** Manlios Auto ist kaputt. Er muss es ....
A6 .... Sie mir bitte sagen, wie ich zum Bahnhof komme?	**B6** .... Sie, wie viel eine einfache Fahrt von München nach Hamburg kostet?
A5 In dem Hotel gibt es nur Zimmer .... Fernseher. Aber das ist kein Problem.	**B5** Würdest du ein Zimmer .... Bad oder Dusche nehmen? Ich finde das unpraktisch.
A4 Abenteurer sucht abenteuerlustig...... Reisebegleitung für gefährlich...... Dschungeltour.	**B4** Sportlich...... Typ sucht unkompliziert...... Leute für gemeinsam...... Aktivurlaub.
A3 .... Sie sich bitte einen Termin geben. Ohne Termin können wir Sie nicht beraten.	**B3** Sie können sich die Kontoauszüge zuschicken .... , wenn Sie sie nicht selbst abholen möchten.
A2 Diesen Sommer fahren wir .... Süden. Wir wollen Urlaub ...... Meer machen.	**B2** Lass uns am Wochenende .... Berge fahren. Wir könnten .... Bergen wandern.
A1 Wir waren am Sonntag ...... Schwarzwald. Und du?	**B1** Ich würde gern mal Urlaub .... einsamen Insel machen.
A ↑ START ↑ 	**B** ↑ START ↑ 

Das kann ich schon:	Das kann ich sehr gut.	Das kann ich.	Das übe ich noch.
Hören			
Ich kann Veranstaltungstipps im Radio verstehen: *Am nächsten Samstag beginnt in Berlin wieder der „Karneval der Kulturen". Dieses Straßenfest ist inzwischen weit über die Grenzen von Berlin hinaus bekannt. ...*			
Ich kann komplexe Nachrichten auf dem Anrufbeantworter verstehen: *Guten Tag, Frau Osiris. Hier Praxisteam Dr. Kammerer/Dr. Kerner. Wir müssen leider den Termin für Ihre Untersuchung und die Grippeimpfung verschieben. Herr Dr. Kammerer ist am 30. leider überraschend auf einem Kongress ...*			
Ich kann komplexere Wegbeschreibungen verstehen: *Also, du gehst rechts, also Richtung Stadtmitte, immer die Fünffensterstraße entlang, bis zum Rathaus ... und da biegst du links ab ...*			
Ich kann Verkehrsmeldungen verstehen: *In weiten Teilen Baden-Württembergs dichter Nebel mit Sichtweiten teilweise unter 50 Metern. Fahren Sie bitte ganz besonders vorsichtig.*			
Ich kann einfache Interviews verstehen: *Worüber streiten sich Ehepaare?*			
Lesen			
Ich kann Anzeigen für Veranstaltungen verstehen: *Wir feiern Wiedereröffnung mit einem Tag der offenen Tür am ...*			
Ich kann Leserumfragen lesen: *Unsere Leserumfrage: Wochenend´ und Sonnenschein*			
Ich kann kurze Informationstexte lesen: *Achtung beim Einkaufen im Fernsehen!*			
Ich kann Angebotsprospekte verstehen.			
Ich kann kurze Zeitungsartikel verstehen: *Heilbronn – Endlich. In den Kneipen braucht bald niemand mehr Geld ...*			
Ich kann Tests und ihre Auswertung verstehen: *Welcher „Handytyp" sind Sie?*			
Ich kann Sicherheitshinweise verstehen: *Schlechte Reifen verlängern den Bremsweg – vor allem auf einer nassen und glatten Straße.*			
Ich kann Dokumente/Texte rund ums Auto verstehen: Kaufvertrag, KFZ-Brief, Autoversicherung ...			
Ich kann Kleinanzeigen in Reiseprospekten verstehen: *Wunderschöner Campingplatz in ruhiger Umgebung. Nur fünf Minuten zum Strand.*			
Ich kann Postkarten lesen: *Lieber Lukas, schön, dass du mich bald besuchst!*			
Ich kann Statistiken und Meinungsumfragen lesen und auswerten: *Worüber streiten Paare am häufigsten?*			
Ich kann den Inhalt von einfachen Broschüren und Prospekten verstehen: *Unsere Angebote und Dienste: Seniorenkreise und Begegnungsstätten.*			
Ich kann eine Rechnung verstehen: *Heizkostenabrechnung für die Mietwohnung Untere Gasse 12, Rechnungsnummer 12/06 05*			

	Das kann ich sehr gut.	Das kann ich.	Das übe ich noch.
Das kann ich schon:			
Sprechen			
Ich kann Gegensätze ausdrücken: *Nina soll nicht so lange schlafen. Trotzdem bleibt sie bis zehn Uhr im Bett.*			
Ich kann Wünsche äußern: *Ich würde gern Theater spielen.*			
Ich kann Vorschläge machen: *Nächsten Samstag könnten wir was zusammen machen.*			
Ich kann meine Meinung sagen: *Ein braunes Sofa? Das passt doch nicht zu einem Schrank mit schwarzen Türen.*			
Ich kann Dinge miteinander vergleichen: *Also, ich finde die Kette schöner als die Ohrringe.*			
Ich kann um Informationen bitten, z.B. am Post- oder Bankschalter: *Ich habe hier einen Brief nach Südafrika. Was kostet der denn?*			
Ich kann eine Geschichte nacherzählen: *Aber dann stellt Maria fest, dass ...*			
Ich kann Ortsangaben machen und Wege beschreiben: *Du fährst bis zur nächsten Kreuzung. Da musst du links abbiegen.*			
Ich kann über Reiseziele sprechen, Reisen planen und eine Reise im Reisebüro buchen: *Wir könnten in die Sahara fahren. / Ich möchte die Reise nach London buchen. Wie lange dauert denn der Flug?*			
Ich kann mich über Dienstleistungen unterhalten: *Reparierst du dein Fahrrad selbst oder lässt du es reparieren?*			
Schreiben			
Ich kann eine Wunschliste schreiben: *Wir würden gerne am Computer Übungen machen, Texte lesen, ...*			
Ich kann eine schriftliche Wegbeschreibung machen: *Pass auf, du fährst am besten immer die B 304 entlang.*			
Ich kann Einladungen schreiben und Vorschläge machen: *Liebe/Lieber..., komm doch mal nach Pakistan. Ich möchte dir so gern meine Heimat zeigen.*			
Ich kann einen einfachen Beschwerdebrief schreiben: *Sehr geehrte Damen und Herren, ich habe bei Ihnen das Radio „Extech 2020" bestellt. Aber ich habe eine Kaffeemaschine bekommen ...*			
Ich kann einen Paketschein und andere Post- und Bankformulare ausfüllen.			

1 **Was passt? Ordnen Sie zu und schreiben Sie Sätze mit _trotzdem_.**

1 Die Sonne scheint.		a) Ich esse jeden Abend Schokolade.
2 Er liegt im Bett.		b) Er fährt mit dem Bus zur Arbeit.
3 Ich bin zu dick.		c) Ich nehme den Regenschirm mit.
4 Ich bin erkältet.		d) Ich kann schon gut Deutsch sprechen.
5 Er hat ein Auto.		e) Ich gehe ohne Mantel zum Supermarkt.
6 Ich lerne nicht viel.		f) Er schläft nicht.

1	2	3	4	5	6
c)					

Beispiel:

1 _Die Sonne scheint. Trotzdem nehme ich den Regenschirm mit._ ....

2 ....

3 ....

4 ....

5 ....

6 ....

Punkte ..... / 10

2 **Lesen Sie. Kreuzen Sie dann an: richtig oder falsch?**

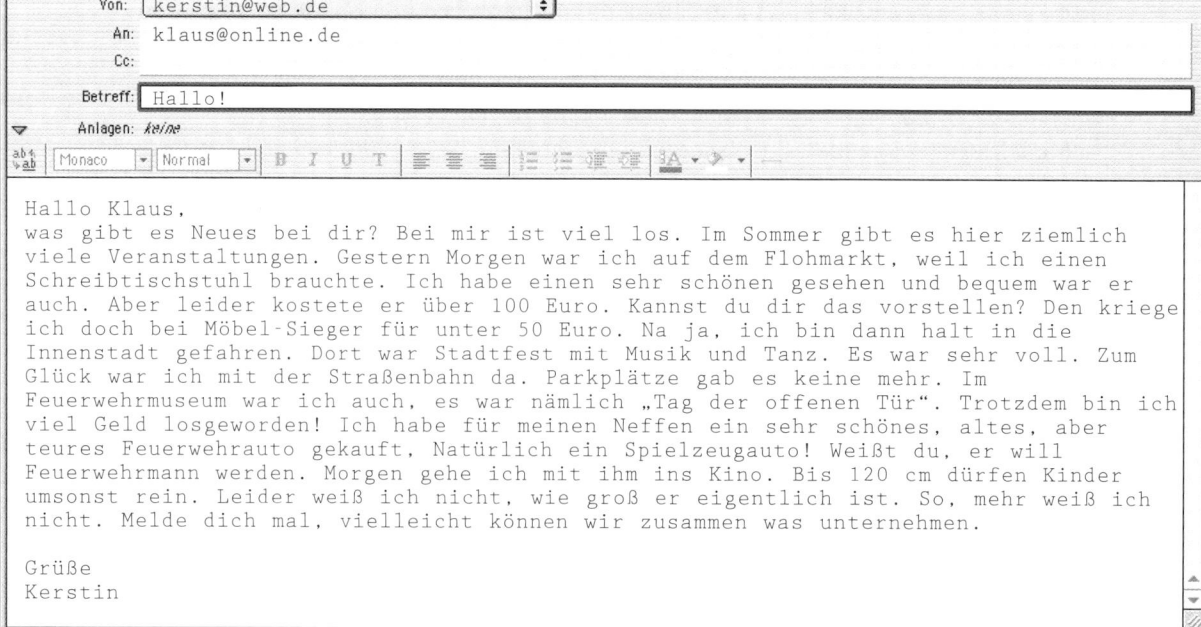

Von: kerstin@web.de
An: klaus@online.de
Cc:
Betreff: Hallo!
Anlagen: keine

Hallo Klaus,
was gibt es Neues bei dir? Bei mir ist viel los. Im Sommer gibt es hier ziemlich
viele Veranstaltungen. Gestern Morgen war ich auf dem Flohmarkt, weil ich einen
Schreibtischstuhl brauchte. Ich habe einen sehr schönen gesehen und bequem war er
auch. Aber leider kostete er über 100 Euro. Kannst du dir das vorstellen? Den kriege
ich doch bei Möbel-Sieger für unter 50 Euro. Na ja, ich bin dann halt in die
Innenstadt gefahren. Dort war Stadtfest mit Musik und Tanz. Es war sehr voll. Zum
Glück war ich mit der Straßenbahn da. Parkplätze gab es keine mehr. Im
Feuerwehrmuseum war ich auch, es war nämlich „Tag der offenen Tür". Trotzdem bin ich
viel Geld losgeworden! Ich habe für meinen Neffen ein sehr schönes, altes, aber
teures Feuerwehrauto gekauft. Natürlich ein Spielzeugauto! Weißt du, er will
Feuerwehrmann werden. Morgen gehe ich mit ihm ins Kino. Bis 120 cm dürfen Kinder
umsonst rein. Leider weiß ich nicht, wie groß er eigentlich ist. So, mehr weiß ich
nicht. Melde dich mal, vielleicht können wir zusammen was unternehmen.

Grüße
Kerstin

	richtig	falsch
a) Kerstin hat auf dem Flohmarkt einen Schreibtischstuhl gekauft.	☐	☒
b) Kerstin ist nach dem Flohmarkt sofort zu Möbel-Sieger gefahren.	☐	☐
c) In der Innenstadt war Stadtfest.	☐	☐
d) Es gab in der ganzen Innenstadt keine Parkplätze mehr.	☐	☐
e) Kerstin hat im Feuerwehrmuseum keinen Eintritt bezahlt.	☐	☐
f) Das Kino ist für ihren Neffen umsonst.	☐	☐

Punkte ..... / 5

3 **Ordnen Sie das Gespräch.**

☐ Okay. Holst du mich ab?
☒ Ich möchte mal wieder essen gehen. Hast du Lust?
☐ Tut mir Leid, aber mein Auto ist kaputt.
☐ Wie wäre es am Sonntagabend?
☐ Sagen wir um 19 Uhr?
☐ Ja, gerne. Wann denn?
☐ Und Montagabend? Kannst du da?
☐ Sonntagabend? Nein, da gehe ich mit Hans ins Kino.
☐ Das macht nichts, dann hole ich dich ab. Bis Montag!
☐ Ja, das geht. Um wieviel Uhr denn?

Punkte ..... / 9

4 **Schreiben Sie Sätze mit *wäre, hätte, würde.***

Beispiel: Sie muss arbeiten. – fernsehen   *Sie würde lieber fernsehen.*

a) Sie muss zur Schule gehen. – Ferien haben

....

b) Sie muss eine Diät machen. – den ganzen Tag essen

....

c) Wir müssen früh aufstehen. – lange schlafen

....

d) Sie hat ein Fahrrad. – ein Auto haben

....

e) Er ist bei seiner Mutter. – bei seiner Freundin sein

....

f) Die Kinder machen Hausaufgaben. – Fußball spielen

....

Punkte ..... / 6

Insgesamt: .... / 30

Bewertungsschlüssel

30 – 27 Punkte	sehr gut
26 – 23 Punkte	gut
22 – 19 Punkte	befriedigend
18 – 15 Punkte	ausreichend
14 – 0 Punkte	nicht bestanden

Name: ....

1   **Sie sind in einem Kaufhaus. Wo finden Sie was? Ordnen Sie zu.**

Spielzeugautos   ~~Fernsehapparat~~   Besteck   Deo   Turnschuhe
Radiergummi   CD-Player   Würstchen   Puppen   tiefe Teller
Videokamera   Lederfußball   Bleistifte   Milch   Parfüm

Elektronik: *Fernsehapparat* ....

Haushaltswaren: ....

Lebensmittel: ....

Parfümerie: ....

Schreibwaren: ....

Spielwaren: ....

Sport: ....

Punkte ..... / 7

2   **Ergänzen Sie.**

Beispiel: Schau mal, so ein schön*es* Besteck. Das gefällt mir.

a) Entschuldigen Sie, wir suchen ein günstig........... Sofa. Können Sie uns da helfen?

b) Das T-Shirt passt aber nicht zu deiner hell........... Hose!

c) Ich brauche ein Geschenk für meine best........... Freundin. Hast du vielleicht eine Idee?

d) Schau mal, da ist ein groß........... Schrank. Wollten wir nicht genau so einen?

Punkte ..... / 4

3   **Was haben Sie heute an? Schreiben Sie.**

Beispiel: Ich trage heute ein gelbes Kleid und schwarze Schuhe. Ich habe ...

....

....

....

....

Punkte ..... / 6

4 **Vergleichen Sie die Wohnungen.**

Tonis Wohnung	Giselas Wohnung	Ahmeds Wohnung
4 Zimmer 70 qm 1. Etage Miete: 380 € Nebenkosten: 100 € Haus von 1970	3 Zimmer 2 km bis zur Innenstadt Erdgeschoss Miete: 375 € Nebenkosten: 70 € Haus von 1950	1 Zimmer Innenstadt 3. Etage Miete: 295 € Nebenkosten: 80 € Haus von 2001 Fahrstuhl

Beispiel: *Ahmeds Wohnung ist kleiner als Tonis Wohnung.* ....

a) Giselas Wohnung ....

b) ....

c) ....

d) ....

e) ....

f) ....

g) ....

h) ....

Punkte ..... / 8

5 **Welche Anzeige passt? Ordnen Sie zu.**

A	B	C	D	E
Verkaufe Küchen-schränke, neuwertig, gegen kleines Geld auch Transport. Tel. 02764/2830 ab 18 Uhr	Wohnungsauflösung. Alles ist zu haben. Kommen Sie gucken ab Montag, Schillstr. 27	Kleiner Kühlschrank abzugeben, fast neu. Preis 120 €. Tel.: 0160 25 74 99	Suche Esstisch für sechs Personen, gern mit Stühlen oder Bank. Hans Koch, Tel.: 031/99 99 99	Der Kühlschrank für Ihre Party oder anderes, riesengroß, 180 €. Tel.: 0 43 21/98 97 76

a) Sabine zieht in ihre erste eigene Wohnung. Ein paar Küchenmöbel für ihre kleine Küche hat sie schon, aber ein Kühlschrank fehlt. ....

b) Herr Maier sucht einen Küchenschrank. Er hat kein Auto und möchte auch keinen Freund fragen. Er macht gern alles allein. ....

c) Familie Schulz hat drei Kinder. Jetzt zieht auch noch die Oma ein. Ein neuer Kühlschrank muss her. ....

d) Familie Erikson möchte das Esszimmer neu einrichten. ....

e) Familie Erikson möchte den alten Esstisch mit Stühlen verkaufen. ....

Punkte ..... / 5

Insgesamt: .... / 30

Bewertungsschlüssel	
30 – 27 Punkte	sehr gut
26 – 23 Punkte	gut
22 – 19 Punkte	befriedigend
18 – 15 Punkte	ausreichend
14 – 0 Punkte	nicht bestanden

Test zu Lektion 10

1   **Ergänzen Sie:** *was für ein/eine/einen.*

Beispiel: ● Ich hätte gern Briefmarken.
      ■ *Was für* .... Briefmarken möchten Sie denn?

a) ● .... Deutschkurse gibt es bei Ihnen?

b) ● Entschuldigen Sie, wo haben Sie Besteck?
    ■ .... Besteck suchen Sie denn?

c) ● .... Jacke möchtest du dir kaufen?
    ■ Keine Ahnung, ich kann mich nicht entscheiden. Vielleicht eine Lederjacke.

d) ● Sag mal, ... Salat hast du da gekauft? Der ist ja schon ganz braun.

e) ● Ich möchte ein Päckchen verschicken. .... Formular muss ich da ausfüllen?

Punkte ..... / 5

2   **Was sagen die Leute? Schreiben Sie ein Gespräch.**

Die Frau: ....

Der Postbeamte: ....

Die Frau: ....

Der Postbeamte: ....

....

Punkte ..... / 8

3   **In der Brotfabrik: Was wird hier gemacht? Schreiben Sie.**

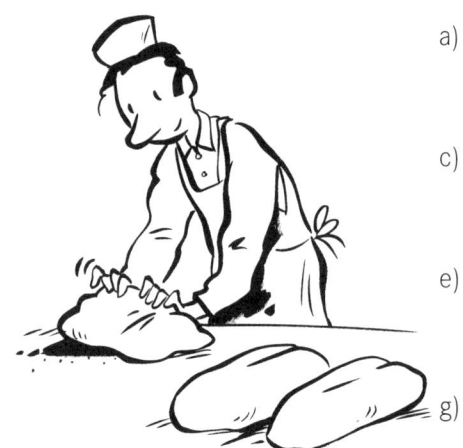

a) Teig machen

b) Teig in den Ofen schieben (geschoben)

c) Brote 90 Minuten backen (gebacken)

d) Brote herausholen (herausgeholt)

e) verpacken

f) mit dem Auto transportieren

g) an den Supermarkt liefern

a) *Der Teig wird gemacht* . ...

b) ....

c) ....

d) ....

e) ....

f) ....

g) ....

Punkte ..... / 6

4 Ergänzen Sie.

Meine Damen und Herren, kaufen Sie das neu......... Handy von BABBEL. Nur heute so billig!

Und gratis zu dem neu......... Handy gibt es eine rot......... Handytasche.

Und noch was von BABBEL! Den müssen Sie einfach haben, den bunt......... DVD-Player mit fünf

aktuell......... DVDs gratis. Heute ist der best......... Tag zum Kaufen. Werden Sie der glücklich.........

Mensch, der einfach alles hat. BABBEL – Mehr brauchen Sie nicht im Leben!

Punkte ..... / 7

5 Notieren Sie vier andere Wörter zur Wortfamilie.

packen

... pack...

Punkte ..... / 2

6 Wie heißt das Gegenteil? Schreiben Sie.

Beispiel: gut – *schlecht* ....

a) angenehm – ....

b) dünn – ....

c) möglich – ....

d) wenig – ....

Punkte ..... / 2

Insgesamt: .... / 30

Bewertungsschlüssel

30 – 27 Punkte	sehr gut
26 – 23 Punkte	gut
22 – 19 Punkte	befriedigend
18 – 15 Punkte	ausreichend
14 – 0 Punkte	nicht bestanden

Test zu Lektion 11

Name: ....

1 Was fehlt? Ergänzen Sie.

Beispiel:

Zum Bahnhof? Da müssen Sie

durch das Zentrum fahren.

a) Die nächste Tankstelle? Da
fahren Sie ....
.... Fuldabrücke
und dann die erste rechts.

c) Zur Schellenbergerstraße?
Da fahren Sie ....
Schillerplatz ....
und dann die nächste rechts.

b) Die Josephskirche? Die ist
gleich ....
.... Tankstelle.

d) Zum Theater? Fahren Sie
....
nächsten Kreuzung, dann an
der Ampel links.

Punkte ..... / 4

2a Was passt zusammen? Ordnen Sie zu.

1 Mein Auto ist kaputt.
2 Bis zum Bahnhof ist es sehr weit.
3 Ich möchte einen Gebrauchtwagen kaufen.
4 Heute haben die Ferien begonnen.
  Alle fahren in Richtung Süden.
5 Ich brauche ein Autokennzeichen für meinen neuen Wagen.
6 Mein Reifen ist geplatzt.

a) Ich lese die Anzeigen im KFZ-Markt.
b) Auf den Straßen gibt es Stau.
c) Ich gehe zur Zulassungsstelle.
d) Ich bringe es in die Werkstatt.
e) Ich muss ihn wechseln.
f) Ich nehme die U-Bahn.

1	2	3	4	5	6
d)					

Punkte ..... / 2,5

2b Schreiben Sie die Sätze aus Aufgabe 2a mit *deshalb*.

Beispiel: Mein Auto ist kaputt, *deshalb bringe ich es in die Werkstatt.* ....

2 Bis zum Bahnhof ist es sehr weit, ...

3 Ich möchte ....

4 ....

5 ....

6 ....

Punkte ..... / 5

Test zu Lektion 11

3   **Was passt? Ergänzen Sie.**

Beispiel: das Eis   *eisig* ....

a) der Wind   ....

b) der Sturm   ....

c) ....   regnerisch

d) die Wolke   ....

e) ....   gewittrig

Punkte ..... / 2,5

4   **Richtig oder falsch? Kreuzen Sie an.**

	richtig	falsch
a) Im Kaufvertrag steht, wem das Auto gehört.	☒	☐
b) Ein Falschfahrer fährt auf der Autobahn in die falsche Richtung.	☐	☐
c) In der Zulassungsstelle kann man die Führerscheinprüfung machen.	☐	☐
d) Der TÜV verkauft gebrauchte Autos.	☐	☐
e) Die Autoversicherung bezahlt, wenn das Auto gestohlen wird.	☐	☐
f) An der Tankstelle kann man nur bar bezahlen.	☐	☐
g) Wenn man andere Autos überholt, muss man hupen.	☐	☐
h) Fahrradfahrer sollten nachts mit Licht fahren. Ohne Licht ist es auf der Straße sehr gefährlich.	☐	☐
i) Bei der Polizei bekommt man ein neues Nummernschild.	☐	☐
j) In der Fahrschule kann man den Führerschein machen.	☐	☐
k) Die Autoversicherung kostet überall gleich viel.	☐	☐

Punkte ..... / 10

5   **Schreiben Sie jemandem aus dem Kurs eine E-Mail und beschreiben Sie ihr/ihm den Weg vom Kursort zu Ihnen nach Hause.**

Liebe/r .... ,

....

....

....

....

....

....

....

Ich freue mich schon auf deinen Besuch!

Punkte ..... / 6

Insgesamt: .... / 30

Bewertungsschlüssel

30 – 27 Punkte	sehr gut
26 – 23 Punkte	gut
22 – 19 Punkte	befriedigend
18 – 15 Punkte	ausreichend
14 – 0 Punkte	nicht bestanden

Test zu Lektion 12

1   **Was ist richtig? Kreuzen Sie an.**

Beispiel: Morgen fahre ich mit Freunden ☐ am Meer. ☒ ans Meer.

a) Am Wochenende war ich ☐ am Meer. ☐ ans Meer.
b) Familie Meyer macht Urlaub ☐ im Schwarzwald. ☐ in den Schwarzwald.
c) Bettina wohnt seit einem Jahr ☐ auf dem Land. ☐ aufs Land.
d) Nächste Woche fahren wir ☐ im Gebirge. ☐ ins Gebirge.
e) Ich verbringe meinen Urlaub ☐ an der Küste. ☐ an die Küste.

Punkte ..... / 5

2   **Vanessa wohnt in Köln. Wohin fährt sie in den Ferien? Ergänzen Sie.**

Vanessa hat zwei Wochen Urlaub. Deshalb möchte sie endlich einmal ihre Freunde in ganz Deutschland besuchen. Sie erzählt:

a) Zuerst möchte ich *mit dem* Auto *nach* Düsseldorf fahren, weil dort meine beste Freundin lebt.

b) .... Düsseldorf aus fahren wir zusammen weiter zu Freunden. Sie wohnen .... Münster.

c) Dort bleiben wir ein paar Tage. Ab Münster fahre ich .... Zug weiter .... Hannover.

d) .... Hannover möchte ich die Picasso-Ausstellung sehen und dann mit Angelika, einer alten Schulfreundin, ... Maschsee spazieren gehen.

e) Am nächsten Tag steige ich dann .... Bus und fahre .... Hamburg.

f) Dort besuche ich Sandra. Sie möchte mir die Speicherstadt zeigen. Am Abend gehen wir vielleicht .... Elbe spazieren. Die Elbe ist ein großer Fluss.

Punkte ..... / 9

Test zu Lektion 12

<u>3</u> **Ergänzen Sie.**

Urlaub auf Korsika

Helle......... Zimmer mit schön.......... Blick zu günstig.......... Preisen

zu vermieten. Kommen Sie zu uns und genießen Sie mediterrane Gastlichkeit,

gut.......... Wein und traditionell.......... Essen. Wir spielen für Sie

traditionell.......... Musik – auf Wunsch auch live – und organisieren

romantisch.......... Ausflüge in die Bergwelt Korsikas. Familien sind uns

genauso willkommen wie alleinstehende Personen jeden Alters.

Wer einmal bei uns war, kommt immer wieder!

Punkte ..... / 6

<u>4</u> **Schreiben Sie einen Brief.**

Erzählen Sie von Ihrem Urlaub.

- Wohin sind Sie gereist?
- Wie lange hat die Reise gedauert?
- Mit welchem Verkehrsmittel sind Sie gereist?
- Wo haben Sie übernachtet?
- Was haben Sie im Urlaub gemacht?

Liebe/r ...

Viele Grüße, dein/e

Punkte ..... / 10

Insgesamt: .... / 30

Bewertungsschlüssel

30 – 27 Punkte	sehr gut
26 – 23 Punkte	gut
22 – 19 Punkte	befriedigend
18 – 15 Punkte	ausreichend
14 – 0 Punkte	nicht bestanden

Test zu Lektion 13

Name: ....

1 Ergänzen Sie.

~~Banken~~   abheben   einzahlen   Zinsen   überweisen   bar   Öffnungszeiten
EC-Karte   Kreditkarte   Geheimzahl   Kontoauszug   Geldautomaten   Sparkonto

Beispiel: In Deutschland haben die *Banken* .... meistens von 9 bis 15 Uhr geöffnet.

a) Wenn Sie Bargeld auf ihr Konto .... wollen, müssen Sie während der

.... kommen.

b) Wenn Sie aber nur Bargeld .... wollen, können Sie das auch am

.... tun.

c) Dazu brauchen Sie eine .... oder eine ....

Außerdem müssen Sie die .... wissen.

d) Wenn Sie Ihre Miete nicht .... bezahlen, sondern von Ihrem Konto auf das

Konto des Vermieters .... wollen, dann brauchen Sie ein Girokonto .

e) Wollen Sie jeden Monat ein bisschen Geld sparen? Dann können Sie ein ....

eröffnen. Dort bekommen Sie auf Ihr Geld sogar ein paar Prozent ....

f) Wenn Sie wissen wollen, wie viel Geld auf Ihrem Konto ist, können Sie sich einen

.... holen oder schicken lassen.

Punkte ..... / 12

2 Schreiben Sie.

Beispiel: Wo kann man Geld abheben? → Können Sie mir sagen, *wie man Geld abhebt?* ....

a) Kann ich in diesem Geschäft mit Kreditkarte bezahlen?

→ Ich würde gern wissen, ... ?

b) Muss ich die Kontoauszüge selbst abholen?

→ Können Sie mir sagen, ... ?

c) Wie hoch sind die jährlichen Gebühren für eine Kreditkarte?

→ Weißt du, ... ?

d) Akzeptieren die Tankstellen in Deutschland auch EC-Karten?

→ Wissen Sie, ... ?

e) Wie kann man im Ausland Geld abheben?

→ Kannst du mir sagen, ... ?

f) Kann man vom Automaten ohne Geheimzahl Geld holen?

→ Ich würde gern wissen, ... ?

g) Wie viel Prozent Zinsen bekommt man bei Ihnen?

→ Können Sie mir sagen, ... ?

Punkte ..... / 14

3 **Was machen die Personen selbst? Was lassen sie andere tun? Schreiben Sie.**

Beispiel:

Jan kocht sein Essen selbst.

Jan lässt das Essen kochen.

a) *Herr Roth* ....

....

b) *Frau Rieder* ....

....

c) *Frau Heinlein* .... *ihren Drucker*

....

d) *Tina* ....

....

Punkte ..... / 4

Insgesamt: .... / 30

Bewertungsschlüssel	
30 – 27 Punkte	sehr gut
26 – 23 Punkte	gut
22 – 19 Punkte	befriedigend
18 – 15 Punkte	ausreichend
14 – 0 Punkte	nicht bestanden

Test zu Lektion 14

Name: ....

1 Pauls Kindheit: Erzählen Sie.

~~Opa oft vorlesen~~   viel draußen sein   nicht gern Fußball spielen   dann zum Gymnasium gehen
wenig Zeit haben   viel lernen müssen   später Computer bekommen
tagelang nur vor dem Computer sitzen   manchmal mit Freunden Fahrrad fahren

a) *Pauls Opa hat ihm oft vorgelesen.* ....

b) Er ....

c) ....

d) ....

e) ....

f) ....

g) ....

h) ....

i) ....

Punkte ..... / 8

2 Wie heißt das, wenn es ganz klein ist?

Beispiel: der Tisch   – *das Tischchen* ....

a) der Stuhl   – ....

b) die Flasche   – ....

c) der Bruder   – ....

d) der Teller   – ....

Punkte ..... / 4

3 Geben Sie Ratschläge.

Beispiel: Ich kann mir neue deutsche Wörter nicht merken. – *Du solltest dir Kärtchen schreiben.* ....

a) Ich verstehe die Grammatik nicht.   – ....

b) Ich habe oft Kopfschmerzen.   – ....

c) Ich rauche zu viel.   – ....

d) Ich habe oft Streit mit meinem Sohn.   – ....

e) Ich spreche kein Deutsch.   – ....

f) Ich bin alt. Ich kann nicht mehr allein wohnen. – ....

Punkte ..... / 6

4   **Hier ist das Telefonverzeichnis der Volkshochschule. Notieren Sie die richtige Telefonnummer.**

> **Wir sind für Sie da: Volkshochschule Paderborn!**
> Wählen Sie einfach 24 26 und die Durchwahl unserer Mitarbeiter.
>
> **Gabi Lange**   **Kurt Groß**   **Karin Klein**
> Verwaltung, Überweisungen Sport und Fitness, Tanz   Hobby und Tagesreisen
> Tel.: -16   Tel.: -27   Tel.: -33
>
> **Gerd Kurz**   **Dieter Müller**   **Elsa Dickmann**
> Fachbereich Sprachen   Senioren und Kultur   Computer und Deutsch als
> Tel.: -19   Tel.: -17   Fremdsprache
>   Tel.: -93

Telefon:

Beispiel: Sie interessieren sich für Aerobic.   *2426-27*

a) Sie möchten Ihr Englisch verbessern.   ....

b) Ihr Vater (75) möchte einen Computerkurs machen.   ....

c) Ihre Nachbarin möchte den Kölner Dom sehen.   ....

d) Ein bekannter Dichter liest aus seinem neuen Buch.   ....

e) Ist das Geld für Ihren Kurs schon abgebucht?   ....

f) Sie möchten Tango Argentino lernen.   ....

Punkte ..... / 6

5   **Ergänzen Sie.**

a) Ich räume dauernd auf, trotzdem ....

b) Es ist sehr schön, dass ....

c) Ich fahre nach Hause, weil ....

d) Meine Eltern streiten sich oft, aber ....

e) Ich gebe nicht viel Geld aus, denn ....

f) Ich komme zu dir, wenn ....

....

Punkte ..... / 6

Insgesamt: .... / 30

Bewertungsschlüssel	
30 – 27 Punkte	sehr gut
26 – 23 Punkte	gut
22 – 19 Punkte	befriedigend
18 – 15 Punkte	ausreichend
14 – 0 Punkte	nicht bestanden

Lektion 8   Am Wochenende

Folge 8: *„Wolfgang Amadeus oder: Wichtigere Dinge"*

Kurt:	Also, ich bin soweit. Wenn du willst, können wir los.
Susanne:	Das Wetter ist ja nicht besonders schön. Trotzdem wollen wir mal für zwei Tage raus hier.
Maria:	Ich verstehe euch. Ein Wochenende nur für euch beide, das geht ja bald nicht mehr.
Susanne/ Kurt:	Ja, das stimmt.
Susanne:	Ach ja, Maria, das hätte ich jetzt beinahe vergessen: Larissa hat sich mit ihrer Freundin Hanna verabredet. Sie schläft dort und kommt erst morgen Abend wieder.
Maria:	Aha, in Ordnung. Und was ist mit Simon?
Kurt:	Simon bleibt hier, der muss lernen.
Simon:	Das ist total ungerecht! Alle fahren weg, und ich? Warum darf ich nicht mal für'n paar Stunden zum Skaten? Wo ist das Problem, eh?
Kurt:	Denk an deine Fünf in Mathe!
Simon:	Lernen, lernen, lernen! Mann!
Kurt:	Tja, ohne Fleiß kein Preis.
Simon:	Ich hab' aber keine Lust, Mann!
Kurt:	Peng! ... Und was hast du vor, Maria?
Maria:	Ach, ich hätte gern mal ein bisschen Ruhe. Ich würde gern ausschlafen.
Susanne:	Ach was, Ruhe! Schlafen! Du bist jung! Du brauchst Freunde in deinem Alter. Mit denen du etwas unternehmen kannst, verstehst du?
Kurt:	Ja genau! Das ist 'ne gute Idee. Du musst endlich jemand kennen lernen, Maria!
Maria:	Hm ... jaja, mal sehen ...
Kurt:	Tja, ich glaube, wir gehen dann mal. Tschüs, Maria!
Maria:	Tschüs! Viel Spaß! Und ein schönes Wochenende!
Susanne/ Kurt:	Danke, dir auch!
Maria:	Hier, das kannst du ganz einfach ausrechnen.
Simon:	Einfach? Wie denn?
Maria:	Mit der Cosinusregel.
Simon:	Mit der was ...?
Maria:	Pscht! ... Sei mal still! ... Da! Hörst du? ... Da ist es wieder!
Simon:	Was denn?
Maria:	Seit ein paar Tagen spielt jemand Klavier – in dem Haus da drüben.
Simon:	Ach so – das!
Maria:	Weißt du, wer das ist?
Simon:	Nöö, das interessiert mich auch nicht. ... Ich könnte rübergehen, aber – ich muss ja leider lernen.
Maria:	Hmm, also gut, machen wir eine Pause.

Maria:	Das Stück kenne ich. Hm, ich glaube ... ich glaube, ... da ist es drauf ... Ha! Ich habe es gewusst! Das ist es! Sonate in B-Dur für Klavier von Wolfgang Amadeus Mozart! Hach ...
Maria:	Ach, Simon! Da bist du ja wieder! Hast du etwas rausbekommen?
Simon:	Also: Er wohnt im dritten Stock links, er ist vor 'ner Woche eingezogen, er ist Student, er ist 22, er ist schlank, er hat blonde Haare, er sieht gut aus, heißt Sebastian Klein und übt täglich von 14 bis 15 Uhr. Sonst noch was?
Maria:	Wow! Woher weißt du das denn alles?
Simon:	Ganz einfach: Ich hab' geklingelt und ihn gefragt.
Maria:	Aha!
Simon:	Du, sag mal, stört's dich, wenn wir mit Mathe später weitermachen? ... Hallo! Maria?!
Maria:	Wie? Äh ... nein, nein, das stört mich gar nicht!
Sebastian:	Hallo! Was ist denn das für 'ne CD?
Maria:	Moment! – Was hast du gesagt?
Sebastian:	Hallo!
Maria:	Hallo!
Sebastian:	Deine CD ist super! Kannst du mir die mal leihen?
Maria:	Hm, ... von mir aus.
Sebastian:	Dann schlage ich vor, dass ich mal eben zu dir rüberkomme, einverstanden?
Maria:	Einverstanden.
Freund:	Hi, Simmie! Ich dachte, du musst das ganze Wochenende Mathe lernen?!
Simon:	Ach, weißt du: Es gibt viel wichtigere Dinge im Leben!

Schritt A   A2
vgl. Kursbuch Seite 10

Schritt C   C2/C3
Gespräch 1:

Martin:	Hallo?
Betti:	Hallo, Martin. Betti hier. Du, heute Abend gibt es Tango im Parkcafé. Hast Du Lust? Wir könnten doch mal wieder tanzen gehen.
Martin:	Ah, so ein Pech. Heute geht es nicht. Ich hab' am Montag eine Prüfung. Ich muss lernen.
Betti:	Am Samstagabend?
Martin:	Weißt du, die Prüfung ist wirklich wichtig.
Betti:	Na ja, da kann man nichts machen.
Martin:	Aber nächsten Samstag könnten wir was zusammen machen.
Betti:	Mal sehen. Tja, dann viel Spaß beim Lernen! Ich drück dir die Daumen.

Gespräch 2:

Stefan:	Stefan Graf.
Betti:	Hi, Stefan. Was machst du heute Abend? Wir könnten mal wieder zusammen etwas unternehmen. Im Parkcafé ist heute Abend Tanz.

Stefan: Schade, das geht nicht. Ich hab' heute Abend schon was vor. Ich gehe ins Deutsche Theater und schaue mir *Cats* an.

Betti: *Cats*? Ist das nicht ein Musical?

Stefan: Ja, genau. Du könntest mitgehen, wenn du willst. Das ist bestimmt nicht ausverkauft.

Betti: Ach, ich mag Musicals nicht so gern.

Stefan: Ach so, schade!

Betti: Ja, also dann bis bald mal. Und: Viel Spaß im Theater!

Gespräch 3:

Betti: Hallo, Luis. Heute ist Tanz im Parkcafé. Du könntest mal wieder deine Tango-Schuhe anziehen.

Luis: Warum nicht?

Betti: Super, dann … sehen wir uns so in einer Stunde?

Luis: Einverstanden. Du, könntest du mich abholen?

Betti: Na klar, also bis später!

Schritt E   E2/E3

1   Liebe Hörerinnen und Hörer, und hier unsere Veranstaltungstipps: Das Deutsche Historische Museum ist nach der Totalrenovierung wieder geöffnet. Am morgigen Sonntag ist Tag der offenen Tür. Das bedeutet, das Haus ist morgen ganztägig von zehn bis achtzehn Uhr geöffnet und der Eintritt ist frei. Es werden viele Besucher erwartet. Deshalb unser Tipp: Die beste Zeit für einen Besuch ist über die Mittagszeit.

2   Jetzt ein Tipp fürs lebenslange Lernen: In den Volkshochschulen beginnt das Sommersemester. Von „Asiatischer Blumenkunst" bis hin zum „Kuchenbacken wie bei Oma" können Sie dort auch diesen Sommer alles lernen. Das Interesse ist groß, deshalb sollten Sie sich schnell anmelden. Das können Sie montags bis donnerstags von acht bis achtzehn Uhr bei allen Zweigstellen. Aber Achtung: Eine persönliche Anmeldung ist erforderlich.

3   Wer hat am 23. Juli noch nichts vor? Für den haben wir ein besonderes Geschenk: zwei Karten für das Open-Air-Konzert am Brandenburger Tor. Beginn ist um 18 Uhr. Das Konzert ist schon seit Wochen ausverkauft. Es spielen unter anderem die „Heimwerker", „Peter Baekker und Band" und viele andere. Na, haben Sie Lust bekommen? Dann gleich ans Telefon. Der 36. Anrufer bekommt die beiden Karten.

4   Und noch ein Tipp für Kultur zum Nulltarif: Am nächsten Samstag beginnt in Berlin wieder der „Karneval der Kulturen". Dieses Straßenfest ist inzwischen weit über die Grenzen von Berlin hinaus bekannt. Vier Tage lang gibt es am Pariser Platz täglich ab elf Uhr Partys, Bands und Künstler aus aller Welt zu bewundern. Doch bitte fahren Sie mit öffentlichen Verkehrsmitteln dorthin. Das Parken könnte sonst teuer werden – besonders werktags.

5   Eine Information für unsere Filmfreunde! Die Sommerpause vom „Kino im Ziegenstall" ist zu Ende. Das Programm liegt ab sofort im Kino und in verschiedenen Geschäften der Region aus. Neu im Programm: Donnerstags, freitags und sonntags um vierzehn Uhr gibt es Kinderkino. Für diese Vorstellungen zahlen Kinder nur den halben Preis.

Lektion 9   Warenwelt
Folge 9: „Lampen-Müller"

Maria: Hier steht er doch ganz gut, oder?

Kurt: Stimmt. Aber dunkel ist es hier. Du brauchst unbedingt eine Schreibtischlampe.

Maria: Mhm. Aber wo bekomme ich eine? Kennst du ein gutes Geschäft?

Kurt: Na sicher! Lampen-Müller – die haben die größte Auswahl.

Maria: Lampen-Müller? Wo ist denn das?

Susanne: Ja, hallo?
(am Telefon)

Kurt: Das ist im Zentrum. Wenn du willst, gehen wir am Samstag zusammen hin. Früher kann ich leider nicht.

Susanne: Hier, Maria, es ist für dich – Sebastian!

Maria: Hallo?! Du, kann ich dich zurückrufen? Ich muss eine Schreibtischlampe kaufen und Kurt gibt mir gerade ein paar Tipps … äh … was? – Sebastian sagt, dass morgen ein großer Flohmarkt ist.

Kurt: Flohmarkt? Na und?

Maria: Aha … aha … ach so!? Na schön, ich rufe dich gleich an, okay?

Kurt: Was sagt er denn?

Maria: Sebastian meint, dass man auf dem Flohmarkt sehr schöne und billige Lampen kaufen kann.

Kurt: Auf'm Flohmarkt? Maria, guck mal: Bei 'ner neuen Lampe hast du Garantie. Bei einer gebrauchten weißt du ja nicht mal, ob sie überhaupt noch funktioniert. Ich sag' dir: Wenn du Qualität willst, dann geh' zu Lampen-Müller!

Sebastian: Die ist ganz schön, oder?

Maria: Hm … ich weiß nicht. Ich finde die hier schöner.

Sebastian: Hey, die da! Die gefällt mir sehr gut!

Maria: Hmm, ja, stimmt. Die finde ich auch am schönsten, aber leider ist sie aus Plastik.

Verkäufer: Kann ich Ihnen helfen?

Maria: Ja. Haben Sie solche Lampen auch aus Metall?

Verkäufer: Hm, Metall? Mal sehen …

Verkäufer: Was ist mit der hier?

Maria: Nein, nein, die gefällt mir nicht.

Verkäufer: Aber die ist aus Metall.

Maria: Ja, schon – aber die Form finde ich nicht schön. Haben Sie denn keine runde Lampe?

Verkäufer: Hm, tut mir Leid, das sind alle, die ich habe.

Sebastian: He, Maria! Komm doch mal!

Sebastian: Guck mal, hier: Solche Lampions hatten wir früher, als ich noch ein Kind war!
Maria: Oh! Wow! Die sind aber schön! Hey! Guck mal – da! Die Babysachen! Jedes Stück nur ein Euro! Das ist ja echt total billig!
Sebastian: Aber ... äh ... was willst du denn damit?
Maria: Na, für das Baby!
Sebastian: Was ...?
Maria: Für Susannes Baby!
Sebastian: Ach so! Sehr gute Idee!

Sebastian: Muuuuhhhh!
Maria: Torro, torro!
Sebastian: Muuuh!
Maria: Olè! Olè! Na los – komm!

Maria: Oh, ist der süß!
Larissa: Toll, super, der Lampion!
Kurt: Und die Schreibtischlampe? Gab's keine?
Maria: Doch, doch. Es gab schon ein paar Lampen. Aber leider keine, die mir gefallen hat.

Kurt: Tja, siehst du? Ich hab's ja gleich gesagt: Lampen kauft man bei Lampen-Müller!

Schritt A   A1

a Kurt: Du brauchst unbedingt eine Schreibtischlampe.
   Maria: Aber wo bekomme ich eine? Kennst du ein gutes Geschäft?

b Maria: Sebastian sagt, dass morgen ein großer Flohmarkt ist.
   Kurt: Flohmarkt? Na und?

c Kurt: Was sagt er denn?
   Maria: Sebastian meint, dass man auf dem Flohmarkt sehr schöne und billige Lampen kaufen kann.

d Maria: Aber die Form finde ich nicht so schön. Haben Sie denn keine runde Lampe?

Schritt A   A2
vgl. Kursbuch Seite 18

Schritt A   A3

1 ● Was suchst du denn?
  ■ Einen alten Sessel.
  ● Haben die hier denn überhaupt Möbel?

2 ● Schau dir das an, so ein tolles Silberbesteck! Messer, Gabeln, große und kleine Löffel, alles da! Entschuldigung, was möchten Sie denn dafür?
  ■ Für das Besteck? – 50 Euro.

3 ● Weißt du, ich suche so eine mechanische Kamera.
  ■ Die bekommt man jetzt ganz billig. Die Leute wollen keine mechanischen Kameras mehr.
  ● Ja, das stimmt. Ich habe neulich eine gesehen ...

4 ● Brauchst du nicht auch noch kleine Gläser?
  ■ Stimmt, ich habe ja noch gar keine. Ui, schau mal, da drüben! Die haben welche ...

5 ● Das letzte Mal habe ich einen total eleganten Anzug gekauft. Super günstig und wie neu!
  ■ Tja, was die Leute so alles verkaufen ...

6 ● Entschuldigung, haben Sie denn keine tiefen Teller?
  ■ Nein, tut mir Leid, nur noch diese hier.

Schritt B   B1
vgl. Kursbuch Seite 19

Schritt B   B2

1 ● Entschuldigung, können Sie mir helfen? Wo finde ich Turnschuhe mit einer weichen Sohle?
  ■ Sehen Sie die Kasse dort drüben? Gleich daneben sind die Turnschuhe.

2 ● Verzeihung. Wo finden wir denn ein Topf-Set mit einem kleinen Milchtopf?
  ■ Da müssen Sie ein Stockwerk höher. Dort ist unsere Haushaltswarenabteilung.

3 ● Entschuldigen Sie. Ich suche für meine Enkelin eine Puppe mit langen Haaren.
  ■ Schauen Sie, gleich da vorne im Regal.

4 ● Entschuldigen Sie, haben Sie einen Moment Zeit?
  ■ Ja.
  ● Wir suchen einen Fernseher mit einem flachen Bildschirm.
  ■ Fernseher sind ganz da hinten. Da finden Sie auch welche mit flachen Bildschirmen. Kommen Sie mit, ich zeige sie Ihnen.

Schritt C   C1
Sebastian: Die ist ganz schön, oder?
Maria: Hm, ich weiß nicht, ich finde die hier schöner.
Sebastian: Hey, die da! Die gefällt mir sehr gut!
Maria: Ja, stimmt, die finde ich auch am schönsten, aber leider ist sie aus Plastik.

Schritt C   C2

1 ... Sie möchten schnell ein paar Karotten reiben? Oder Sie möchten einen leckeren Gurkensalat machen? Dann habe ich das Richtige für Sie: unsere neue Gemüsereibe! Damit reiben Sie Ihre Karotten und Gurken noch kleiner, feiner und sicherer. Sie schneiden sich garantiert nie mehr! Warten Sie nicht länger! Schlagen Sie jetzt zu – nur heute für 3 Euro 99!

2 Jetzt ist Schluss mit Seife und Putzmitteln – jetzt gibt es endlich ein Wunderputztuch! Es ist besser und gesünder für Ihre Haut und reinigt noch gründlicher! Greifen Sie zu, denn jetzt ist es für Sie am interessantesten: Drei Tücher zum Preis von einem! Lassen Sie sich diese Chance nicht entgehen ...

3 Sie kennen das Problem: Die Dose lässt sich einfach nicht öffnen. Ihre Hände tun Ihnen schon weh. Aber der Deckel geht und geht nicht auf. Doch mit diesem Deckelöffner funktioniert es bestimmt. Der Deckel öffnet sich leichter und schneller, als Sie sich vorstellen können. Greifen Sie jetzt gleich zu, jetzt ist die Auswahl noch am größten: Deckelöffner in allen Farben und Größen, und nur für …

Schritt C   C3
vgl. Kursbuch Seite 20

Lektion 10   Post und Telefon
Folge 10: „Kuckuck!"

Maria:	Ähm, entschuldigen Sie …
Verkäufer:	Ja?
Maria:	Ist diese Uhr in Ordnung? Ich meine – funktioniert sie?
Verkäufer:	Die alte Kuckucksuhr? Natürlich! Moment, ich zeig's Ihnen. Sehen Sie: So wird das gemacht …
Maria:	Mhm.
Verkäufer:	… und jetzt den Zeiger auf die volle Stunde drehen … so … und … Na?
Maria:	Lustig! Wie viel kostet die?

Susanne:	Hey! Die ist ja witzig! Wo hast du die denn her?
Maria:	Vom Flohmarkt, für zwanzig Euro.
Susanne:	Gar nicht teuer. Hängst du die in dein Zimmer?
Maria:	Nein, nein. Meine Schwester hat Geburtstag.
Susanne:	Ach so! Du willst sie nach Hause schicken?
Maria:	Genau!
Susanne:	Da musst du sie aber gut verpacken, sonst geht sie kaputt.
Maria:	Das stimmt. Hm … Was für eine Verpackung soll ich denn nehmen?

Susanne:	Guck mal: Das passt perfekt!
Maria:	Oh, super! Danke!
Susanne:	Der Karton ist stabil und trotzdem leicht. Hm, damit könnte es sogar noch als Päckchen gehen.
Maria:	Als Päckchen?
Susanne:	Ja, bis zwei Kilo kannst du's als Päckchen schicken.
Maria:	Aha! Ähm, sag mal: Welches Papier findest du schöner?
Susanne:	Hmm, das gelbe gefällt mir besser.
Maria:	Mhm, mir auch.

Susanne:	Der Karton wiegt … äh … genau 260 Gramm … und die Uhr … Bist du fertig?
Maria:	Ja gleich … So!
Susanne:	Gib sie mir mal, ich lege sie dazu … Das macht zusammen, also Karton und Uhr, 1740 Gramm. Na, siehst du! Ich hab's ja gesagt: Das geht locker als Päckchen!
Maria:	Und was kostet das?
Susanne:	Ein internationales Päckchen? Ungefähr 15 Euro.

Maria:	Okay.
Susanne:	Um sechs macht die Post zu. Schnell, pack die Uhr in den Karton! Wenn du dich ein bisschen beeilst, schaffst du's noch.

Beamtin:	Hier, für Päckchen werden diese Formulare benutzt. Und hier müssen Sie den Absender reinschreiben.
Maria:	Aha … und den Empfänger?
Beamtin:	Hier wird die Adresse reingeschrieben. Sehen Sie? Hier. Dort drüben an dem Tischchen ist ein Kugelschreiber. Dort können Sie das Formular ausfüllen.
Maria:	Gut! Vielen Dank!

Beamtin:	Tja, tut mir Leid, das geht nicht mehr als Päckchen.
Maria:	Was?! Warum denn nicht?
Beamtin:	Es wiegt über zwei Kilo. Sehen Sie? 2050 Gramm!
Maria:	Aber – das verstehe ich nicht. Zu Hause waren es nur 1740 Gramm! Und was mache ich jetzt?
Beamtin:	Tja, Sie können es als Paket verschicken.
Maria:	Na schön. Dann schicke ich es als Paket.
Beamtin:	Dazu müssen Sie aber ein neues Formular ausfüllen.
Maria:	Oh nein!
Beamtin:	Außerdem ist ein Paket natürlich teurer.
Maria:	Ach so. Und wieviel kostet das?
Beamtin:	Moment … Südamerika … hm … Zone vier. Das kostet 35 Euro.
Maria:	Was?!

Susanne:	35 Euro?! Die spinnen doch!
Maria:	Das ist ja fast doppelt so teuer wie die Uhr!
Susanne:	2050 Gramm, tatsächlich! Vorhin waren's noch 1740 Gramm.
Maria:	Das verstehe ich nicht!

Maria:	Oje, die Schere! Da war ich beim Einpacken ein bisschen zu schnell, was?
Susanne:	Na ja, wenigstens wissen wir jetzt, wie schwer unsere Schere ist: Genau 310 Gramm!

Schritt A   A1
vgl. Kursbuch Seite 26

Schritt A   A2
1 vgl. Kursbuch Seite 26

2 ■ Ich möchte ein Paket abholen.
● Haben Sie den Abholschein und Ihren Ausweis dabei?
■ Was für einen Schein?
● Na, den Abholschein, diese rote Karte …
■ Ach ja, die habe ich. Warten Sie …

3 ■ Ich habe hier einen Brief nach Südafrika. Was kostet der denn?

- Geben Sie mal her – hm, 250 Gramm. Das macht acht Euro.
- Gut, dann brauche ich Briefmarken.
- Was für Briefmarken möchten Sie – Sondermarken oder normale Briefmarken?
- Normale bitte.

4
- Ich habe hier ein sehr eiliges Paket nach Ägypten.
- Das können Sie als Eilsendung verschicken. Aber Sie müssen auch einen Aufkleber mit einer Zollerklärung ausfüllen.
- Was für eine Erklärung?
- Diese Zollerklärung hier. Da müssen Sie reinschreiben, was in dem Paket ist und was es wert ist.

Schritt B   B1
- Hier, für Päckchen werden diese Formulare benutzt. Und hier müssen Sie den Absender reinschreiben.
- Aha … und den Empfänger?
- Hier wird die Adresse reingeschrieben. Sehen Sie? Hier.

Schritt C   C1
vgl. Kursbuch Seite 28

Schritt C   C2
1   Sie suchen eine digitale Kamera? Der neue Katalog mit den aktuellen Modellen ist da!

2   Fotos machen und verschicken, per Internet seine Einkäufe erledigen! Mit dem neuen Handy von *listex* ist alles möglich.

3   Die verrückten Handytaschen von Diana – in Ihrem Fachgeschäft oder im Internet unter www.diana.de.

4   Die multifunktionale Kamera Olyion XC passt in jede Handtasche! Auch in Ihre!

5   Schluss mit Langeweile – kaufen Sie jetzt den digitalen DVD-Player Michiko 502.

6   Also: Besorgen Sie sich den neuen Computer von Spirit 05 – ohne ihn geht nichts mehr in der modernen Bürokommunikation.

Schritt E   E1
1   Hallo, Heinz. Elke hier. Du, ich komme heute Nachmittag um zwei Uhr am Bahnhof an. Du holst mich doch ab, oder? Ich freue mich schon sooo auf dich!

2   Hi, Heinz, hier ist Robert. Wir gehen doch morgen zum Bergsteigen. Wir treffen uns alle um neun Uhr am großen Parkplatz am Walchensee. Den kennst du ja. Von dort aus gehen wir auf den Jochberg. Vielleicht können wir ja dann nach der Tour noch ein bisschen im See baden! Also, tschüs, bis morgen.

3   Hallo, wo bist du denn schon wieder? Wir treffen uns heute um acht im Café am Filmmuseum. Vielleicht gehen wir später ja dann auch ins „Royal", da läuft der neue Spielberg. Bis dann, ciao!

Schritt E   E2
Hallo, Elke, Liebes! Es tut mir ja so schrecklich Leid, dass ich dich nicht pünktlich vom Zug abgeholt habe! Ich habe deine Nachricht anscheinend nicht richtig angehört. Ich war um drei am Bahnhof, da warst du natürlich nicht mehr da. Bitte sei nicht böse! Ich bin zur Zeit wohl etwas durcheinander von der ganzen Arbeit und so. Wo bist du denn jetzt? Bitte ruf mich an, bitte!!!

Schritt E   E3
1   Hallo, Frau Özgür. Hier ist Marlene Härm vom Elternbeirat der Arnoldus-Grundschule. Ich wollte Sie nur kurz daran erinnern, dass nächste Woche unser Elterntreffen stattfindet. Wir treffen uns am Dienstag, den 8.3. um 20 Uhr im Gasthof Schuster. Es wäre schön, wenn Sie kommen könnten. Bis dahin! Auf Wiederhören.

2   Guten Tag. Sie sind verbunden mit dem Generalkonsulat der Republik Indien. Wenn Sie Ihren Ausweis verlängern wollen, wählen Sie bitte die Durchwahl 194. Wenn Sie ein Visum beantragen wollen, wählen Sie bitte die 187. Für allgemeine Fragen wählen Sie bitte die Null. Vielen Dank.

3   Hallo, Tanja. Markus hier. Du siehst doch Max heute Abend. Ich erreiche ihn nicht. Könntest du ihm ausrichten, dass er gestern Abend seine Geldbörse und seine Monatskarte bei mir vergessen hat? Er soll mich bitte auf meinem Handy anrufen: 0176-345231. Ich wiederhol's nochmal: 0176-345231. Danke dir, tschüs!

4   Guten Tag, Frau Osiris. Hier Praxisteam Doktor Camerer, Doktor Kerner. Wir müssen leider den Termin für Ihre Untersuchung und die Grippeimpfung verschieben. Herr Doktor Camerer ist am 30. leider überraschend auf einem Kongress. Könnten wir die Untersuchung auf den 3.5. um 17 Uhr verlegen? Die Grippeimpfung könnten wir schon am 1.5. gleich um acht Uhr früh einschieben. Bitte bestätigen Sie diese Termine noch. Herzlichen Dank!

5   Guten Tag. Sie sind verbunden mit der Superblitz-Reinigung. Leider sind wir im Moment nicht erreichbar. Wir ziehen um! Unsere neue Adresse ab 1.10. ist die Frauenstraße 18. Wir freuen uns schon auf Ihren Besuch!

6   Hallo, Hubert. Hier Peter. Andreas hat sein Handy ausgeschaltet. Könntest du ihm bitte ausrichten, dass wir uns heute um 18 Uhr am Sportplatz zum Handballspielen treffen? Sag ihm, dass Isabel auch dabei ist – dann kommt er bestimmt!!!! Vielen Dank, tschüs!

Lektion 11   Unterwegs
Folge 11: „Männer!"

Susanne: Kurt?
Kurt: Ja, was ist?
Susanne: Was machst du?
Kurt: Ich geh' noch schnell joggen.
Susanne: Hast du das Handy dabei?
Kurt: Susanne, du weißt doch, ich kann mit dem Ding nicht joggen!
Susanne: Wieso? Deine EC-Karte und den Hausschlüssel hast du doch auch immer dabei!
Kurt: Ja, aber das Handy ist mir zu schwer. Es ist einfach unangenehm beim Laufen.
Susanne: Und wenn was ist?
Kurt: Was soll denn sein? Es ist nicht dein erstes Kind, du bist noch nicht mal im achten Monat und außerdem bin ich in 'ner halben Stunde wieder da, okay?
Susanne: Okay, okay! Is' ja gut, is' ja in Ordnung!
Kurt: Also, tschüs!

Susanne: Oh … puhh …!
Maria: Susanne! Was ist denn los?
Susanne: Mir ist plötzlich so komisch … so schlecht … ich hab' Schmerzen im Bauch … mein Gott, das Baby!
Maria: Was? Jetzt schon? Madre mia! Wo ist Kurt?
Susanne: Er ist gerade aus dem Haus gegangen – zum Joggen. Natürlich ohne Handy. Oh … mmh …!
Maria: Los, ich fahre dich in die Klinik!

Maria: Wo ist denn dieses Krankenhaus?
Susanne: Auf der anderen Seite der Stadt. Wir müssen direkt durchs Zentrum fahren. Und auch noch mitten im Berufsverkehr!
Maria: Ach, das schaffen wir schon!
Susanne: An der nächsten Ampel musst du links fahren.
Maria: Okay. … Wie geht es dir?
Susanne: Mir ist ziemlich schwindlig. Aber sonst wird's langsam besser. Hey, ich wusste gar nicht, dass du den Führerschein hast!
Maria: Mhm …

Susanne: So, und jetzt geradeaus über die Brücke da.
Maria: Gut. Was war denn das?
Susanne: Was?
Maria: Hast du es nicht gehört? Da war so ein komisches Geräusch … Da!
Susanne: Ach so, das! Das ist der Wagen. Er ist zu alt. Deshalb müssen wir ihn ja dauernd in die Werkstatt bringen. Und bald ist wieder der TÜV fällig und so weiter und so weiter. Hach, ich bin schon lange für ein neues Auto, aber Kurt ist dagegen. Nie hört er auf mich!
Maria: Ähm … wie geht es denn deinem Bauch?
Susanne: Besser. Tut fast nicht mehr weh!
Maria: Du, Susanne, ist es noch weit bis zum Krankenhaus?

Susanne: Noch ein ziemliches Stück. Wieso?
Maria: Wir haben fast kein Benzin mehr.
Susanne: Was? Ach … ach du liebe Zeit! Hat er mal wieder nicht getankt! Typisch Kurt!
Maria: Wo ist denn die nächste Tankstelle?
Susanne: Die nächste Tankstelle? Bei uns zu Hause, gegenüber der Kirche. Komm, lass uns umkehren!
Maria: Ja, aber … dein Bauch?
Susanne: Guck mal, da vorne kannst du wenden.

Susanne: Ich sag's dir, Maria: Männer! Die ganze Zeit gehen sie einem auf die Nerven. Aber wehe, du brauchst sie mal! Dann sind sie garantiert nicht da.
Maria: Ähm, entschuldige, Susanne, soll ich Normalbenzin oder Super tanken?
Susanne: Benzin? Oh Gott, nein! Wir brauchen Diesel.
Maria: Ach so!

Verkäuferin: Sie hatten Diesel, stimmt's?
Maria: Ja, und diesen Schokoriegel.
Verkäuferin: Das macht 44 Euro und 23 Cent.
Maria: Moment … Oh nein!
Susanne: Was ist?
Maria: Ich habe mein Portemonnaie in der anderen Jacke! Du hast auch kein Geld dabei, oder?
Susanne: Wo denn? Im Morgenmantel?
Maria: Und was machen wir jetzt?
Susanne: So was Blödes! Alles nur wegen ihm!

Kurt: Ich bin grade aus dem Park gekommen und hab' gedacht: Den Wagen kennst du doch!
Susanne: Aha!
Kurt: Tja, und dann seh' ich dich im Morgenmantel hier rumstehen …
Susanne: So? Na und?
Kurt: Also, weißt du, Susanne, du solltest wirklich ein bisschen mehr an unser Baby denken!
Susanne: Ooh, diese Männer!!!

Schritt A   A2
A Manuela: So, auf Wiedersehen, Frau Haier.
   Frau Haier: Auf Wiedersehen, Manuela. Vielen Dank, bis zum nächsten Mal!

B ((Schnarchen))

C ((Bohrgeräusche))
   Zahnarzt: So, und jetzt bitte spülen.

D ((Geräusche im Supermarkt))

E ((Geräusche von zuschlagenden Autotüren))

F ((Geräusche Briefkasten))
   Mann: Ach Gott. Wieder nur Rechnungen und Reklame!

Schritt B   B2

Valerio: Ja, hallo?
Paul: Valerio? Hallo, hier ist Paul. Hör mal, wir haben heute im Kurs beschlossen, dass wir zusammen ein kleines Picknick machen. Alle aus dem Kurs kommen und bringen was zu essen mit. Kommst du auch?
Valerio: Oh ja, gerne! Wann denn?
Paul: Morgen Abend. Wir treffen uns um 18 Uhr am Parkplatz am Staatstheater. Weißt du, wo das ist?
Valerio: Mmh ... nicht so ganz genau. Kannst du mir erklären, wie ich da am besten hinkomme? Ich wohne Ecke Friedrich-Engels-Straße, Fünffenster-Straße.
Paul: Ah ja, das kenne ich. Also, du gehst rechts – also Richtung Stadtmitte – immer die Fünffenster-Straße entlang bis zum Rathaus.
Valerio: Ah ja, das Rathaus kenne ich!
Paul: Und da biegst du links ab.
Valerio: Ah ja, in die ... wie heißt sie gleich ... die Königstraße, oder?
Paul: Ganz genau. Und dann gehst du die zweite Straße rechts.
Valerio: Mhm.
Paul: Und dann links in die – Frankfurter Straße heißt sie, glaube ich.
Valerio: Ah, okay.
Paul: Die nächste Straße dann wieder rechts, und dann bist du auch schon am Staatstheater. Und da, an dem großen Parkplatz, treffen wir uns.
Valerio: Prima, das finde ich bestimmt. Übrigens, wo ich dich gerade am Telefon habe ...

Schritt C   C1

a   vgl. Kursbuch Seite 36
b   Ständig ist er kaputt. Ich bin deshalb schon lange für einen neuen.
c   Aber Kurt sagt, wir haben kein Geld für ein neues Auto. Deshalb müssen wir weiter mit diesem hier zurechtkommen.

Schritt D   D3

1   Ansage: Sicher durch den Tag mit Radio Württemberg – dem zuverlässigen Verkehrssender für Baden-Württemberg.
    Moderator: Guten Abend, liebe Autofahrer, der Verkehr um 18 Uhr 30: In weiten Teilen Baden-Württembergs dichter Nebel mit Sichtweiten teilweise unter 50 Metern. Fahren Sie bitte ganz besonders vorsichtig. A81 Singen Richtung Stuttgart: zwischen Herrenberg und Gärtringen Baustelle, zwei Kilometer Stau. Das war's vom Verkehr. Wir wünschen gute und sichere Fahrt, wo immer Sie auch unterwegs sind!

2   Eine kurze Zwischenmeldung an alle, die auf der A4 Richtung Dresden unterwegs sind: In der Nähe der Ausfahrt Berbersdorf befinden sich Tiere auf der Fahrbahn. Bitte fahren Sie in diesem Bereich besonders vorsichtig.

3   Ja, liebe Hörer, das war's vom Verkehr. Wir haben aber noch einen Hinweis von der U-Bahn-Leitstelle. Wegen Bauarbeiten zwischen den Haltestellen Kaiserin-Augusta-Straße und der Endhaltestelle Alt-Mariendorf fährt die U6 ab 22 Uhr auf dieser Strecke nicht mehr. Es werden Ersatzbusse eingesetzt. Und damit kommen wir zu unserem heutigen Gast im Sonntagsfrühstück bei Antje. Ich begrüße ganz herzlich die Schauspielerin Gitte Holbein ...

4   Achtung, Autofahrer! Auf der A63 Mainz Richtung Kaiserslautern kommt Ihnen zwischen Kreuz Mainz Süd und Niederolm ein Falschfahrer entgegen. Bitte fahren Sie nicht nebeneinander und überholen Sie nicht. Wir melden, wenn die Gefahr vorüber ist.

5   ... und nun zum Verkehr. Staus und Behinderungen auf folgenden Strecken: auf der A5 in Richtung Bad Nauheim auf circa fünf Kilometern Länge und auf der A3 Richtung Würzburg zwischen Seligenstädter Dreieck und Aschaffenburg-West. Und nun noch eine Meldung für alle S-Bahn-Fahrer in Frankfurt: Wegen des starken Schneefalls haben derzeit alle S-Bahnen bis zu 30 Minuten Verspätung.

Lektion 12   Reisen
Folge 12: „*Reisepläne*"

Simon: Wir fahren an den Atlantik. Da gibt's tolle Wellen!
Larissa: Nein, wir fahren nach Ungarn!
Simon: In Ungarn kann man nicht surfen!
Larissa: Na und? Ich will reiten, nicht surfen.
Simon: Du, Papa?
Kurt: Mhm?
Simon: Wohin fahren wir eigentlich diesen Sommer? Doch nicht nach Ungarn, oder?
Larissa: Doch, bitte!
Kurt: Nein, nein, wir fahren nicht nach Ungarn, ...
Simon: Ha! Siehst du!
Kurt: ... wir bleiben zu Hause.
Simon/
Larissa: Was?!

Susanne: Mit dem Baby geht das noch nicht. Das müsst ihr verstehen.
Simon: Mann, das ist aber ungerecht!
Larissa: Hey, wartet mal, ich hab 'ne Idee: Wir könnten ohne euch fahren!
Simon: Ja, genau! Das ist cool!
Susanne: Nein, das geht noch nicht!
Larissa: Wieso denn? In meiner Klasse dürfen die meisten alleine verreisen.

Susanne:	Ich bin trotzdem dagegen.
Larissa:	Und wenn Maria mit uns fährt?! Komm, wir fragen mal, ob sie Lust hat!
Maria:	Natürlich habe ich Lust!
Simon/ Larissa:	Ja, super! Super!
Maria:	Und wohin fahren wir?
Larissa:	Zum Reiten!
Simon:	Nein, zum Surfen!
Maria:	Hey, hört auf zu streiten!
Larissa:	Toll! Ponyreiten auf den … „Äußeren Hebriden"! Weißt du, wo die sind?
Simon:	Nö, keine Ahnung. Boah! Guck mal, da gibt's tolle Wellen! Barbados. Kennst du Barbados?
Larissa:	Nö, keine Ahnung.
Larissa:	Was bedeutet „Pauschalreise"?
Susanne:	Das ist eine Reise mit Flug, Hotel und Essen.
Larissa:	Aha … Dann ist das ja gar nicht so teuer: 980 Euro pro Person und Woche.
Susanne:	Nicht teuer?? Das ist wahnsinnig teuer!
Larissa:	Aber da sind ja auch die Reitstunden schon mit dabei!
Simon:	„Schöne Apartments mit großem Balkon. Jedes Zimmer mit freiem Blick aufs Meer. Ruhige Lage, nur drei Minuten zum Strand. Surf- und Tauchkurse für Anfänger und Fortgeschrittene!" Hey, das klingt gut!
Susanne:	Und was kostet so was?
Simon:	Moment, hier steht's. Hauptsaison: 1190 Euro.
Kurt:	1190? Pro Person und Woche?
Simon:	Mhm.
Kurt:	Hahaha, du spinnst wohl?
Simon:	He, was machst du, Papa? Wo gehst du denn hin?
Kurt:	Warte einen Moment! Ich komm' gleich wieder.
Susanne:	Wo warst du denn, Kurt?
Kurt:	Drei Personen mal zwei Wochen …
Larissa:	Was is'n das?
Kurt:	… mal 1000 Euro, das macht 6000 …
Simon:	Was is'n da drin, 'ne Taucherausrüstung?
Kurt:	6000 Euro! Ich hab' doch nicht im Lotto gewonnen!
Larissa:	Ein Zelt?
Simon:	Ein Zelt?!
Kurt:	Mhm, mein altes Zelt. Mal sehen, ob noch alles da ist.
Kurt:	Na, seht ihr: Es ist alles komplett.
Simon:	Aber jetzt wissen wir immer noch nicht, wohin wir fahren.
Maria:	Doch! Wir fahren nach Norddeutschland!
Alle anderen:	Was?!?

Maria:	Hier, guckt mal! Da gibt es alles: die Nordsee für Simon, Reiterhöfe für Larissa …
Susanne:	Und für dich, Maria?
Maria:	Für mich gibt es das Schleswig Holstein-Musikfestival. Und wisst ihr, was dieses Jahr das Hauptthema ist? Wolfgang Amadeus Mozart!
Simon:	Da-da-da-daaa!
Kurt:	Das ist nicht Mozart! Das ist Beethoven, du Ignorant!

Schritt A A1
vgl. Kursbuch Seite 42

Schritt A A2
1 ((Geräusche im Dschungel))

2 ((stöhnender Mensch im Sandsturm in der Wüste))
Mann: Puh … ich hab'n solchen Durst!

3 ((Bergsteiger ächzen, Schritte, Klettern))
Mann: Gib mir 'n bissel Seil nach … uh!

4 ((Meeresrauschen, Tuten von Dampfer))

5 ((Pferdewiehern und Vogelzwitschern))

6 ((Geplansche im See))

Schritt B B1
„Hotel Paradiso – Schöne Apartments mit großem Balkon. Jedes Zimmer mit freiem Blick aufs Meer. Ruhige Lage, nur 3 Minuten zum Strand. Surf- und Tauchkurse für Anfänger und Fortgeschrittene." – Hey, das klingt gut!

Schritt C C1
Hanna:	Ich möchte dieses Jahr gern in Deutschland Urlaub machen und auch ein paar Freunde besuchen.
Frau:	Wo soll's denn hingehen?
Hanna:	Also, zuerst nach Leipzig.
Frau:	Mhm, das heißt, erste Etappe: Düsseldorf – Leipzig.
Hanna:	Ja, genau. Und da würd' ich gerne fliegen.
Frau.	Mhm.
Hanna:	Und dann will ich weiter nach Helgoland. Wie komme ich da am besten hin?
Frau:	Am besten erst mit dem Flugzeug nach Hamburg und von dort weiter mit dem Schiff.
Hanna:	Ach ja, prima. Und anschließend möchte ich noch Freunde in Bremerhaven besuchen. Da gibt es ja vermutlich auch eine Schiffsverbindung, oder?
Frau:	Ja, genau. Da gibt es eine direkte Verbindung Helgoland – Bremerhaven.
Hanna:	Ah, sehr schön! Von Bremerhaven aus zurück nach Düsseldorf fahre ich mit Freunden im Auto zurück.
Frau:	Gut, dann wollen wir mal sehen. Wann genau möchten Sie denn losfahren?

Schritt C   C2

Hanna:	... wie gesagt, nach Leipzig würde ich gern fliegen. Ich hab' nämlich Ihr Angebot in der Zeitung gelesen: einen Flug für nur 59 Euro von Düsseldorf nach Leipzig.
Frau:	Ja, wann wollen Sie denn fliegen?
Hanna:	Am 15. September.
Frau:	Oh, das tut mir Leid. Das Angebot gilt leider nur bis Ende nächsten Monats. Aber im September haben wir ein anderes Angebot: mit der Lufthansa für 69 Euro nach Leipzig.
Hanna:	Hmmm, na gut, dann nehme ich das.
Frau:	Um wie viel Uhr möchten Sie denn fliegen?
Hanna:	... ja, genau, prima. Und am 24. September möchte ich von Leipzig nach Helgoland. Sie sagen, mit dem Flugzeug nach Hamburg und dann weiter mit dem Schiff wäre es am besten?
Frau:	Ja, warten Sie ... Sie können am 24. um 7 Uhr 30 abfliegen, sind dann um 8 Uhr 30 in Hamburg. Und das Schiff fährt dann um 13 Uhr ab.
Hanna:	Aber da hab' ich ja über vier Stunden Aufenthalt in Hamburg!
Frau:	Ja, das geht leider nicht anders. Von Leipzig nach Hamburg gibt es nicht so viele Verbindungen. Tut mir Leid.
Hanna:	Ich weiß noch nicht ganz genau, an welchem Tag ich von Helgoland nach Bremerhaven fahren will.
Frau:	Hm, wann möchten Sie denn ungefähr?
Hanna:	So ab Mitte Oktober. Muss ich da jetzt schon reservieren?
Frau:	Nein, nein, das müssen Sie nicht. Die Schiffe fahren zwar von Oktober an teilweise nicht mehr täglich, aber ohne Auto bekommen Sie immer einen Platz.
Hanna:	Ja, wunderbar. Können wir dann die Buchung gleich jetzt schon ...

Lektion 13   Auf der Bank
Folge 13: „Die Geheimzahl"

Maria:	Hm, hm, hm ... „beiliegend erhalten Sie Ihre ‚Persönliche Identifikations-Nummer' PIN. Mit dieser Geheimzahl und Ihrer Bank-Card können Sie an vielen Bankautomaten einfach und bequem Geld abheben. Aus Gründen der Sicherheit sollten Sie sich Ihre Geheimzahl gut einprägen und dieses Schreiben anschließend vernichten ..." Einprägen? ... Hmm ...
Larissa:	Ja!?
Maria:	Entschuldige, Larissa! Ich glaube, ich hab' da was nicht richtig verstanden. Kannst du mir kurz helfen?
Larissa:	Na klar! Was gibt's denn?
Maria:	„Einprägen". Das Wort kenne ich nicht. Kannst du mir sagen, was das heißt?
Larissa:	Einprägen? Hm, ja ... das heißt soviel wie „sich merken" oder „auswendig lernen".
Maria:	Ach so! Alles klar!
Larissa:	War's das schon?
Maria:	Ja, vielen Dank!
Larissa:	Kein Problem! Gerne!
Maria:	Vier ... acht ... Santa Maria! ... No! ... Vier ... zwei ... acht ... sieben ... Cuatro ... dos ... ocho ... siete ... Cuatro ... dos ... ocho ... siete ... Cuatro ... dos ... ocho ... siete ...
Simon:	Sag mal, was machst du denn da, Maria?
Maria:	Ach nichts. Ich präge mir nur was ein.
Simon:	Aha! Lass dich nicht stören!
Maria:	Hm ... Cuatro ... ocho ... dos ... No! ... No no no! Cuatro ... dos ... ocho ... siete ... Cuatro ... dos ... ocho ... siete ...
Maria:	Cuatro ... dos ... ocho ... siete ... Uuh! Cuatro ... dos ... ocho ... siete ... Aah! Cuatro ... dos ... ocho ... siete ... So!
Maria:	Was? „Die eingegebene Zahl ist falsch." Ooh, schon wieder! „Bitte geben Sie Ihren PIN-Code ein."
Älterer Herr:	Seien Sie bloß vorsichtig! Beim dritten Mal ist die Karte nämlich weg!
Maria:	Was? Wirklich?
Älterer Herr:	Ja, ja! Letzten Monat ist mir das selbst passiert! Sehr ärgerlich, so was!
Frau:	Hallo! Sie! Dauert das noch länger bei Ihnen?
Maria:	Einen Moment, bitte! Machen Sie mich jetzt nicht nervös!
Frau:	Entschuldigen Sie! Man wird ja wohl noch fragen dürfen, oder?
Maria:	Habe ich Sie richtig verstanden? Sie wissen die Zahl auch nicht?
Angestellter:	Richtig!
Maria:	Können Sie mal nachsehen, ob die Zahl in Ihrem Computer ist?
Angestellter:	Nein, tut mir Leid.
Maria:	Aber warum denn nicht? Bitte erklären Sie mir das.
Angestellter:	Verstehen Sie doch, Frau ... äh ... Torremolinos: Das ist zu Ihrer eigenen Sicherheit. Nur Sie selbst kennen Ihren PIN-Code.
Maria:	Nein! Ich kenne ihn eben nicht!
Simon:	Hi, Maria! Wo warst du denn?
Maria:	Bei der Bank.
Simon:	Hast du Geld geholt?
Maria:	Ich wollte Geld holen. Aber es hat nicht geklappt.
Simon:	Du, Maria, sag mal, was heißt das eigentlich: Kwattrodos Otschosirte?

Maria: Cuatro … dos … ocho … siete! – Simon! Ich könnte dich küssen!

Simon: Was?! So sagt man das auf Spanisch? Echt?

Maria: Cuatro … dos … ocho … siete … Bestätigen. Es funktioniert! Es funktioniert! Simon, du bist der Größte!

Simon: Na, das is' ja nun nix Neues!

Schritt A   A1

1 Maria: Kannst du mir kurz helfen? „Einprägen"? Das Wort kenne ich nicht. Kannst du mir sagen, was das heißt?

2 Maria: Simon, weißt du, wo es einen Geldautomaten gibt?
Simon: Ja, gegenüber von der Bäckerei.

3 Mann: Beim dritten Mal ist die Karte weg.
Maria: Wirklich? Wissen Sie, wie ich die Karte dann wiederbekomme?

Schritt B   B1
vgl. Kursbuch Seite 51

Schritt B   B3

1 Frau: Das ist schon sehr viel Geld. Das kann ich nicht auf einmal bezahlen. Weißt du, ob ich in Raten zahlen kann?
Mann: Keine Ahnung. Frag doch mal den Verkäufer. Aber pass auf! Da musst du ganz schön Zinsen zahlen.

2 Mann: Ich wollte fragen, ob Sie auch Kreditkarten akzeptieren.
Mann: Nein, tut mir Leid, wir nehmen hier keine Karten, hier können Sie nur bar bezahlen.

3 Mann: Du, ich möchte etwas im Internet bestellen, ich habe aber keine Kreditkarte. Weißt du, ob ich das Geld überweisen kann?
Mann: Das ist sehr unterschiedlich. Wenn ja, dann fragen sie dich nach deiner Bankverbindung.

Schritt C   C1
vgl. Kursbuch Seite 52

Schritt D   D1

1 Bankan-
gestellte: Guten Tag, was kann ich für Sie tun?
Deidre: Ich möchte gern ein Konto eröffnen. Hier steht Girokonto und Sparkonto. Können Sie mir bitte erklären, was da der Unterschied ist?

Bankan-
gestellte: Ja, gern. Beim Girokonto können Sie mit Ihrer EC-Karte Geld einzahlen, abheben und über-weisen. Beim Sparkonto können Sie nur ein-zahlen und abheben, aber nicht überweisen. Sie sparen Ihr Geld, dafür bekommen Sie auch Zinsen.

Deidre: Aha. Ich brauche das Konto für mein Gehalt und meine Miete und so.

Bankan-
gestellte: Dann brauchen Sie ein Girokonto mit einer EC-Karte.

Deidre: Bekomme ich regelmäßig Kontoauszüge zugeschickt?

Bankan-
gestellte: Ja, wenn Sie möchten, können wir Ihnen die Kontoauszüge monatlich zuschicken. Dafür müssen Sie nichts bezahlen. Oder Sie gehen zum Kontoauszugsdrucker. Die stehen in der Regel bei den Geldautomaten. Ja, dann füllen wir doch mal das Formular aus …

2 Bankan-
gestellte: Der Nächste bitte! Guten Tag. Sie wünschen?
Mann: Ja, also, ich habe hier eine EC-Karte. Die hat auch immer gut funktioniert. Nun wollen meine Frau und ich nach Amerika fahren. Ist meine EC-Karte da auch gültig?

Bankan-
gestellte: Nein, die gilt nur in Deutschland und Europa. Ich würde Ihnen eine Kreditkarte empfehlen. Sie ist weltweit gültig.

Mann: Die EC-Karte kostet ja nichts. Wie ist das mit der Kreditkarte?

Bankan-
gestellte: Bei der Kreditkarte zahlen Sie eine jährliche Gebühr.

Mann: Haben Sie da noch mehr Informationsmaterial dazu?

Bankan-
gestellte: Ja, ich gebe Ihnen am besten diese Prospekte mit. Da erfahren Sie dann noch mehr …

Lektion 14   Lebensstationen
Folge 14: „Belinda"

Larissa: Na, Maria, hast du auch schon 'nen Namen?
Maria: Einen Namen? Ich?
Larissa: Für das Baby!
Maria: Ach so! Nein, keine Ahnung.
Larissa: Wie findest du „Belinda"?
Maria: Äh … ich …
Simon: Belinda! … Hahaha!
Larissa: Du bist doof!
Maria: Äh, entschuldigt, … ich muss noch kurz telefonieren …
Larissa: Dann gehen wir schon mal runter. … Los, komm!
Simon: Belinda! Haha … Belinda!

Maria: Hallo, Sebastian! … Schön, dass du zu Hause bist! … Ähm, sag mal, hast du heute Nachmittag schon was vor? … Aah, sehr gut! Ich brauche nämlich deine Hilfe. … Nein, nicht ins Kino. … Ich brauche deine Hilfe … Ja, ich komme rüber und erklär' es dir, okay? … Bis gleich! Tschüs!

Simon/	
Larissa:	He, Maria!
Larissa:	Du gehst ja in die falsche Richtung!
Simon:	Wir müssen doch zur U-Bahn!
Maria:	Nein. Hört mal, ihr müsst ohne mich fahren.
Larissa:	Wieso? Kommst du denn nicht mit?
Maria:	Ich komme ein bisschen später, weil ich noch was erledigen muss.
Simon:	Ach so?
Larissa:	Na gut, dann also bis nachher!
Maria:	Bis nachher!
Larissa:	Oh, bist du süß!
Simon:	Sie ist so klein! Ich habe nicht gewusst, dass Babys so klein sind!
Kurt:	Tja, so klein warst du auch mal.
Susanne:	Hey! Sei vorsichtig, Larissa!
Larissa:	Hallo, Schwesterchen!
Susanne:	Lass sie nicht fallen!
Larissa:	Hallo, Belinda!
Simon:	Hör auf! So heißt sie doch gar nicht!
Larissa:	Doch! Du bist die kleine Belinda, stimmt's?
Simon:	Da! Jetzt hörst du's. Sie hasst den Namen.
Kurt:	Sagt mal, müsst Ihr denn eigentlich immer streiten? Könnt ihr nicht einmal Ruhe geben?
Susanne:	Larissa, komm, gib sie mir.
Kurt:	Ich finde, es sollte ein ganz einfacher Name sein. Zum Beispiel „Anna". Wie gefällt euch „Anna"?
Larissa:	Anna find' ich nicht so toll.
Susanne:	Oder „Verena"?
Simon:	Hnnn! In meiner Klasse gibt's 'ne Verena. Die ist total blöd!
Kurt:	Na, das gibt's doch nicht! Es muss doch irgendeinen schönen Namen geben, der uns allen gefällt! – Ja, bitte?
Susanne:	Herein!
Maria:	Wie wäre es zum Beispiel mit „Erika"?
Alle:	Tante Erika! ...
Tante Erika:	Hallo!
Tante Erika:	Guck mal, wer da gekommen ist! Ich bin deine Urgroßtante! Jaa! Oh, was ist sie für ein hübsches kleines Püppchen! Ach, Kinder – ich freu' mich so! Wie lieb, dass ihr an mich gedacht habt!
Susanne:	Toll, dass du an Tante Erika gedacht hast! Weißt du, ich ... ich wollte eigentlich ...
Maria:	Hey, Susanne! Kein Wort mehr! Du hattest nun wirklich etwas viel Wichtigeres zu tun! Die Kleine ist so süß! Herzlichen Glückwunsch!
Susanne:	Danke, Maria! Es ist schön, dass du bei uns bist!

Schritt A   A2/A3

Ansager:	Liebe Hörerinnen und Hörer, herzlich willkommen zu unserem heutigen Feature zum Thema „Lebensstation Kindheit". Schöne Erinnerungen, aufregende Erinnerungen, traurige Erinnerungen: Wer hat sie nicht?
1. Frau:	Ich bin mitten in Berlin aufgewachsen. Ich habe immer gerne mit den Nachbarskindern im Hof gespielt. Jeden Nachmittag nach der Schule haben wir uns dort getroffen. Einmal ist etwas Schlimmes passiert: Ich habe auf einer Baustelle gespielt und bin in ein großes Loch gefallen. Dabei habe ich mich schwer am Kopf verletzt. Ich konnte wochenlang nicht mehr mitspielen. Das habe ich bis heute nicht vergessen.
2. Frau:	Wir haben in den Ferien immer meine Oma besucht. Sie hatte einen Bauernhof und wir durften immer im Stall mithelfen. Früh morgens bin ich aufgestanden, habe alte Klamotten und Gummistiefel angezogen und bin in den Kuhstall gegangen. Danach – zum Frühstück – habe ich frisches Bauernbrot mit Erdbeermarmelade und natürlich frische Kuhmilch bekommen. Leider ist meine Oma schon tot. Sie ist vor einem Jahr nach einer Operation gestorben. Sie hat viel Schlimmes erlebt: zwei Kriege, schwere Krankheiten und den Tod ihrer Brüder. Trotzdem war sie immer fröhlich und hatte viel Energie.
Mann:	Meine Eltern hatten einen kleinen Lebensmittelladen. Ich bin dort aufgewachsen zwischen Schokolade und Seife. Jeden Tag kamen dieselben Kunden. Meine Schwester und ich mussten nach der Schule immer mithelfen. Mein Vater sagte immer: „Wir mussten früher schließlich auch hart arbeiten." Meine Schwester hat bis zum Schluss im Laden gearbeitet. Heute gibt es ihn nicht mehr. Meine Eltern sind jetzt pensioniert. Ich sollte den Laden übernehmen, aber ich wollte nicht. Und meine Schwester wollte den Laden alleine auch nicht mehr weiterführen.
Ansager:	Kindheit in Deutschland. Was heißt das heute? Was hieß das früher? Ich begrüße unseren Studiogast Herrn Professor Norbert Hauck von der Universität Frankfurt. Herr Professor Hauck ...

Schritt D   D4/D5

Moderator:	... dann kommen wir gleich zum Thema unserer heutigen Sendung: Streit in der Ehe! Wir haben Paare dazu befragt, wie das bei ihnen so ist mit dem Streiten. Hier im Studio darf ich ganz herzlich begrüßen: Karin und Justus Liebig ...
Karin/Justus:	Guten Tag.
Moderator:	... seit 15 Jahren ein glückliches Paar. Also, Herr und Frau Liebig, wie ist das bei Ihnen mit dem Streiten? Streiten Sie oft?
Justus:	Hm, ehrlich gesagt, streiten wir schon öfter einmal.

Karin:	Ja, eigentlich ziemlich oft.
Justus:	Na ja, so oft nun auch wieder nicht!
Moderator:	Und worüber streiten Sie am häufigsten?
Karin:	Über den Haushalt! Ich räume dauernd auf. Trotzdem findet Justus mich unordentlich!
Justus:	Ha ha, du räumst dauernd auf? Das ist ja wirklich lustig …
Karin:	Na ja, du bist eben ein bisschen kleinlich.
Moderator:	Gut, so viel zum Thema „Haushalt". Worüber streiten Sie denn noch so?
Justus:	Hm, da muss ich mal überlegen … Karin, worüber streiten wir denn noch so?
Karin:	Hm …Über die Zeit, die wir miteinander verbringen. Du hast fast nie Zeit für mich. Deshalb bin ich öfter mal sauer.
Justus:	Ja, das stimmt. Dass ich so wenig Zeit habe, ist wirklich ein Problem. Ich arbeite sehr viel, ich mache sehr viel im Haushalt, nicht wahr, Karin?
Karin:	Na ja …
Justus:	… und verbringe natürlich auch möglichst viel Zeit mit den Kindern …
Moderator:	Sie haben Kinder?
Karin:	Ja, zwei Töchter: Mira und Julia. Sie sind drei und sechs Jahre alt.
Moderator:	Streiten Sie sich denn auch über Erziehungsfragen?
Karin:	Oh ja! Das ist auch so ein Problem, denn Justus ist einfach nicht streng genug. Alles, einfach alles lässt er den Kindern durchgehen …
Justus:	Na ja, alles … Karin, übertreibe doch nicht immer so …
Karin:	Stimmt schon, manchmal bist du auch etwas strenger, aber …
Moderator:	Wenn man das alles so hört, hat man das Gefühl, dass Sie wirklich sehr, sehr viel streiten. Warum sind Sie trotzdem ein glückliches Paar?
Justus:	Ja, wir streiten schon oft, aber für uns gehört das zu einer glücklichen Ehe. Sonst wäre es doch langweilig.
Karin:	Ja, das stimmt.

Schritt E **E 1**

Hildegard:	Hallo, Erika, woher kommst du denn?
Erika:	Aus dem Krankenhaus und jetzt …
Hildegard:	… oje, was ist denn passiert!
Erika:	Etwas sehr Schönes. Meine Großnichte hat ein Mädchen zur Welt gebracht.
Hildegard:	Herzlichen Glückwunsch! Und wohin geht's jetzt?
Erika:	Ins Seniorenbüro. Der neue Veranstaltungs- kalender ist ja vor kurzem erschienen …

Lektion 8   Am Wochenende
Schritt B Übung 14
vgl. Arbeitsbuch Seite 69

Schritt B Übung 16
vgl. Arbeitsbuch Seite 69

Schritt C Übung 20

1 Frau: Hallo, wie geht's dir?
   Mann: Danke, gut. Wir haben uns lange nicht gesehen.
           Wir könnten mal wieder was zusammen
           unternehmen. Hast du Lust?
   Frau: Gute Idee.
   Mann: Wie wär's mit Kino?
   Frau: Mhm, warum nicht? Im Tivoli läuft gerade ein
           toller Film.
   Mann: Hast du morgen Abend Zeit?
   Frau: Ja, das geht bei mir.
   Mann: Also, dann bis morgen Abend.

2 Frau Huber: Guten Tag, Frau Müller.
   Frau Müller: Guten Tag, Frau Huber.
   Frau Huber: Am 7. August, also in zwei Wochen, feiert
                  mein Mann seinen 40. Geburtstag. Wir
                  würden Sie und Ihren Mann gern zu einem
                  Glas Sekt einladen.
   Frau Müller: Das ist sehr nett, Frau Huber. Aber es tut
                  mir sehr Leid, das geht leider nicht. Da sind
                  wir in Urlaub.
   Frau Huber: Schade, dass Sie nicht kommen können.
   Frau Müller: Ja, sehr schade, aber trotzdem vielen Dank
                  für die Einladung.

Lektion 9   Warenwelt
Schritt B Übung 16
vgl. Arbeitsbuch Seite 77

Schritt B Übung 18
vgl. Arbeitsbuch Seite 77

Lektion 10   Post und Telefon
Schritt B Übung 12
vgl. Arbeitsbuch Seite 85

Schritt B Übung 13
vgl. Arbeitsbuch Seite 85

Schritt B Übung 14
vgl. Arbeitsbuch Seite 85

Schritt B Übung 15
vgl. Arbeitsbuch Seite 85

Schritt D Übung 25
Person 1:
Schrecklich! Egal wo, auf der Straße, im Zug, im Bus, dauernd klingelt irgendwo ein Handy. Immer und überall sprechen diese jungen Leute in ihre Handys. Das ist doch unhöflich und stört die anderen! Ich finde das wirklich unmöglich!

Person 2:
Ach, wissen Sie, ich finde das ganz praktisch mit den Handys. So kann ich meine Tochter immer erreichen, wenn sie abends irgendwo mit Freunden unterwegs ist. Das ist doch gut und ich muss mir keine Sorgen machen.

Person 3:
Natürlich finde ich das super. Das ist doch ganz normal heute. Jeder von uns hat ein Handy. Wir telefonieren ja nicht viel, weil das viel zu teuer ist. Aber ich verschicke viele SMS an meine Freunde.

Person 4:
Also, wenn Sie mich fragen: Früher ging es auch ohne diese Dinger. Wir haben eben von einem öffentlichen Telefon aus telefoniert oder zu Hause. Heute denken alle Jugendlichen, ohne Handy geht es überhaupt nicht mehr. Das kann ich überhaupt nicht verstehen. Irgendwann will man doch mal seine Ruhe haben.

Lektion 11   Unterwegs
Schritt C Übung 20
vgl. Arbeitsbuch Seite 95

Schritt C Übung 23
1   sechzehn
2   erwachsen
3   rechts
4   Fax
5   vormittags
6   mittwochs
7   werktags
8   dreißigste
9   Geburtstagskarte
10 Angst
11 wenigstens
12 Lieblingsbuch

Schritt D Übung 28
Sprecher: Die Verkehrsmeldungen für den Großraum Berlin:
            A10 Berlin Richtung Hamburg: zwischen Berlin
            Hellersdorf und Berlin Marzahn Gefahr durch
            Gegenstände auf der Fahrbahn. Und im weiteren
            Verlauf der A10 zwischen Dreieck Oranienburg
            und Dreieck Havelland Unfall. Zwei Kilometer
            Stau. A11: Wegen Bauarbeiten ist die Ausfahrt
            Schönow in Richtung Berlin den ganzen Vormittag
            gesperrt. Es gibt keine Umleitungsempfehlung.
            A114 Richtung Berlin: zwischen Dreieck Pankow
            und dem Autobahnende Prenzlauer Chaussee zäh

fließender Verkehr wegen einer Tagesbaustelle. Und noch die A115 Richtung Berlin: zwischen Autobahndreieck Drewitz und Potsdam hohes Verkehrsaufkommen. Fünf Kilometer Stau. Auch wenn Sie gerade im Stau stehen: Nehmen Sie 's gelassen. Wir wünschen Ihnen eine gute Fahrt.

Schritt E Übung 31

Herr Karl:	Herein. … Ah, Herr Wagner, guten Morgen. Kommen Sie doch bitte herein. Nehmen Sie Platz.
Herr Wagner:	Guten Morgen, Herr Karl.
Herr Karl:	So, das ist also jetzt Ihr erster Tag bei uns als Verkäufer. Sind Sie gut durch den Verkehr gekommen? Keine Staus?
Herr Wagner:	Nein, heute ging es ganz gut. Es sind ja noch Schulferien.
Herr Karl:	Prima, Herr Wagner. Also, wir freuen uns, dass Sie bei uns arbeiten, und ich würde vorschlagen, wir machen einen kleinen Rundgang durch unser Autohaus.
Herr Wagner:	Gerne. Ich habe mich zwar schon einmal umgeschaut, aber ein zweites Mal kann ja nichts schaden.
Herr Karl:	Also, dann gehen wir mal los. Unser Chef, Herr Müller, ist leider gerade auf einer Geschäftsreise. Aber Sie hatten ihn ja schon kennen gelernt. Sein Büro ist gleich gegenüber von meinem. – So … hier vorne an der Kundeninformation arbeitet Frau Hagen. Sie kann – fast – alle Fragen der Kunden beantworten.
Frau Hagen:	Guten Morgen.
Herr Wagner:	Guten Morgen, Frau Hagen.
Herr Karl:	Und hier, auch im Eingangsbereich, stehen immer die Neuwagen, also unsere neuesten Modelle. Das ist ja dann Ihr Bereich. Hier können Sie unseren Kunden die Fahrzeuge zeigen. Da drüben, gleich neben den Neuwagen, steht Ihr Schreibtisch, wo Sie die Kunden in Ruhe beraten können. Gehen wir mal da rüber. … Hinter der Kundeninformation ist die Reparaturannahme. Herr Martin kümmert sich um die Kunden, wenn etwas mit ihrem Auto nicht in Ordnung ist.
Herr Martin:	Guten Morgen und herzlich Willkommen bei uns.
Herr Wagner:	Guten Morgen, Herr Martin.
Herr Karl:	So, und jetzt zeige ich Ihnen noch kurz die Werkstatt. Die ist über dem Hof. Wie Sie wissen, haben wir auch eine große Auswahl an Gebrauchtwagen. Die meisten stehen hier auf dem Hof. Hier ist auch Herr Strauß, unser Werkstattleiter. Herr Strauß, hier ist Herr Wagner, unser neuer Verkäufer.
Herr Strauß:	Guten Morgen, Herr Wagner.
Herr Wagner:	Guten Morgen, Herr Strauß.

Herr Karl:	So, dann gehen wir mal wieder zurück. … So, jetzt sind wir wieder zurück. Ich würde sagen, Sie gehen jetzt erst mal an Ihren Arbeitsplatz und arbeiten sich langsam ein.
Herr Wagner:	Eine Frage hätte ich noch.
Herr Karl:	Aber gern.
Herr Wagner:	Nun ja – falls mich Kunden fragen: Wo sind denn die Kundentoiletten?
Herr Karl:	Sehr gut! Vielleicht ist das die Frage, die die Kunden am häufigsten stellen. Also, die Kundentoiletten sind rechts neben der Information im Wartebereich, wo unsere Kunden einen Kaffee bekommen oder Zeitschriften lesen können.
Herr Wagner:	Na, dann ist erst mal alles klar.
Herr Karl:	Gut, und wenn Sie weitere Fragen haben, können Sie sich jederzeit an mich wenden und natürlich auch an Ihre Kolleginnen und Kollegen.

Lektion 12 Reisen

Schritt D Übung 25

Besuchen Sie die Mecklenburgische Seenplatte und erleben Sie die Natur. Mieten Sie ein Boot und fahren Sie von See zu See. Sie können dabei seltene Vögel beobachten und sich entspannen. Natur und Ruhe – ohne Lärm und ohne stinkende Autos. Unsere Ferienwohnungen sind alle sehr modern und gemütlich eingerichtet. Sie können wählen zwischen Zwei- und Drei-Zimmer-Apartments mit Balkon oder Terrasse. Preis pro Person und Tag ab 15 Euro. Für weitere Informationen stehen wir Ihnen gern zur Verfügung. Schreiben Sie an …

Schritt D Übung 26

Lehrerin:	Jetzt möchte ich noch kurz mit Ihnen über unseren Schulausflug sprechen, Ihnen noch ein paar zusätzliche Hinweise zu dem Infoblatt geben. Wir machen den Ausflug zusammen mit der Klasse 3a. Da sind wir dann natürlich sehr viele Kinder. Könnten vielleicht einige Väter oder Mütter mitfahren? … Geben Sie dann bitte Ihrem Kind diesen Abschnitt hier mit und zwar bis spätestens Ende der Woche. Wir fahren also um acht Uhr zehn am Bahnhof los. Sorgen Sie bitte dafür, dass Ihr Kind wirklich ganz pünktlich um acht am Bahnhof ist. Von Schönau aus wandern wir dann auf die Burg Rotteck. Die Kinder sollen deshalb unbedingt gute Schuhe anziehen und natürlich auch Regenkleidung mitnehmen. Gegen Mittag sind wir dann auf dem Abenteuerspielplatz. Dort machen wir Picknick, wir wollen grillen. Geben Sie deshalb Ihrem Kind eine Wurst mit und auch etwas zum Trinken. Die Kinder haben dann noch Zeit, alles, was es auf dem Abenteuerspielplatz gibt, auszuprobieren. Die vier Euro für Bahnfahrt und Eintritt in die Burg sollen die Kinder bis spätestens nächsten Dienstag in die Schule mitbringen.

Schritt D Übung 27
vgl. Arbeitsbuch Seite 106

Schritt E Übung 31

a Und jetzt folgt der Reisewetterbericht für morgen,
Dienstag, den 2. Juli.
Süddeutschland: überwiegend sonnig bei
Tageshöchstwerten bis 29 Grad. Gegen Abend
Gewitterneigung.
Norddeutschland: von Westen her Bewölkungszunahme
und gebietsweise Regen. Abkühlung auf 22 Grad.

b Und hier noch ein Reiseruf: Herr Anton Reimer aus
Bremen, unterwegs in Westpolen mit einem weißen Opel
Astra mit dem Kennzeichen HB-AR 789 soll sich bitte
sofort telefonisch mit seiner Mutter in Verbindung setzen.
Ich wiederhole: Herr Anton Reimer aus Bremen, bitte
melden Sie sich bei Ihrer Mutter. ... Und jetzt geht's weiter
mit den Hits der 80er.

c Eine Verkehrsdurchsage: Achtung, Autofahrer auf der A96
München–Lindau. Bei Kilometer 35 an der Ausfahrt
Germering läuft ein Hund auf der Fahrbahn. Bitte fahren
Sie langsam und überholen Sie nicht.

Lektion 13   Auf der Bank
Schritt A Übung 7
vgl. Arbeitsbuch Seite 109

Schritt C Übung 25
vgl. Arbeitsbuch Seite 113

Schritt D Übung 27
Gespräch 1
Kunde: Guten Tag, ich möchte gern ein Konto eröffnen.
Angestellter: Ein Girokonto oder ein Sparkonto?
Kunde: Ich brauche ein Konto für mein Gehalt und dass
                    ich die Miete überweisen kann.
Angestellter: Also ein Girokonto. Warten Sie, ich hole mal
                    eben ein Anmeldeformular.

Gespräch 2
Kunde: Guten Tag, ich hätte eine Frage zu einem
                    Sparkonto.
Angestellte: Ja bitte, was möchten Sie wissen?
Kunde: Was bekommt man da? – Ich meine ... die
                    Zinsen.
Angestellte: Momentan gibt es zwei Prozent auf das normale
                    Sparbuch. Es gibt aber auch ein Sparbuch plus.
                    Wenn Sie mehr als 2.000 Euro auf dem
                    Sparbuch haben, bekommen Sie drei Prozent.

Gespräch 3
Kundin: Guten Tag. Was kostet bei Ihnen ein Girokonto?
Angestellter: Das ist für alle Kunden kostenlos, wenn jeden
                    Monat mindestens 1.000 Euro auf das Konto
                    kommen, z.B. durch Ihr Gehalt. Wenn Sie eine
                    Kreditkarte möchten, kostet das 20 Euro im Jahr.

Kundin: Und wenn weniger auf das Konto kommt?
Angestellter: Dann bezahlen Sie für jede Überweisung einen
                    Euro und die EC-Karte kostet zehn Euro im Jahr.

Gespräch 4
Kunde: Wenn ich bei Ihnen ein Konto eröffne, kann ich
                    da auch am Geldautomaten Geld abheben?
Angestellte: Ja, natürlich. Sie brauchen nur eine EC-Karte mit
                    Geheimnummer.
Kunde: Und was kostet das?
Angestellte: Das ist kostenlos, wenn Sie an unseren
                    Geldautomaten Geld abheben. Wir haben in
                    Deutschland über 2.000 Geldautomaten. Wenn
                    Sie einen anderen Geldautomaten benutzen,
                    kostet das 2 Euro 50.

Prüfungstraining *Start Deutsch 2z*
Hören

Teil 1
Sie hören fünf Ansagen am Telefon. Zu jedem Text gibt es eine
Aufgabe. Ergänzen Sie die Telefon-Notizen. Sie hören jeden
Text zweimal.

Beispiel
Hier spricht Beate Schuster von der Kindertagesstätte
Violenweg. Frau Günes, rufen Sie mich bitte gleich zurück,
wenn Sie diese Nachricht hören. Ihrem Sohn geht es heute
morgen leider gar nicht gut. Er hat 39 Grad Fieber und muss
dringend nach Hause ins Bett. Bitte rufen Sie so bald wie
möglich an und sagen Sie mir, wann Sie Ihren Sohn abholen
können. Meine Durchwahl ist 675. Danke. Tschüs.

Nummer 1
Guten Morgen, Frau Moser. Hier Kaufmann, Firma Digitech.
Leider habe ich gestern bei unserer Besprechung eine Mappe
mit Papieren bei Ihnen vergessen. Könnten Sie mir die bitte
per Post nach Hause schicken? Das wäre sehr nett von Ihnen.
Ich gebe Ihnen vorsichtshalber noch mal meine Privatadresse:
Mozartstraße 17 in 71224 Stuttgart. Schon jetzt herzlichen
Dank für Ihre Mühe. Auf Wiederhören.

Nummer 2
Guten Tag, Herr Muñoz. Hier spricht Warning, Sprachenschule
lingua franca. Sie hatten angerufen und interessieren sich für
unseren Kurs „Deutsch für den Beruf". Zu Ihrer Frage: Die
Kursgebühr beträgt 98 Euro. Wenn Sie sich einschreiben
wollen, dann kommen Sie bitte am nächsten Montag am
besten zwischen acht und neun Uhr morgens in unser Büro.
Für diesen Kurs ist nämlich eine persönliche Anmeldung
erforderlich. Ja, dann vielleicht bis Montag. Auf Wiederhören.

Nummer 3

Grüß Gott, hier ist Bamberg von der Volkshochschule. Sie haben uns angerufen. Sie suchen noch etwas in Richtung Kunst oder Kunsthandwerk. Also, wir bieten in diesem Semester den Kurs „Asiatische Blumenkunst" an. Der ist in unserem aktuellen Katalog auf Seite 97 beschrieben. Dieser Kurs läuft immer dienstags und donnerstags. Rufen Sie mich doch einfach noch mal an. Auf Wiederhören.

Nummer 4

Hallo, hier ist Jutta. Du, ich kann heute leider doch nicht mit ins Kino. Ich muss in der Arbeit dringend noch was fertig machen und brauche noch so zwei, drei Stunden dafür. Ich würde natürlich viel lieber mit euch ins Kino gehen. – Na ja, da kann man nichts machen. Wie wäre es, wenn wir uns nach dem Kino treffen? Wir könnten ins Café Iwan gehen, so gegen halb elf. Was meinst du? Rufst du mich kurz auf dem Handy zurück? Also dann, bis später. Ciao.

Nummer 5

Hallo, Jana. Hier ist Mama. Du, wir kommen doch schon heute Abend zurück. Hier ist das Wetter einfach schrecklich. Eine Bitte habe ich: Ich würde heute Abend gern einen Kartoffelsalat zum Essen machen. Könntest du bitte die Kartoffeln schon mal kochen? Wir haben hier prima Würstchen gekauft, die machen wir uns dann dazu warm. Also, bis später. Ich freu mich!

Teil 2

Sie hören fünf Informationen aus dem Radio. Zu jedem Text gibt es eine Aufgabe. Kreuzen Sie an: a, b oder c. Sie hören jeden Text einmal.

Beispiel

Guten Morgen, liebe Hörerinnen und Hörer. Hier ist der Norddeutsche Rundfunk, NDR 2. Beim Zeitzeichen ist es 18 Uhr. ... 18 Uhr. Sie hören die Nachrichten für Montag, den 8. März. London: Beim Treffen der Außenminister ...

Nummer 6

Und nun zum Wetter: Der Winter ist zurück! In den Bergen gibt es zehn Zentimeter Neuschnee. Und das wenige Tage vor Ostern. Tageshöchstwerte heute: Mehr als drei Grad sind nicht drin. Kaum zu glauben. Leider werden uns diese tiefen Temperaturen auch in den nächsten Tagen erhalten bleiben. Erst am Wochenende soll es wieder etwas wärmer werden. – So, und nun das lang angekündigte Interview mit ...

Nummer 7

Zum Programm der nächsten Stunde: Das Tagesgespräch um zwölf Uhr beschäftigt sich heute mit dem Thema „Der PISA-Schock". Sind unsere Schüler wirklich so schlecht? Als Experten im Studio haben wir dazu die Leiterin der Schulberatung Bremen, Frau Dr. Burnhauser, und die Elternsprecherin, Elsa Meyer-Vierhaus. Wie immer können Sie, liebe Hörerinnen und Hörer, uns anrufen, mit den Experten diskutieren, Fragen stellen und Ihre Meinung sagen. Das Tagesgespräch um zwölf Uhr auf NDR 2.

Nummer 8

Eine Meldung für alle Autofahrer: Wegen einer Großveranstaltung sind in der Innenstadt am Vormittag folgende Straßen gesperrt: der Georg-Brauchle-Ring, die Steinstraße und die Ehrwalderstraße stadteinwärts. Bitte folgen Sie den Umleitungsschildern. Und noch ein Tipp für die Samstagseinkäufer, die mit dem Auto aus der Umgebung in die Innenstadt wollen: Stellen Sie Ihr Auto an den Parkplätzen am Stadtrand ab und benutzen Sie die U- und S-Bahnen.

Nummer 9

Und nun noch ein Veranstaltungshinweis. Am Freitagabend eröffnet in der Kaiser-Wilhelm-Straße der „Over Thirty-Club", eine Disko für Leute über Dreißig! Endlich ein Club, in den nicht nur Teenies und Twens gehen. Also, wenn Sie über 30 sind, gern nette Leute treffen, gern tanzen und gute Musik hören, dann schauen Sie doch einfach vorbei! Bringen Sie Ihren Führerschein oder Ihren Ausweis mit. Zur Eröffnung gibt es eine tolle Party mit zwei kostenlosen Getränken für jeden.

Nummer 10

Wie jede Woche haben wir heute wieder ein Gewinnspiel für Sie. In der folgenden Stunde hören Sie drei Musikstücke aus weltbekannten Filmen. Sie sollen uns sagen, in welcher Reihenfolge Sie die Filmmusik zu diesen Klassikern gehört haben: Der dritte Mann, Spider Man, Der bewegte Mann. Sagen Sie uns einfach die Reihenfolge durch. Wenn Sie die wissen, rufen Sie uns an unter 3303–3303. Zu gewinnen gibt es wie immer zwei Karten für einen Film, an diesem Wochenende im Filmpalast am Goetheplatz.

Teil 3

Sie hören ein Gespräch. Zu diesem Gespräch gibt es fünf Aufgaben. Ordnen Sie zu und notieren Sie den Buchstaben. Sie hören den Text zweimal.

Beispiel

Elternbeirat:	Bauer.
Schulleiterin:	Ah, Herr Bauer. Schön, dass ich Sie erreiche. Hier ist Meinert von der Luisen-Grundschule. Es geht um den Tag der offenen Tür an unserer Schule. Der Elternbeirat macht doch hoffentlich wieder mit?
Elternbeirat:	Selbstverständlich. Haben Sie schon einen Termin?
Schulleiterin:	Ja, wieder am ersten Samstag im Mai, das ist der 7.5.
Elternbeirat:	Aha. Gut, habe ich notiert. Und wie soll das Programm denn dieses Jahr aussehen?
Schulleiterin:	Ich schlage vor, wir fangen wieder um halb elf an. Was meinen Sie?
Elternbeirat:	Ja, warum nicht. Das war doch ganz gut letztes Jahr.

Nummer 11, 12, 13, 14 und 15

Schulleiterin:	Zuerst laden wir die Eltern wieder in die Klassenräume ein.

Elternbeirat:	Ja, das ist eine gute Idee. Viele Eltern möchten gern sehen, wo ihre Kinder den Tag über lernen.
Schulleiterin:	Genau. Ab elf Uhr lesen die Schüler in den Klassenzimmern kleine Geschichten vor oder machen was anderes. Die 4a zeigt sogar ein kleines Theaterstück von Janosch.
Elternbeirat:	Ach, das ist ja sehr schön. Und zeigen wir danach wieder Videos? Wir haben doch sicher wieder Filme vom Schulausflug?
Schulleiterin:	Leider nicht. Die Videokamera war irgendwie nicht in Ordnung. Die Filme sind alle nichts geworden.
Elternbeirat:	Schade. Ja, was haben Sie denn noch geplant?
Schulleiterin:	Frau Bachmann macht wieder ein Musikprogramm mit den Kindern. Die zweiten und dritten Klassen singen Lieder aus aller Welt. In verschiedenen Sprachen, also nicht nur auf Deutsch, auch auf Spanisch und so weiter.
Elternbeirat:	Toll! Meine Tochter hat mir schon davon erzählt. Ihre Klasse singt ein türkisches Lied. Wann soll das Musikprogramm denn beginnen?
Schulleiterin:	Das ist dann so um halb zwölf. Das machen wir in der Eingangshalle.
Elternbeirat:	Gut. Und danach – da sollten wir dann etwas zu essen anbieten, oder?
Schulleiterin:	Genau. Das Konzert dauert nicht länger als 15 Minuten, also so bis Viertel vor zwölf. Was meinen Sie: Ist das dann zu früh für das Mittagessen?
Elternbeirat:	Eigentlich nicht. Also, Mittagessen ab Viertel vor zwölf.
Schulleiterin:	Ja, und dazu brauchen wir natürlich wieder Ihre Hilfe.
Elternbeirat:	Klar, die Eltern sollen wieder etwas zu essen mitbringen, wie im letzten Jahr. Wir organisieren dann wieder ein großes Buffet.
Schulleiterin:	Ja, wenn das geht?
Elternbeirat:	Klar geht das. Das machen wir … Gut, woran müssen wir noch denken? Brauchen wir wieder Tische für kleinere Ausstellungen?
Schulleiterin:	Mhm, ja, genau. Der Buchladen „ABC" kommt wieder mit neuen Kinderbüchern. Und dann gibt es noch einen neuen Buchladen im Einkaufszentrum, den sollten wir auch einladen. Würden Sie sich darum kümmern?
Elternbeirat:	Mach' ich. Wann sollen denn die Büchertische da sein?
Schulleiterin:	So ab eins vielleicht.
Elternbeirat:	Gut, ja. Ich notiere: Tische für Buchausstellung … ab ein Uhr. Und wie sieht es mit einem Flohmarkt aus? Der war doch letztes Jahr sehr beliebt.
Schulleiterin:	Stimmt. Aber den möchte ich dieses Jahr nicht machen. Das wird sonst einfach zu viel.
Elternbeirat:	Ja gut, wenn Sie meinen.
Schulleiterin:	Ja, und ich denke, spätestens um halb drei sollten wir Schluss machen, oder?
Elternbeirat:	Gut, ja. Also fangen wir gegen halb drei an aufzuräumen.
Schulleiterin:	Genau. Das hat ja letztes Jahr auch gut geklappt. Ja, dann steht unser Programm eigentlich. Toll, dass Sie uns mit dem Elternbeirat wieder so unterstützen, Herr Bauer.
Elternbeirat:	Ist doch klar. Das machen wir doch gern.

Lektion 8

A

1   **B** Text 4 **C** Text 2 **D** Text 1

2   **b** Er kann dort mit den Kindern Fußball spielen. **c** Er muss in der Woche viel arbeiten. **d** Er kann da seine Freunde treffen.

3   **b** …, weil er dort mit den Kindern Fußball spielen kann. **c** …, weil er in der Woche viel arbeiten muss. **d** …, weil er da seine Freunde treffen kann.

4   **b** Trotzdem geht Familie Grimaldi an den Kirchweiler See. **c** Trotzdem sitzt Herr Windlich im Garten. **d** Trotzdem geht Peter Lustig ins Schwimmbad.

5   **b** Ich fahre trotzdem in Urlaub. **c** Deine Tochter läuft trotzdem im T-Shirt herum. **d** Ich muss trotzdem gehen. **e** Ich gehe trotzdem mit dir ins Kino. **f** Es gibt trotzdem keine Pause.

6

	(trotzdem)			(trotzdem)	
b	Trotzdem	fahre	ich		in Urlaub.
	Ich	fahre		trotzdem	in Urlaub.
c		Trotzdem	läuft	deine Tochter		im T-Shirt herum.
	Deine Tochter		läuft		trotzdem	im T-Shirt herum.

7   **b** Trotzdem gehe ich mit meinen Freunden ins Kino. **c** Trotzdem bleibt sie nicht im Bett. **d** Trotzdem geht er nicht ins Bett. **e** Trotzdem isst er viel Süßes.

8   *Musterlösung:*
Ich bin müde. Trotzdem gehe ich nicht ins Bett. Ich muss lernen. Trotzdem sehe ich lieber fern. Es regnet. Trotzdem gehe ich spazieren. Ich habe keine Lust. Trotzdem mache ich meine Hausaufgaben. Es kommt nichts Interessantes im Fernsehen. Trotzdem schalte ich den Fernseher nicht ab. Ich will nicht streiten. Trotzdem ärgere ich meinen Bruder.

B

9   **a**   **2** Ich hätte lieber eine Katze. **3** Ich würde lieber ans Meer fahren.
   b   **2** Ich hätte **3** Wir würden … fahren, wir würden … tanzen, wir würden … spazieren gehen

10   **b** Ich würde lieber spazieren gehen. **c** Ich hätte gern mal ein bisschen Ruhe. **d** Ich wäre lieber gesund. **e** Ich würde lieber ans Meer fahren. **f** Ich wäre jetzt am liebsten in der Disko.

11   **b** Ich würde lieber bei dir sein. **c** Er würde lieber mit Freunden ins Schwimmbad gehen. **d** Wir würden lieber auf dem Balkon sitzen. **e** Ich wäre lieber schon zu Hause. **f** Ich hätte lieber Urlaub.

12   **b** Ich hätte auch gern frei. / Oh, da würde ich jetzt auch gern sitzen. **c** Oh, da wäre ich jetzt auch gern. / Oh, ich würde auch gern nach Brasilien fliegen. / Oh, da würde ich jetzt auch gern hinfliegen. **d** Oh, ich würde jetzt auch gern eine Wanderung machen. / Oh, ich würde heute auch gern wandern gehen.

14   **b** achtzehn, Führerschein **c** Hamburg, Probleme **d** Verkäuferin, andere, Kindern

16   Ich arbeite viel → und komme immer sehr spät nach Hause. ↘ Am Wochenende ruhe ich mich aus. ↘ Bei schönem Wetter sitze ich im Garten → und mache gar nichts. ↘ Und wenn am Abend ein guter Krimi im Fernsehen kommt, → bin ich glücklich. ↘

C

18   **b** Du könntest ins Kino gehen. **c** Du könntest ihr Blumen schenken. **d** Du könntest am Samstag ins Stadion gehen. **e** Du könntest einen Ausflug machen.

19   **a** 6 – 3 – 1 – 7 – 5 – 2 – 4 **b** 4 – 2 – 1 – 5 – 3 – 6

20   **1**   Lust – Idee – Wie wär's – Warum nicht – das geht bei mir – Also, dann –
   2   es tut mir sehr Leid – Schade – trotzdem vielen Dank für die Einladung

21   **b** Das ist eine gute Idee. Da spielt Stuttgart gegen Hamburg. **c** Ich möchte lieber in die Disko gehen. **d** Ich komme leider nicht mit, ich war gestern schon auf dem Markt. **e** Warum nicht? Vielleicht können wir italienisch essen gehen.

22   *Musterlösung:*
a Ich würde gern mit dir Tennis spielen – Schade, das geht leider nicht. Ich bin krank. – Vielleicht können wir in zwei Wochen wieder zusammen spielen. **b** Wir könnten zusammen eine Wanderung machen. Hast du Lust? – Ja, gerne, wohin wollen wir denn gehen? **c** Ich würde gern mit dir schwimmen gehen. – Wie wäre es morgen Nachmittag? – Gut, wann genau sollen wir uns treffen? **d** Wir könnten am Donnerstagabend essen gehen. – Tut mir Leid, da habe ich leider keine Zeit. – Na, dann vielleicht am Freitag? – Ja, das geht.

D

23

	gehen	bleiben	fahren	machen	be-suchen	spielen	an-schauen	schlafen
Tennis						x	x	
Freunde		x			x			
tanzen	x		(x)					
einen Ausflug				x				
spazieren	x		x					
bis elf Uhr		x				(x)		x
ein Fuß-ballspiel				(x)		x	x	
ins Schwimm-bad	x		x					
eine Radtour				x				
Skate-board			x					
zu Hause		x				x	x	x

E

25 a 1; 1, 3; 4; 2; 1, 3; 1, 3; 1, 2

b 2 Ich gehe zum Familiennachmittag. 3 Ich gehe zur Veranstaltung „Lamstein international". 4 Ich gehe zum Hobby-Fußballturnier.

Lektion 9

A

1 a dick – dünn; groß – klein; hell – dunkel b lang – kurz; interessant – langweilig; neu – alt; schwer – leicht

2 b klein c kurz d dick e groß f alt

3 a die b die c der d die e das

4

das Handy	Das ist …	ein	groß*es* Handy.	-es
die Kette		eine	lang*e* Kette.	-e
die (viele) Bücher	Das sind …	–	interessant*e* Bücher.	-e
		keine	interessant*en* Bücher.	-en

5 b eine gute Lampe c ein billiges Buch d ein runder Tisch e bequeme Stühle

6 b schöne c kleiner d alte e lange

7 b Das sind keine großen Gläser, das sind kleine Gläser. c Das ist keine schwarze Jacke, das ist eine weiße Jacke. d Das ist kein altes Radio, das ist ein neues Radio. e Das ist keine billige Lampe, das ist eine teure Lampe. f Das sind keine neuen Löffel, das sind alte Löffel.

8 b runden c gutes d alte e schöne

9 b eine helle Lampe; helle Lampen c eine billige Kamera; billige Kameras d ein interessantes Buch; keine langweiligen Bücher; interessante Bücher

10 b Haben Sie einen dicken Schal? – Nein, wir haben keine dicken Schals. / Nein, wir haben nur dünne Schals. c Haben Sie eine blaue Kanne? – Ja, selbstverständlich haben wir blaue Kannen. d Haben Sie ein braunes Regal? – Nein, wir haben keine braunen Regale. e Haben Sie eine gute Kaffeemaschine? – Ja, wir haben eine gute Kaffeemaschine. / gute Kaffeemaschinen. f Haben Sie eine schöne Zuckerdose? – Ja, wir haben eine schöne Zuckerdose. / schöne Zuckerdosen.

B

11 b in c mit d von e zu

12 das Geschäft: in ein*em* gut*en* Geschäft; die Lampe: bei ein*er* neu*en* Lampe; die Regale: zu mein*en* hell*en* Regalen

13 b … mit großen Türen. c … mit einem flachen Bildschirm. d … mit kleinen und großen Löffeln? e … mit einer weichen Sohle.

14

	Stoff	Holz	Glas	Metall	Papier	Plastik
Spielzeug	x	x		x		x
Flaschen		x				x
Kleider	x					
Möbel	x	x	x	x		x
Fenster		x	x	x		x
Autos	x			x		x
Bücher					x	

15 b einen neuen Wecker c große Wecker d einen kleinen Wecker e kleine Wecker f einen großen Wecker g schöne Wecker h einen lauten Wecker i alte Wecker j einen neuen Wecker k einen nicht zu großen l nicht zu kleinen m nicht zu leisen n nicht zu alten Wecker o einem hellen Licht p ein neues Handy

20 Wir kaufen   den Schrank.

einen großen Schrank.

die großen Schränke.

große Schränke.

keine großen Schränke.

Der Tisch steht neben   dem Schrank.

einem großen Schrank.

den großen Schränken.

großen Schränken.

C

21 **b** jung – jünger – am jüngsten **c** schön – schöner – am schönsten **d** gesund – gesünder – am gesündesten **e** leicht – leichter – am leichtesten **f** hoch – höher – am höchsten **g** gut – besser – am besten **h** dunkel – dunkler – am dunkelsten **i** lang – länger – am längsten **j** lieb – lieber – am liebsten **k** groß – größer – am größten **l** teuer – teurer – am teuersten **m** interessant – interessanter – am interessantesten **n** viel – mehr – am meisten

22 **b** leichter ... am leichtesten **c** besser ... am besten **d** länger als ein Bus ... am längsten **e** höher ... am höchsten **f** gesünder ... am gesündesten **g** jünger ... am jüngsten **h** billiger ... am billigsten **i** größer ... am größten ist unser Pferd.

23 *Musterlösung:*

a Der Philips ist größer als der Sharp, aber der Thomson ist am größten. Der Philips ist kleiner als der Thomson, aber der Sharp ist am kleinsten. **b** Der Philips ist schwerer als der Sharp, aber der Thomson ist am schwersten. Der Philips ist leichter als der Thomson, aber der Sharp ist am leichtesten. **c** Der Sharp ist teurer als der Philips, aber der Thomson ist am teuersten. Der Sharp ist billiger als der Thomson, aber der Philips ist am billigsten. **d** Der Thomson gefällt mir besser als der Sharp, aber der Philips gefällt mir am besten. Der Thomson gefällt mir weniger als der Philips, aber der Sharp gefällt mir am wenigsten.

24 **b** älter **c** besser **d** billiger **e** schneller

25 **b** Die Zugspitze ist ein hoher Berg, der Großglockner ist höher, aber am höchsten ist das Matterhorn. **c** Die Elbe ist ein langer Fluss, der Rhein ist länger, aber am längsten ist die Donau. **d** Genf ist eine große Stadt, Wien ist größer, aber am größten ist Berlin. / Genf hat viele Einwohner, Wien hat mehr Einwohner (als Genf), aber Berlin hat am/die meisten Einwohner. **e** Preis: Das Auto ist billiger als das Flugzeug, aber am billigsten ist der Zug. Dauer: Eine Fahrt mit dem Zug dauert länger als mit dem Auto, aber am schnellsten ist/geht es mit dem Flugzeug.

26 **b** Das Wetter ist heute so gut wie gestern. **c** Die Kamera ist so teuer wie der Fernseher. **d** Das Metallregal ist so hoch wie das Holzregal.

27 **b** als **c** als **d** wie **e** als

D

28 Frau Kilian hat ein Radio bestellt. Aber im Päckchen ist eine Kaffeemaschine.

29 **b** am 22. Januar **c** ... ich habe eine Kaffeemaschine bekommen. **d** ... holen Sie die Kaffeemaschine ... ab ... schicken Sie mir das Radio.

30 **a** **2** Es tut mir Leid, aber die Rechnung ist zu hoch.

3 Bitte schicken Sie mir eine neue Rechnung.

b **1** *Musterlösung:*

Sehr geehrte Damen und Herren,

am 15. März habe ich bei Ihnen einen Anzug bestellt. Aber leider war er zu klein. Ich möchte ihn deshalb gerne zurückschicken. (Ich hoffe, das geht in Ordnung.)

Mit freundlichen Grüßen

...

2 *Musterlösung:*

Sehr geehrte Damen und Herren,

vor einem halben Jahr habe ich bei Ihnen eine Kamera, Modell X-995, gekauft. Leider ist sie nun kaputt, aber sie hat noch Garantie. Bitte reparieren Sie doch die Kamera und schicken Sie sie wieder an mich zurück.

Vielen Dank und freundliche Grüße

...

E

32 **b** Qualität **c** Verkaufssendungen, Teleshopping **d** Katalog **e** Sonderangebote **f** Garantie, Rückgabeformular **g** Großeinkauf

33 **1** a **2** b **3** a **4** c **5** b

Lektion 10

A

1 (von links oben nach rechts unten) der Absender, der Aufkleber, das Paket, die Briefmarken, der Empfänger

2 **a** Abholschein **b** Zollerklärung **c** Eilsendung **d** Einschreiben **e** Empfänger
Lösung: Brief

3 **b** ein **c** eine **d** ein

4 **b** Was für ein **c** Was für eine **d** Was für einen **e** Was für

5 **b** üben **c** verpacken **d** meinen **e** die Beratung **f** die Entschuldigung **g** die Entscheidung **h** die Wohnung **i** (sich) ernähren **j** liefern **k** die Ordnung

6 **b** üben **c** meinst, entscheiden **d** verpacken

7 *Name und Anschrift des Absenders:* Anna Levcovic, Schönallee 22, 40545 Düsseldorf; *Name und Anschrift des Empfängers:* Eva Petreszewska, ul. Ogrodowa 15, 22-400 Rybnik; *Tel.:* 0048/33/25 79 842; *Bestimmungsland:* Polen; *Bezeichung des Inhalts/Anzahl der Gegenstände:* Bücher

B

8 **b** Die Fenster werden geputzt. **c** Der Briefträger sortiert die Briefe. **d** Die Briefe werden sortiert. **e** Herr Maier repariert sein Auto. **f** Das Auto wird in der Werkstatt repariert.

9 **a** **1** sortiert **2** verpackt **3** transportiert **4** geliefert
b

Zuerst	werden	die Äpfel	sortiert.
Hier	werden	sie	verpackt.
Dann	werden	sie im Auto	transportiert.
Schließlich	werden	sie an den Supermarkt	geliefert.

10 **b** wird **c** werden **d** werden **e** wird

11 **b** Auf der Post wird das Päckchen gewogen. **c** Der Päckchenschein und die Zollerklärung werden ausgefüllt. **d** Das Päckchen wird verschickt. **e** Das Päckchen wird mit dem Flugzeug transportiert. **f** Es wird zu Marias Schwester gebracht.

13 **b – p** Bleib: p; Schreibst: p; schreibe: b; bald: b
d – t sind: t; freundlich: t; Leid: t; Leider: d; bald: t
g – k regnet: g; Sag: k; sage: g; Zeigen: g

C

17 **b** der langweilige Film **c** der runde Tisch **d** die faule Angestellte **e** die neue Kamera **f** die kurze Hose **g** das teure Handy

18 **b** Schau mal, wie gefällt dir denn der schwarze Computer? – Nicht so gut, der graue gefällt mir besser. **c** Schau mal, wie gefällt dir denn die weiße Uhr? – Nicht so gut, die gelbe gefällt mir besser. **d** Schau mal, wie gefallen dir denn die bunten Handytaschen? – Nicht so gut, die einfarbigen gefallen mir besser. **e** Schau mal, wie gefällt dir denn das bunte Handy? – Nicht so gut, das schwarze gefällt mir besser.

19 **b** den kleinen schwarzen Fernseher **c** die neuen Kameras; die silberne **d** die verrückten Handytaschen

20 **b** den bunten Blumen **c** dem bunten T-Shirt **d** dem schwarzen Schal **e** der einfarbigen Bluse

21 *Musterlösung:*

	der	das	die	die
Mir gefällt / gefallen …	der graue Computer	das bunte Handy	die gelbe Uhr	die einfarbigen Handytaschen
Ich will …	den schwarzen Fernseher	das rote Radio	die neue Kamera	die verrückten Handytaschen
mit …	dem schwarzen Schal	dem bunten T-Shirt	der einfarbigen Bluse	den bunten Blumen

22 **a** alten **b** teuren; guten; neue **c** anderen; weiße; hellen; dünnen **d** kleinen; gute; neue

23 **b** der gelben Jacke. **c** den weißen Streifen! **d** den roten Punkten? **e** der blaue Anzug?

24 *Musterlösung:* **b** Ich möchte für meine 30-jährige Freundin ein Brettspiel. **c** Ich möchte ein neues Kleid für ein Hochzeitsfest. **d** Ich möchte ein Stofftier als Geburtstagsgeschenk für ein 6-jähriges Mädchen.

D

25 **a** Person 1: negativ; Person 2: positiv; Person 3: positiv; Person 4: negativ
b **1** falsch **2** richtig **3** richtig **4** richtig

26 **b** unmöglich **c** unfreundlich **d** unwichtig **e** unmodern

E

28 **b** auf einen Anrufbeantworter sprechen **c** ein Visum verlängern / beantragen **d** einen Termin beantragen / verschieben **e** im Internet surfen

29 **a** Aber ich musste etwas bei der Reinigung abholen.

b ... aber ich hatte ein Treffen mit dem Elternbeirat.

c ... ich zum Arzt zur Grippeimpfung gehen musste.

d ... aber ich musste im Konsulat meinen Ausweis verlängern.

31 **a** Liebe Claudia,

gerade habe ich einen Anruf von meinem Vater bekommen. Meine Mutter liegt im Krankenhaus. Es tut mir sehr Leid, dass ich nicht kommen kann. Natürlich will ich heute Abend meine Mutter besuchen. Vielleicht könnten wir unser Treffen verschieben?

Viele Grüße

...

b *Musterlösung:*

Liebe Andrea,

vor ein paar Stunden habe ich überraschend Besuch von meinen Eltern bekommen. Sie wollen bis übermorgen bleiben. Deshalb kann ich leider nicht zu unserer Verabredung kommen. Können wir unser Treffen vielleicht verschieben? Wann hast du wieder Zeit? Schreib mir doch einfach!

Viele Grüße

...

Lektion 11

A

1 **a** **2** beim Metzger, in der Metzgerei **3** bei meiner Oma, in der Parkstraße 18 **4** bei Freunden, im Hainweg 2

b **2** zum Metzger, in die Metzgerei **3** zu meiner Oma, in die Parkstraße 18 **4** zu Freunden, in den Hainweg 2

2 **b** vom Metzger, aus/von der Metzgerei **c** von meiner Oma, aus der Parkstraße 18 **d** von Freunden, aus dem Hainweg 2

3 **a** auf dem, vom **b** zum, beim, vom **c** ins, im, aus dem **d** auf den, auf dem, vom **e** in den, im, aus dem

4 **b** vom Haus **c** ins Haus **d** aus dem Haus **e** auf den Fußballplatz **f** vom Fußballplatz **g** in die Post **h** aus der Post **j** von der Post

5 **b** ... vom Bäcker. **c** ... komme gerade von der Tankstelle. **d** Ja, ich komme gerade vom Supermarkt. **e** Ja, ich komme gerade vom Frisör.

6 *Musterlösung:*

Um 13 Uhr muss er Jana von der Schule abholen. Um 14 Uhr muss er Pauli vom Kindergarten abholen. Um 15 Uhr muss er Jana zur Geburtstagsfeier von Claudia bringen. Um 16 Uhr muss er Pauli zu Daniel bringen. Um ca. 18 Uhr muss er Jana von der Geburtstagsfeier abholen, vorher muss er noch Pauli von Daniel abholen.

B

8 6 – 3 – 8 – 1 – 4 – 5 – 2 – 7

9 **b** gegenüber vom **c** die Poststraße entlang **d** durch die, bis zur, rechts **e** am, um die

10 *Musterlösung:*

b Dann ist er an der Ampel links gegangen und an der nächsten Ecke gleich wieder rechts abgebogen. Danach ist er die Auenstraße entlang gelaufen bis zur Friedrichstraße. Dort ist er nach links gegangen. An der nächsten Ampel ist er wieder nach rechts gegangen.

c Dann muss er nach rechts gehen und die Friedrichstraße entlang gehen bis zur Paulstraße. Dort muss er links in die Paulstraße abbiegen und bis zur zweiten Straße auf der rechten Seite gehen. Das ist der Kirchweg. Dort wohnt sein Freund im zweiten Haus auf der linken Seite.

11 **b** über den Marktplatz / durch diese Straße fahren **c** in die Straße hineinfahren / links abbiegen **d** weiterfahren **e** auf der rechten Straßenseite parken

C

13 **b** Ich bringe es in die Werkstatt. **c** Ich gehe zur Bank. **d** Ich mache eine Pause. **e** Ich lege mich ins Bett.

14 **b** Deshalb bringe ich es in die Werkstatt. **c** Deshalb gehe ich zur Bank. **d** Deshalb mache ich eine Pause. **e** Deshalb lege ich mich ins Bett.

15 **a** Vorderlicht **b** Bremse **c** Gangschaltung **d** Klingel **e** Rahmen **f** Rücklicht **g** Luftpumpe **h** Reifen

16 **a** **2** ... weil man bei Nacht gut sehen muss. **3** ... weil die Reifen manchmal Luft brauchen. **4** ... weil man manchmal andere Radfahrer überholen muss. **5** ... weil man auf der Straße nicht ausrutschen darf.

b **2** Man braucht deshalb ein helles Vorderlicht. **3** Die Reifen brauchen manchmal Luft. Deshalb braucht man eine Luftpumpe. **4** Manchmal muss man andere Radfahrer überholen. Man braucht deshalb eine gute Klingel. **5** Man darf auf der Straße nicht ausrutschen. Deshalb braucht man gute Reifen.

17 **b** deshalb **c** – **d** weil **e** deshalb **f** denn

18 **b** hörbar **c** erkennbar **d** bezahlbar **e** abschließbar

19 Motor: A; Bremse: A, F; Flickzeug: F; Rücklicht: A, F; Luftpumpe: F; Batterie: A; Lichter: A, F; Klingel: F; Auspuff: A; Vorderlicht: A, F

21 Pfanne – Schnitzel, Topf – Deckel, Pfund – Kilo, Pfeffer – Salz, Empfänger – Absender, Impfung – Grippe, Kopf – Gesicht

22 *z* oder *tz*

23 2, 4, 5, 7, 9

D

24 **c** der Regen **d** der Nebel **e** das Eis **f** die Sonne **g** das Gewitter **h** der Wind

25 **a** gewittrige, Sonne und Wolken, trocken, 17 Grad im Norden, 29 Grad im Süden, starker Westwind

b

Wie wird das Wetter?	im Norden	in der Mitte	im Süden
heute Nacht	weniger Regen klar und trocken 10–15 Grad	10–15 Grad	10–15 Grad
am Dienstag	Wolken, einzelne Schauer oder Gewitter 17 Grad	einige dickere Wolken viel Sonnenschein freundlich und trocken	einige dickere Wolken freundlich und trocken 29 Grad

27 **b** Auf der Straße liegen Sachen herum. **c** Man repariert die Straße. **d** Alle können nur langsam fahren. **e** Hier kann man die Straße nicht verlassen. **f** Die Baustelle gibt es nur heute.

28 Meldung 2: e; Meldung 3: a; Meldung 4: d; Meldung 5: c

E

29 **b** … darf man nicht Auto fahren. **c** … wie viel ein Auto kostet. **d** … die Nummer von dem Auto. **e** … prüft jedes Auto alle zwei Jahre. **f** … muss man sein Auto anmelden. **g** … ein Personen-Kraft-Wagen. **h** Im Fahrzeugbrief steht, wem das Auto gehört.

30 **a** Anzeige 1 – Bild C; Anzeige 2 – Bild A; Anzeige 3 – Bild B
b *km*: Kilometer; *Klima*: Das Auto hat eine Klimaanlage; *CD*: Das Auto hat einen CD-Player; *PS*: Pferdestärke; *VB*: Verhandlungsbasis; *NP*: Neupreis; *VS*: Verhandlungssache
c richtige Aussagen: **1** Die Farbe ist rot. Das Auto hat eine Klimaanlage, ein Radio und einen CD-Player. **2** Die Farbe von der Vespa ist rot. **3** Die Besitzerin hat das Rad vor einem Jahr gekauft.

31

Wer, was?	Wo?
der Neuwagen	*h*
der Schreibtisch von Herrn Wagner	*d*
die Reparaturannahme	*b*
die Gebrauchtwagen	*g*
die Kundentoiletten	*c*

Lektion 12

A

1

Wo?	Wohin?	Woher?
Sie ist …	Sie fährt …	Sie kommt …
a in Italien.	nach Italien.	aus Italien.
b in der Schweiz.	in die Schweiz.	aus der Schweiz.
c im Kino.	ins Kino.	aus dem Kino.
d bei Claudia.	zu Claudia.	von Claudia.
e beim Arzt.	zum Arzt.	vom Arzt.

2 **a** zu, in der **b** nach, in, in die **c** zum, beim **d** ins, zu

3 **1** der Berg **2** das Gebirge **3** die Insel **4** die Küste **5** der Norden **6** der Osten **7** der Wald **8** der See **9** das Meer **10** der Strand

4 **a** **1** *an*: der Rhein, der Titisee, der Strand, das Meer **2** *auf*: die Insel, das Land **3** *in*: das Gebirge, die Berge, die Wüste, der Schwarzwald, der Süden
b **1** an den Titisee. **2** im Gebirge. **3** in der Wüste. **4** in den Süden. **5** an den Strand? **6** an der Atlantikküste.

5 **b** Bild 4 **c** Bild 5 **d** Bild 1 **e** Bild 3 **f** Bild 6

6	Wo?	Wohin?	Woher?
b	in der Wüste	in die Wüste	aus der Wüste
c	an der Küste	an die Küste	von der Küste
d	auf der Insel	auf die Insel	von der Insel
e	in Berlin	nach Berlin	aus Berlin
f	in der Türkei	in die Türkei	aus der Türkei
g	am Chiemsee	an den Chiemsee	vom Chiemsee
h	am Strand	an den Strand	vom Strand
i	im Gebirge	ins Gebirge	aus dem Gebirge
j	im Wald	in den Wald	aus dem Wald

7 nach, ans, im, am, zum, vom, im, aus, nach

8 bei, am, im, auf, von, zu, ins, ins

10 **a** windig **b** gefährlich **c** anstrengend **d** heiß, langweilig

B

11 **A** kinderliebe, vielen, eigenem, eigener **B** Schöne, moderne, ruhiger **C** Großes **D** lauten, Schöne, große, schönem, Gutes

12

(der)	(das)	(die)	(die)
schöner Spielplatz	ruhiges Haus	ruhige Lage	kinderliebe Tiere
ohne lauten Verkehr	großes Zelt	schöne Landschaft	moderne Wohnungen
mit schönem Blick	mit eigenem Bad	mit eigener Küche	mit vielen Freizeitmöglich-keiten

13 **a** kleines **b** Günstige, großem, großer, tierliebe **c** ruhige, günstiger, netter **d** Kleines, ruhigen, historischem

14 *Musterlösung:*
  a Urlaub auf dem Bauernhof: Schöne, günstige Ferienwohnungen in ruhiger Lage an tierliebe Gäste zu vermieten! Die Zimmer haben Balkon mit Blick aufs Gebirge und den Fluss.
  b Ruhiger und sauberer Campingplatz direkt am See! Schiffe mieten möglich. Spielplatz für die Kinder vorhanden.
  c Modernes, kinderfreundliches Hotel in bester Lage: Von den Balkons aus können Sie den Strand sehen, außerdem ist ein großes Schwimmbad vorhanden. Dies alles bieten wir zum günstigen Preis.

C

15 **a** Montag bis Freitag von 10 Uhr bis 18.30 Uhr ... am Samstag ... um 14 Uhr **b** Am Freitag. ... Bis Montag früh ... für drei Nächte. **c** ... im Herbst ... im Oktober **d** Am 13. Februar.

16 **a** Seit **b** Vor **c** Nach **d** vor **e** Seit

17 **a** ab, ohne **b** über, von ... an, Über

18 Was kostet das? – Wie lange dauert denn die Busfahrt? – Fahren die Busse täglich? – Gibt es denn noch freie Plätze? – Für wie viele Personen möchten Sie buchen?

D

19 jemand einladen: Bitte komm mich doch besuchen! Ich würde mich sehr freuen! Ich möchte dich gern in meine Stadt / mein Dorf einladen.
Vorschläge machen: Wir könnten ... fahren. Ich könnte dir ... zeigen. Hier kannst du auch ... besichtigen.
nach Wünschen fragen: Wofür interessierst du dich? Möchtest du gern ...? Hast du Lust auf einen Besuch in ...? Was möchtest du gern machen?

20 ins Kino gehen, mit dem Schiff fahren, ins Museum gehen, in eine Kneipe gehen, einen Ausflug machen, ins Fußballstadion gehen

21 wie, würde, nach, an den, außerhalb, gibt es, anschauen/besichtigen, auf, dir, Grüße

22 *Musterlösung:*
Liebe Angela,
vielen Dank für deine Karte. Ich habe mich sehr darüber gefreut. Natürlich komme ich dich gerne besuchen, ich war nämlich noch nie in Wien. Die Idee, das Schloss zu besichtigen und Schiff zu fahren, finde ich super. Auch die Kaffeehäuser möchte ich mir gerne ansehen. Ach ja, noch eine Frage: Darf meine Schwester auch mitkommen? Also, dann bis bald in Wien.
Herzliche Grüße
Maria

23 *Musterlösung:*
Liebe Angela,
danke für deine Karte und die Einladung nach Wien. Ich würde dich sehr gern besuchen, aber leider passt es im Moment nicht so gut. Ich habe nämlich gerade eine neue Stelle gefunden und bekomme noch keinen Urlaub. Aber

vielleicht kannst du ja zu mir nach Hamburg kommen? Ich könnte dir die Stadt und den Hafen zeigen. Hast du Lust? Schreib mir bitte.
Viele Grüße
...

25 Boot, von See zu See, seltene Vögel, Natur und Ruhe, ohne Lärm, Ferienwohnungen, modern und gemütlich, Zwei- und Drei-Zimmer-Apartments, Preis, ab 15 Euro

27 **a** Ich sage vier: → I In Köln ein Bier. ↘ II Ich sage überhaupt nichts mehr. ↘ II Ich staune nur: → I Da ist das Meer. ↘ II

  b In Hamburg leben zwei Ameisen, → I Die wollen nach Australien reisen. ↘ II Bei Altona auf der Chaussee, → I Da tun ihnen schon die Beine weh. ↘ II Und da verzichten sie weise → I Dann auf den letzten Teil der Reise. ↘ II

E

28 **a** Abenteuerurlaub: wilde Natur, durch die Wüste fahren, Dschungel, verrückte Leute

  b Kultururlaub: Museen besichtigen, ein Schloss besichtigen

  c Erholungsurlaub: faul sein, am Strand liegen, kein Stress

  d Sporturlaub: fit sein, Tennis spielen, täglich joggen, im Gebirge wandern, einen Tauchkurs/Surfkurs machen, Radtour im Gebirge

29 **a** richtig **b** falsch **c** falsch

31 **a** Regnerisch. **b** Seine Mutter anrufen. **c** Es gibt ein Tier auf der Autobahn.

Lektion 13

A

1 **a** Bank **b** Geld abheben **c** Konto, Bankkarte **d** Kontoauszug

2 **b** Wie alt bist du denn? **c** Wann kommst du nach Hause? **d** Wie viel Geld haben wir noch? **e** Wie lange dauert der Film? **f** Was bedeutet dieses Wort? **g** Wo hast du das gefunden?

4 **b** ..., was du gerade machst. **c** ..., wann du den gekauft hast. **d** ..., wo du ihn gekauft hast. **e** ..., wie man so ein Ding (bloß) installiert.

5 **b** Weißt du, wie spät es ist? **c** Woher kommst du ? **d** Ich frage mich, wie lange diese Übung noch dauert. **e** Wie geht es Ihnen?

6 **b** wo Sie wohnen. **c** wann Sie geboren sind. **d** wo Sie geboren sind. **e** welche Staatsangehörigkeit Sie haben. **f** wie Ihre Telefonnummer ist.

7 Weißt du schon, → wann du kommst? ↘ • Kommst du heute ↗ oder erst morgen? ↘ Sag mir bitte, → wo wir uns treffen. ↘ • Treffen wir uns um sechs ↗ oder lieber erst später? ↘ Kannst du mir sagen, → wie man das schreibt? ↘ • Schreibt man das mit „h" ↗ oder ohne „h"? ↘ Ich frage mich, → warum du so schlecht gelaunt bist. ↘ • Hast du ein Problem ↗ oder bist du nur müde? ↘

8 ..., welches Formular ich ausfüllen muss? ..., wie spät es ist? ... wo du das gesehen hast? ..., wann ich die Übung machen soll? ..., wann Herr Müller da ist? ..., wo es einen Geldautomaten gibt? ..., was der Brief kostet? ..., wann die Bank geöffnet hat? ..., warum du nie Zeit für mich hast? ..., was dieses Wort bedeutet? ..., wo ich unterschreiben muss?

B

9 **b** Nein, wir nehmen nur Bargeld. **c** Nein! Erst, wenn du in der Schule besser wirst. **d** Nein, es sind noch 5 Euro übrig.

10 **b** ..., ob ich das Eis mit EC-Karte bezahlen kann? **c** ..., ob ich mehr Taschengeld bekomme. **d** ..., ob du das ganze Geld ausgegeben hast.

11

Wissen Sie,	ob ich das Eis mit EC-Karte	bezahlen kann?
Papa, ich möchte dich fragen,	ob ich mehr Taschengeld	bekomme.
Ich möchte wissen,	ob du das ganze Geld	ausgegeben hast.

12 **b** ob man Schüler/in oder Student/in oder Auszubildende/r ist. **c** ob man Hausfrau oder Hausmann ist. **d** ob man arbeitslos ist. **e** ob man verheiratet oder geschieden ist.

13 **b** wann **c** ob **d** wie lange **e** ob **f** wo **g** wie

14 **b** ob die EC-Karte etwas kostet. **c** ob alle EC-Karten eine Geheimnummer haben. **d** ob die Bank viele Geldautomaten hat. **e** man mit der EC-Karte überall Geld bekommt.

Lösungen zu den Übungen im Arbeitsbuch

15 *Musterlösung:*

- ● Entschuldigen Sie, darf ich Sie etwas fragen?
- ■ Ja, natürlich. Womit kann ich Ihnen helfen?
- ● Ich möchte wissen, ob ich einen Fernseher kaufen kann, wenn ich nicht genug Geld habe.
- ■ Das macht nichts. Sie können den Fernseher in Raten bezahlen.

- ■ Entschuldigen Sie, ich habe eine Frage.
- ● Ja, was kann ich für Sie tun?
- ■ Ich habe nur meine EC-Karte dabei und möchte wissen, ob ich damit hier bezahlen kann.
- ● Nein, tut mir Leid. Wir nehmen nur Kreditkarten.

- ● Entschuldigung, können Sie mir helfen?
- ■ Ja, natürlich. Was kann ich für Sie tun?
- ● Ich habe meine Geheimnummer vergessen und möchte wissen, ob ich auch ohne sie Geld abheben kann.
- ■ Ja, das ist möglich. Sagen Sie mir bitte Ihre Kontonummer.

- ■ Entschuldigen Sie, darf ich Sie etwas fragen?
- ● Ja, gerne.
- ■ Ich habe ein Eis gekauft und möchte wissen, ob ich auch mit EC-Karte bezahlen kann.
- ● Ein Eis mit EC-Karte? Also nein, das geht wirklich nicht.

16 **a** Münzen **b** Bank, Zinsen **c** Taschengeld **d** leihen **e** in Raten **f** bar **g** ausgegeben **h** Kontonummer, Bankleitzahl **i** Kontoauszug

C

18 die Wohnung putzen; das Fahrrad reparieren; ein Formular unterschreiben; (einen Text lesen); das Kleid reinigen

19 **b** ..., er lässt sie putzen. **c** ..., ich lasse es ihn unterschreiben. **d** ..., ich lasse es immer reparieren. **e** Ich lasse es reinigen.

20 **b** ..., dann musst du dir eine neue ausstellen lassen. – Gut, ich lasse mir eine neue ausstellen. **c** ... sie schneiden lassen. – Gut, ich lasse sie schneiden. **d** ... es reparieren lassen. – Gut, ich lasse es reparieren.

21 **b** uns **c** mir **d** euch **e** sich **f** sich

22 **b** lasse **c** lassen **d** lassen **e** Lasst **f** lässt

23 *Musterlösung:*

... öffnen lassen. Am Mittwoch habe ich mir Rotwein über meine Jacke geschüttet und musste sie reinigen lassen. Am Donnerstag habe ich mir meine Hose zerrissen und musste sie nähen lassen. Am Freitag habe ich mich am Arm verletzt und musste mich beim Arzt untersuchen lassen. Am Samstag konnte ich mich deshalb nicht duschen und musste mir die Haare (von meiner Frau) waschen lassen.

24 *Musterlösung:*

... und zum Elternabend in die Schule gehen. Außerdem muss ich mich an der VHS für den nächsten Deutschkurs anmelden. Jeden Monat am 30. muss ich die Miete überweisen. Nächsten Monat muss ich die Wohnung renovieren lassen und zum Sportfest von meinen Kindern gehen. Ich muss auch meine Zähne untersuchen lassen und habe deshalb einen Termin beim Zahnarzt. Und meine Haare muss ich auch schneiden lassen! Im August habe ich Urlaub. Da muss ich gar nichts machen.

25 **b** falsch sind: *schüner* und *dümer*, richtig sind: *schöner* und *dümmer*

D

26 **b** bekommt, bezahlen **c** zuschicken **d** überweisen **e** einzahlen **f** abheben

27 **a** Gespräch 2: Der Kunde möchte wissen, wie viel Zinsen es bei einem Sparkonto gibt.
Gespräch 3: Der Kunde möchte wissen, wie viel ein Girokonto kostet.
Gespräch 4: Der Kunde möchte Informationen über Geldautomaten haben.

b Gespräch 1: die Miete überweisen – das Gehalt überweisen lassen
Gespräch 2: 2 Prozent – mehr als 2000 Euro
Gespräch 3: 1000 Euro – für Überweisungen – für die EC-Karte
Gespräch 4: Der Geldautomat von der eigenen Bank ist kostenlos. – Bei einer anderen Bank kostet es € 2,50.

E

28 **a** **1** Frau Winter muss 111,49 € bezahlen. **2** Das Geld bekommt die Firma „Modernes Wohnen GmbH". **3** Frau Winter muss ihre Heizkostenabrechnung bezahlen. **4** Sie muss das Geld auf das Konto 3137487 bei der Volksbank Hahnstein, Bankleitzahl 231 364 00, überweisen.

b *Empfänger:* Modernes Wohnen GmbH; *Kontonummer:*
3137487; *Bankleitzahl:* 231 364 00; *Kreditinstitut* (Bank):
Volksbank Hahnstein; *Betrag:* 111,49 €;
Rechnungsnummer: 12/06 05

Lektion 14

A

1 **a** sollte, wollte **b** Durftet, mussten **c** Musstest, durften
d Hattest, war, wollte, war

2 **b** haben … gespielt; habe … verletzt; … liegen musste
c bin … aufgewachsen **d** haben … mitgearbeitet
e … eingekauft haben; haben … bekommen **f** hat … erzählt
g bin … gefahren; hat … gefallen

3 *Musterlösung:*
b Katrin hat oft mit ihren Eltern im Garten gearbeitet.
c Nachmittags hat sie oft mit den Jungs aus dem Dorf
Fußball gespielt. **d** Sie durfte im Sommer Würstchen über
dem Lagerfeuer braten. **e** Sie ist gern zusammen mit ihrer
Freundin auf Bäume geklettert.

B

4 **a** ruhig, unruhig, ruhelos **b** arbeitslos, Arbeiter, Arbeiterin
c Erziehung, erziehbar, Erzieher, Erzieherin **d** Kündigung,
kündbar, unkündbar

5 **a** lösbar **b** pausenlos **c** sonnig **d** Stückchen
e Entscheidung **f** kündbar **g** unmöglich **h** kostenlos
i Kätzchen **j** unhöflich

6 **b** das Auto, der Schlüssel, der Autoschlüssel **c** die Kleider,
der Schrank, der Kleiderschrank **d** das Bild, der Schirm, der
Bildschirm **e** das Geschenk, das Papier, das Geschenkpapier
f das Telefon, das Buch, das Telefonbuch

C

7 **a** Ich würde jetzt gern in Ruhe Zeitung lesen. **b** Ich möchte
jetzt gern allein sein. / Ich wäre jetzt gern allein. **c** Ich hätte
gern ein neues Fahrrad. / Ich möchte gern ein neues
Fahrrad. **d** Ich würde jetzt gern in Urlaub fahren. **e** Ich würde
gern weniger arbeiten. **f** Ich möchte bei meinem Freund
wohnen. / Ich würde gern bei meinem Freund wohnen.

,

8 **a**

		schlechte Noten	Urlaub mit Eltern	Aussehen	der Freund
1	Michael	x			
2	Sonja				x
3	Arnold		x		
4	Elisa			x	

b *Musterlösung:*
Du solltest offen mit deinen Eltern reden. Vielleicht solltest
du sie zum Essen einladen und dann alles mit ihnen
besprechen. Du könntest auch erst einmal ein wenig
abwarten. Vielleicht kann dir auch sonst jemand aus der
Familie helfen. In jedem Fall solltest du mehr lernen und im
neuen Schuljahr Nachhilfe nehmen.

D

9 **a** … gut versteht. **b** …, wenn man sich nach einem Streit
immer wieder versöhnt. **c** Liebe ist, wenn man den anderen
mit Geschenken überrascht. **d** Liebe ist, wenn man im Alltag
noch gemeinsam Spaß haben und lachen kann.

10 *Musterlösung:*
Es ist schön, wenn man gemeinsame Interessen hat. Eine
gute Partnerschaft ist wichtig, weil man nie allein sein muss.
Es ist schön, wenn man gemeinsam kocht. Ich finde es
wichtig, dass man miteinander über alles reden kann.
Besonders wichtig ist, dass man sich nicht über Geld streitet.
Eine gute Partnerschaft bedeutet, dass man nicht mit
anderen flirtet. Es ist schön, wenn man sich gut kennt. Ich
finde es wichtig, dass man sich alles sagen kann. Ich finde
es wichtig, dass man den Haushalt gemeinsam macht. In
einer guten Partnerschaft darf man nicht eifersüchtig sein.

11 Udo: *denn*; Thomas: *Trotzdem*; Klara: *Deshalb*; Bettina: *aber*

12 *Musterlösungen:*
a *Deshalb* ist er zum Bahnhof gegangen und hat sich eine
Fahrkarte gekauft. Vor ihm in der Schlange war ein
Mädchen. *Weil* ihm das Mädchen so gut gefallen hat, hat
er sie angesprochen und gefragt, ob sie nicht zusammen
ins Café gehen könnten. Sie wollte nicht, *denn* sie hatte
es eilig. *Trotzdem* haben sie Telefonnummern
ausgetauscht und sich für einen Besuch im Café am
Wochenende verabredet. *Aber* am Wochenende war
Eduard ja in Glasgow. Oje!
b Jan und Angelika haben sich letztes Jahr im Urlaub am
Strand kennen gelernt. *Weil* sie sich auf Anhieb gut
verstanden haben, haben sie sich abends für die Disko

verabredet. Dort hat Jan Angelika die ganze Zeit ganz verliebt angesehen, *denn* sie hat ihm sehr gefallen. Sie haben schöne gemeinsame Tage verbracht und hatten einen unvergesslichen Urlaub. *Aber weil* sie nach zwei Wochen beide wieder nach Hause fahren mussten, haben sie sich gleich wieder getrennt und sind jeder für sich nach Hause gefahren. Sie waren aber immer noch sehr verliebt. *Deshalb* haben sie sich ein Jahr später wieder getroffen und …

Wiederholungsstationen

1 **b** der Käufer / die Käuferin **c** die Übung **d** der Fahrer / die Fahrerin **e** die Einladung **f** die Empfehlung **g** die Bestellung **h** der Schwimmer / die Schwimmerin **i** die Wohnung

2 der Autobus, der Apfelsaft, der Blumenstrauß, die Sonnenbrille, das Bücherregal, der Busfahrer, die Sonnenblume, der Bücherbus, der Computertisch, das Fahrrad, der Autofahrer, das Finanzamt, das Spielhaus, der Kleiderschrank, das Mineralwasser, das Wasserrad, der Autoreifen, der Fahrradreifen, der Bücherschrank, der Schreibtisch, das Wohnzimmer …

3 **b** arbeitslos **c** lesbar **d** sonnig **e** unglücklich **f** untrennbar **g** wolkig **h** höflich **i** regnerisch **j** unruhig

4 **b** einer/eins **c** welche **d** eine **e** keine **f** welche **g** keinen

5 **b** einen – einen – Einen **c** ein – ein – Ein **d** –

6 **a** weißer **b** neues – unbequeme – schlechtes – hässliche – niedrigen **c** schönes – großen – kleinen – günstige – billiges – buntes **d** alte – moderne

7 **a** gutem **b** gutes – kleines **c** Günstige – wunderschöner – ruhiger **d** zentraler – preiswerte – Gute

8 **b** kleinen **c** großes **d** rote **e** interessanter **f** hübschen **g** frisches **h** neue **i** runden **j** kleiner **k** gebrauchte **l** neuen

9 **a** besser / am besten – besser als – am besten **b** lieber – liebsten **c** am schnellsten – schneller als – schnell wie – billiger **d** wärmer als – so kalt wie

10 **a** uns **b** dich **c** mich **d** sich

11 **b** Können Sie mir vielleicht/bitte helfen? **c** Ich finde, es steht dir nicht so gut. **d** Ja, die gehört mir. **e** Die hat sehr gut geschmeckt! **f** Ja, aber sie passt mir nicht.

12 **b** ihnen **c** uns **d** ihm – ihm **e** mir – dir

13 *Musterlösung:*
Nachmittags habe ich im Kino angerufen und Kinokarten reserviert. Abends waren wir im Kino und haben uns „Good Bye Lenin" angesehen. Am Dienstag waren wir im Museum. Die Eintrittskarten haben wir am Schalter abgeholt. Danach sind wir ins Café Lisboa gegangen und haben noch einen Stadtbummel gemacht. Am Mittwoch haben wir Lebensmittel für unser Picknick am Freitag eingekauft. Abends sind wir ins Theater gegangen und haben uns das Stück „Frühlingserwachen" angesehen. Am Donnerstag musste ich gleich am Morgen beim Finanzamt anrufen. Um 10.45 Uhr hat unser Schiffsausflug auf dem Sonnensee begonnen. Wir sind um 11.30 Uhr in Brodweil angekommen und waren dann um 16.25 Uhr wieder zurück. Am Freitag haben wir das Auto bei Stefan abgeholt. Wir sind zum Brombacher Weiher gefahren und haben dort ein Picknick gemacht. Am Samstag ist Beate wieder zurück nach Hamburg gefahren. Ich habe sie um 13.30 Uhr zum Bahnhof gebracht. Schade, dass die gemeinsame Zeit schon wieder vorbei ist.

14 **a** telefoniert – verpasst – begonnen **b** bekommen – erlebt

15 **a** will **b** hatte – hat **c** war – ist **d** konnte – kann **e** musste – muss

16 **b** Du solltest einmal Augsburg besuchen. **c** Ihr solltet auch hingehen!

17 **b** hätte **c** würde **d** wäre **e** hätte **f** würde

18 **b** Die Geheimzahl wird eingetippt. **c** Die grüne Taste „Bestätigung" und die Taste „Auszahlung" werden gedrückt. **d** Der Geldbetrag wird gewählt. **e** Die grüne Taste wird noch einmal gedrückt. **g** Das Geld wird (her)ausgegeben. **h** Die Geldscheine werden in den Geldbeutel gesteckt.

19 **b** …schneiden lassen. **c** … machen lassen. **d** … wechseln lassen. **e** … ausstellen lassen.

20 **b** rein **c** runter **d** raus **e** rauf

21 **a** Für – dafür **b** worauf – auf einen – darauf **c** Worüber – Über unsere **d** wovon – Von einer **e** Worüber – Über diesen/den

22 **b** an meinen **c** mit meinen **d** mit meinen **e** um den

23 **b** anstrengenden **c** seinen **d** einem **e** meine

24 **b** auf dem – auf den **c** an die **d** zwischen das – den **e** auf dem

25 **a** am Bodensee, in Italien, auf der Insel Mallorca, in der Türkei, bei meinen Eltern auf dem Land, im Norden, zu Hause **b** ins Kino, zu meinem Freund, ins Restaurant, nach Hause **c** vom Arzt, aus dem / vom Büro, vom Strand, von ihrer Schwester, aus dem Restaurant, aus dem Gebirge, aus Österreich

26 **a** über – an **b** an ... vorbei – gegenüber **c** durch – um ... herum

27 **b** Von ... an **c** ohne **d** über **e** Von ... an

28 **b** Deshalb **c** denn **d** Weil **e** denn **f** deshalb

29 **b** weil **c** wenn/weil **d** wenn **e** weil **f** Trotzdem

30 **b** wann **c** wo **d** wie lange **e** was **f** wie viele

31 **b** ob **c** ob **d** dass **e** dass **f** ob

Start Deutsch 2z – Die Prüfung

Hören

1	2	3	4	5	6	7	8	9	10	11	12	13	14	15
Mozart-straße	98 Euro	Donners-tag	Café	Kartoffeln	c	b	c	b	b	c	e	d	b	i

Lesen 1

1	2	3	4	5
Lampen: ab Seite 66	Frage zu einem Angebot im Katalog: ab Seite 294	Holz: andere Seite	Grill und Grillkohle: ab Seite 172	Tür einbauen: ab Seite 142

Lesen 2

6	7	8	9	10
Richtig	Falsch	Falsch	Richtig	Richtig

Lesen 3

11	12	13	14	15
b	e	h	c	x

Schreiben 1

1	2	3	4	5
NL-1017 Amsterdam	24.12.1984 männlich		1. Juni	Hessen

Schreiben 2

Musterlösung:

Lieber Marco,

wie schön, dass du mich besuchen kommst. Ich freue mich auch schon sehr auf unser Wiedersehen. Wir können bei meinen Eltern wohnen, es gibt genug Platz.

Ich schlage vor, dass wir uns erst einmal meine Heimatstadt ein wenig ansehen. Wir könnten auch ein paar Tage aufs Land fahren und im Sommerhaus von meinen Großeltern wohnen. Das Wetter ist bestimmt gut, denn es ist ja Sommer. Aber auch wenn es regnet, macht das nichts, wenn du die richtige Kleidung mitbringst. Am besten packst du eine Regenjacke und feste Schuhe ein, dann können wir auch bei schlechtem Wetter rausgehen.

Ich wünsche dir eine gute Reise und freue mich sehr auf dich.

Viele Grüße

dein(e) ...

Lösungen zu den Tests

Test zu Lektion 8

1 **2** Er liegt im Bett. Trotzdem schläft er nicht. **3** Ich bin zu dick. Trotzdem esse ich jeden Abend Schokolade. **4** Ich bin erkältet. Trotzdem gehe ich ohne Mantel zum Supermarkt. **5** Er hat ein Auto. Trotzdem fährt er mit dem Bus zur Arbeit. **6** Ich lerne nicht viel. Trotzdem kann ich schon gut Deutsch sprechen.

2 **b** falsch **c** richtig **d** richtig **e** richtig **f** falsch

3 8, 1, 9, 3, 7, 2, 5, 4, 10, 6

4 **a** Sie hätte lieber Ferien. **b** Sie würde lieber den ganzen Tag essen. **c** Wir würden lieber lange schlafen. **d** Sie hätte lieber ein Auto. **e** Er wäre lieber bei seiner Freundin. **f** Die Kinder würden lieber Fußball spielen.

Test zu Lektion 9

1 <u>Elektronik:</u> CD-Player, Videokamera; <u>Haushaltswaren:</u> Besteck, tiefe Teller; <u>Lebensmittel:</u> Milch, Würstchen; <u>Parfümerie:</u> Deo, Parfüm; <u>Schreibwaren:</u> Radiergummi, Bleistifte; <u>Spielwaren:</u> Puppen, Spielzeugautos; <u>Sport:</u> Turnschuhe, Lederfußball

2 **a** günstiges **b** hellen **c** beste **d** größer

3 *Musterlösung:* ... Ich trage heute eine schwarze Jeans und einen roten Pullover. Ich habe blaue Strümpfe an und schwarze Schuhe. Außerdem habe ich eine braune Jacke dabei und braune Handschuhe.

4 *Musterlösung:* **a** Giselas Wohnung ist größer als Ahmeds Wohnung. **b** Tonis Wohnung ist teurer als Ahmeds Wohnung. **c** Ahmed zahlt mehr Nebenkosten als Gisela. **d** Toni wohnt höher als Gisela. **e** Tonis Haus ist älter als Ahmeds Haus. **f** Giselas Haus ist am ältesten. **g** Ahmed wohnt am höchsten. **h** Gisela hat es weiter zur Innenstadt als Ahmed.

5 **a** C **b** A **c** D **e** D

Test zu Lektion 10

1 **a** Was für **b** Was für ein **c** Was für eine **d** was für einen **e** Was für ein

---

2 *Musterlösung:* <u>Die Frau:</u> Guten Tag. Ich habe hier einen wichtigen Brief. Ich muss ganz sicher sein, dass er ankommt. Was für Möglichkeiten gibt es da? <u>Der Postbeamte:</u> Schicken Sie den Brief am besten als Einschreiben. <u>Die Frau:</u> Aha. Und was kostet das? <u>Der Postbeamte:</u> 1 Euro 44. <u>Die Frau:</u> Gut, dann bitte ein Einschreiben.

3 **b** Der Teig wird in den Ofen geschoben. **c** Die Brote werden 90 Minuten gebacken. **d** Die Brote werden herausgeholt. **e** Dann werden sie verpackt. **f** Sie werden mit dem Auto transportiert. **g** Zum Schluss werden sie an den Supermarkt geliefert.

4 neue – neuen – rote – bunten – aktuellen – beste – glücklichste

5 *Musterlösung:* einpacken – Packpapier – Päckchen – Verpackung

6 **a** unangenehm **b** dick **c** unmöglich **d** viel

Test zu Lektion 11

1 **a** über die **b** gegenüber der **c** am ... vorbei **d** bis zur

2a 2 f; 3 a; 4 b; 5 c; 6 e

2b **2** Bis zum Bahnhof ist es sehr weit, deshalb nehme ich die U-Bahn. **3** Ich möchte einen Gebrauchtwagen kaufen, deshalb lese ich die Anzeigen im KFZ-Markt. **4** Heute haben die Ferien begonnen. Alle fahren nach Süden. Deshalb gibt es auf den Straßen Stau. **5** Ich brauche ein Autokennzeichen für meinen neuen Wagen, deshalb gehe ich zur Zulassungsstelle. **6** Mein Reifen ist geplatzt, deshalb muss ich ihn wechseln.

3 **a** windig **b** stürmisch **c** der Regen **d** wolkig, (bewölkt) **e** das Gewitter

4 **b** richtig **c** falsch **d** falsch **e** falsch **f** falsch **g** falsch **h** richtig **i** falsch **j** richtig **k** falsch

Test zu Lektion 12

1 **a** am Meer **b** im Schwarzwald **c** auf dem Land **d** ins Gebirge **e** an der Küste

2 **b** Von ... in **c** mit dem ... nach **d** In ... am **e** in den ... nach **f** an der

Lösungen zu den Tests

3 schönem – günstigen – guten – traditionelles – traditionelle – romantische

4 *Musterlösung:*
Liebe Carla,
ich bin wieder aus dem Urlaub zurück. Du weißt ja, wir waren zwei Wochen zu Hause bei meinen Eltern in der Türkei. Meistens fahren wir mit dem Auto, aber dieses Mal sind wir geflogen. Die Reise dauert einfach nicht so lange mit dem Flugzeug. Meine Eltern haben uns vom Flughafen abgeholt, denn natürlich haben wir die ganze Zeit bei ihnen gewohnt. Praktisch, wenn man keine Hotelkosten hat. Wir waren sehr faul in den zwei Wochen, haben Verwandte besucht, im Schwarzen Meer gebadet und das köstliche Essen von meiner Mutter genossen. Es war herrlich! Und wie geht es dir? Hattest du auch eine gute Zeit? Melde dich mal.
Viele Grüße
…

Test zu Lektion 13

1 <u>a</u> einzahlen, Öffnungszeiten <u>b</u> abheben, Geldautomaten <u>c</u> EC-Karte, Kreditkarte, Geheimzahl <u>d</u> bar, überweisen <u>e</u> Sparkonto, Zinsen <u>f</u> Kontoauszug

2 <u>a</u> …, ob man in diesem Geschäft mit Kreditkarte bezahlen kann? <u>b</u> …, ob ich die Kontoauszüge selbst abholen muss? <u>c</u> …, wie hoch die jährlichen Gebühren für eine Kreditkarte sind? <u>d</u> …, ob die Tankstellen in Deutschland auch EC-Karten akzeptieren? <u>e</u> …, wie man im Ausland Geld abheben kann? <u>f</u> …, ob man vom Automaten ohne Geheimzahl Geld holen kann? <u>g</u> …, wie viel Prozent Zinsen man bei Ihnen bekommt?

3 <u>a</u> … lässt sich die Haare (beim Frisör) schneiden. <u>b</u> … hängt die Lampe selbst auf. <u>c</u> … lässt ihren Drucker reparieren. <u>d</u> … kauft selbst (im Supermarkt) ein.

Test zu Lektion 14

1 <u>b</u> Er war viel draußen. <u>c</u> (Aber) er hat nicht gern Fußball gespielt. <u>d</u> Dann ist er zum Gymnasuim gegangen. <u>e</u> Er hatte wenig Zeit. <u>f</u> Er musste viel lernen. <u>g</u> Später hat er einen Computer bekommen. <u>h</u> Er hat tagelang nur vor dem Computer gesessen. <u>i</u> Manchmal ist er mit Freunden Fahrrad gefahren.

2 <u>a</u> das Stühlchen <u>b</u> das Fläschchen <u>c</u> das Brüderchen <u>d</u> das Tellerchen

3 *Musterlösung:* <u>a</u> Du könntest die Lehrerin um eine Erklärung bitten. <u>b</u> Du solltest weniger rauchen. Das ist nicht gut für den Kopf. <u>c</u> Du solltest besser ganz damit aufhören. <u>d</u> Du solltest nicht so streng mit ihm sein. <u>e</u> Du könntest ja einen Deutschkurs besuchen. <u>f</u> Du solltest dir Prospekte über betreutes Wohnen besorgen.

4 <u>a</u> 2426-19 <u>b</u> 2426-17 oder 2426-93 <u>c</u> 2426-33 <u>d</u> 2426-17 <u>e</u> 2426-16 <u>f</u> 2426-27

5 *Musterlösung:* <u>a</u> … sieht es schon wieder unordentlich aus. <u>b</u> … wir uns heute nach so langer Zeit getroffen haben. <u>c</u> … meine Mutter krank ist. <u>d</u> … sie lieben sich trotzdem sehr. <u>e</u> … ich spare für meine Reise nach Südamerika. <u>f</u> … mein Auto morgen wieder geht.